Kommunikative Freiheit

Öffentliche Theologie

Herausgegeben von
Heinrich Bedford-Strohm und Wolfgang Huber

Band 29

HEINRICH BEDFORD-STROHM/
PAUL NOLTE/RÜDIGER SACHAU (HG.)

Kommunikative Freiheit

Interdisziplinäre Diskurse mit Wolfgang Huber

EVANGELISCHE VERLAGSANSTALT
Leipzig

Gedruckt mit freundlicher Unterstützung der Fritz Thyssen Stiftung.

Bibliographische Information der Deutschen Nationalbibliothek
Die Deutsche Nationalbibliothek verzeichnet diese Publikation in der Deutschen Nationalbibliographie; detaillierte bibliographische Daten sind im Internet über http://dnb.dnb.de abrufbar.

Printed in Germany · H 7734

Das Buch wurde auf alterungsbeständigem Papier gedruckt.

Cover: Kai-Michael Gustmann, Leipzig
Satz: Jochen Busch, Leipzig
Druck und Binden: Hubert & Co., Göttingen

ISBN 978-3-374-03769-8
www.eva-leipzig.de

Vorwort

„Kommunikative Freiheit" – das ist ein Kernthema im wissenschaftlichen Werk von Wolfgang Huber. Mit ihr wird ein Verhältnis von Individuum und Gesellschaft formuliert und theologisch begründet, das auf die Wechselwirkung von Freiheit und Sozialität des Menschen zielt. Nicht um eine selbstbezügliche Freiheit geht es Huber, sondern um die Freiheit, sich verantwortlich in Gemeinschaft einzubringen und zu engagieren. Diese seit den Achtzigerjahren formulierten Überlegungen waren prägend für theologische und kirchenpolitische Entwicklungen der letzten Jahrzehnte. Sie haben zugleich breitere öffentliche Debatten beeinflusst und strahlen auf andere Wissenschaften aus, denen Hubers Werk umgekehrt wichtige Impulse verdankt.

Es war darum reizvoll, anlässlich des 70. Geburtstags von Wolfgang Huber im August 2012 zu einem interdisziplinären und ökumenischen Symposium in die Evangelische Akademie zu Berlin einzuladen. Neben der Theologie sollten Sozialtheorie und Philosophie, Politik- und Geschichtswissenschaft zu Wort kommen. So ließen sich Fred Dallmayr, Hans Joas und Volker Gerhardt aus der Perspektive ihres eigenen Faches kritisch auf das Werk Hubers ein. Ihnen antwortete je ein theologischer Beitrag von Ulrike Link-Wieczorek, Bernd Oberdorfer und Klaus von Stosch. Das interdisziplinäre Gespräch wurde erweitert um theologische Perspektiven von Michael Moxter und Marianne Heimbach-Steins sowie einen Blick auf die politischen Folgen der Rezeption des Konzeptes in Südafrika im Übergang von der Apartheid in die Demokratie durch Willem Fourie.

Zwei Einführungen suchen auf ganz unterschiedlichen Wegen einen Zugang zu Person und Werk Wolfgang Hubers und seiner Theorie der Kommunikativen Freiheit. Heinrich Bedford-Strohm zeigt die langen Linien im Werk Hubers auf und macht die Konsequenzen für die öffentliche Wirkung deutlich. Paul Nolte nähert sich, in einem nach der Tagung verfassten Beitrag, Wolfgang Huber als Person der Zeitgeschichte an und ordnet den Wissenschaftler, seine Sozialtheorie und Theologie in den Kontext der bundesrepublikanischen Geschichte seit den Sechzigerjahren ein.

Die lebendigen Begegnungen und Gespräche, auch die streitbaren Diskussionen an den drei Tagen mit Wolfgang Huber auf Schwanenwerder lassen sich durch keine Publikation ersetzen. Aber wir sind überzeugt, dass die Debatten um Wolfgang Hubers Kommunikative Freiheit weitere Auseinandersetzung verdienen und lohnen, und dass sie ein Anstoß für interdisziplinäre Gespräche sein können, in denen nicht nur die Theologie Anregungen der „säkularen" Geistes- und Sozialwissenschaften aufnimmt, sondern gegenseitige Befruchtung stattfinden kann.

Wolfgang Huber, der die Diskussion aufmerksam verfolgte und sich immer wieder in die Gespräche einbrachte, hat im Abstand eines Jahres noch einmal auf die vielfältigen Impulse reagiert. Sein Beitrag „Über die kommunikative Freiheit hinaus" mahnt schon im Titel dazu, bei der Exegese früherer Konzepte nicht stehenzubleiben und fordert zugleich dazu auf, mögliche Stärken der Theorie auch in der Praxis sichtbar werden zu lassen.

Es ist für uns schmerzlich, dass Helga Kuhlmann, der wir die Anregung zu diesem Symposium und seine Grundkonzeption verdanken, an der Tagung nicht teilnehmen und die Veröffentlichung nicht begleiten konnte. Ihr gelten nicht nur unser aller Dank, sondern auch alle guten Wünsche.

Jacqueline Boysen und Christoph Markschies danken wir für ihre Unterstützung bei der Vorbereitung und für die humorvolle Moderation schwieriger Fragen. Die Fritz Thyssen Stiftung hat die Tagung im Sommer 2012 maßgeblich unterstützt und ebenso wie die Evangelische Kirche in Deutschland die Drucklegung dieses Bandes durch einen Zuschuss ermöglicht. Schließlich danken wir der Evangelischen Verlagsanstalt dafür, dass sie die Ergebnisse dieses Diskurses mit Wolfgang Huber in die Reihe Öffentliche Theologie aufgenommen hat.

Berlin und München, im Januar 2014

Heinrich Bedford-Strohm, Paul Nolte, Rüdiger Sachau

Inhaltsverzeichnis

Theologisch-politische Handlungsfelder

Eine Antwort

Predigt

Annäherungen

Existenz in der Perspektive kommunikativer Freiheit

Schlaglichter zum wissenschaftlichen Werk Wolfgang Hubers und seiner öffentlichen Bedeutung

von Heinrich Bedford-Strohm

Bei der „kommunikativen Freiheit“ geht es um ein Kernthema des wissenschaftlichen Werkes von Wolfgang Huber. Und wer sich die Entwicklungen der letzten Jahre anschaut, der wird wahrscheinlich nicht daran vorbeikommen, feststellen zu müssen, dass dieses Thema aktueller nicht sein könnte. An so vielen Punkten in den aktuellen Diskussionen, in denen Wolfgang Huber immer auch involviert war und immer wieder involviert ist, geht es genau um dieses Thema und um die Frage, wie wir dieses Wort „Freiheit“ eigentlich verstehen können. Wenn wir etwa das Thema „Finanzmärkte“ in den Blick nehmen, dann liegt es auf der Hand, dass es dabei um die Freiheit geht und die Frage, wessen Freiheit eigentlich wie gewichtet wird und wessen Freiheit vielleicht sogar auf dem Spiel steht. Darf die Freiheit des Nahrungsmittelspekulanten höheren Rang haben als die weltweite Nahrungsmittelversorgung zu erschwinglichen Preisen?

Oder das Thema „Bioethik“ und die damit verbundene Frage der Forschungsfreiheit. Was heißt Freiheit in diesem Bereich? Sollen die Menschen diesbezüglich so viel forschen und so weit gehen, wie es eben technisch möglich ist? Oder gibt es Orientierungen und damit verbundene Grenzen, an die auch die Forschungsfreiheit noch gebunden bleiben muss?

Zu dem Thema des hier dokumentierten Symposions ist kürzlich eine an der Universität Stellenbosch/Südafrika angenommene Dissertation als Buch erschienen. Ich will an dieser Stelle ausdrücklich darauf hinweisen: „Communicative Freedom – Wolfgang Huber's Theological Proposal“.[1] Der Verfasser Willem Fourie versucht, an dem spezifischen Kernpunkt der kommunikativen Freiheit das wissenschaftliche Werk von Wolfgang Huber zu analysieren und zu erläutern und ist deswegen im internationalen Bereich – so würde ich es jedenfalls sagen – ein bisschen so etwas wie ein Türöffner für die Erschließung des Werkes von Wolfgang Huber.

Aus Anlass des 70. Geburtstages ist nun, herausgegeben von Helga Kuhlmann und Tobias Reitmeier, beim Beck-Verlag ein Buch erschienen, das wichtige Aufsätze von Wolfgang Huber in handlicher Form zusammengestellt hat.[2]

---

1 Berlin 2012.

2 Wolfgang Huber, Von der Freiheit, hg. v. Helga Kuhlmann u. Tobias Reitmeier, München 2012.

Außerdem ist zum Geburtstag, herausgegeben von Willem Fourie, in der internationalen Buchreihe „Theology in the Public Square" ein Buch[3] erschienen, das die wichtigsten englischen Aufsätze Wolfgang Hubers enthält, die an vielen Orten der Welt verstreut erschienen sind und nicht wenigen, die hier Forschung betreiben oder das Werk von Wolfgang Huber wahrnehmen, vielleicht gar nicht im Bewusstsein sind, weil sie – und darin kommt natürlich schon ein ganz wichtiger inhaltlicher Punkt zum Ausdruck – in verschiedenen Zeitschriften anderer Disziplinen veröffentlicht wurden. Dieses Buch ist eine Fundgrube für Leute, die meinen, sie hätten schon ziemlich viel von Wolfgang Huber gelesen, die aber nun sicher noch einige Entdeckungen machen werden.

Wenn man sich die Szene anschaut in der Zeit, als ich studiert habe und dann Assistent von Wolfgang Huber war, in den Achtziger- und frühen Neunzigerjahren, wenn man sich vor Augen führt, was sich seitdem getan hat und sich vielleicht auch die Frage stellt, ob einiges von dem, was Wolfgang Huber wissenschaftlich erarbeitet hat, Wirkungen gehabt hat, auch vielleicht Langzeitwirkungen, dann wird man zu dem Ergebnis kommen, dass diese Frage mit einem klaren „Ja" zu beantworten ist.

Ich erinnere mich noch sehr genau, wie die Diskussion in den Achtzigerjahren, gerade im Hinblick auf den Freiheitsbegriff, geprägt war von den Polen Heidelberg und München. München war die neuzeitliche individuelle Freiheit und Heidelberg war eben die kommunikative Freiheit, die Freiheit, die immer versucht hat, die Gemeinschaft mit auf den Freiheitsbegriff zu beziehen. Die von Wolfgang Huber und Heinz Eduard Tödt vertretene Heidelberger Position stand quer zu zwei entgegensetzten Polen: Auf der einen Seite stand die modernitätsaffine oder die sich selbst jedenfalls als besonders modernitätstauglich verstehende Position der neuzeitlichen Theorie des Christentums, die von Trutz Rendtorff und seinen Schülern vertreten wurde, und auf der anderen Seite eine vielleicht eher mit dem Etikett „konservativ" zu beurteilende Position, die von einer in einer bestimmten Weise verstandenen Zwei-Reiche-Lehre ausging und die Meinung vertrat, die Kirche solle sich öffentlicher, politischer Einmischung enthalten. Wenn man sich also das Spannungsfeld dieser Pole in der Wissenschaft und dann auch in die Öffentlichkeit hineinstrahlend anschaut und sich dann die Frage stellt: Wo stehen wir eigentlich heute?, dann, glaube ich, kann man einen ganz klaren Unterschied sehen.

Ich begegne auch in meiner neuen Funktion als Landesbischof kaum noch jemandem, der sagt: „Ihr seid zuständig für das Beten, bitte überlasst uns die Geschäfte." So war der Tenor vieler Stellungnahmen aus der Welt der Wirtschaft noch in den frühen Achtzigerjahren. Ganz im Gegenteil:

---

3 Wolfgang Huber, Christian Responsibility and Communicative Freedom, hg. v. Willem Fourie, Berlin 2012.

Die Stimme des Theologen/der Theologin oder der Kirchenmenschen in der Öffentlichkeit ist gefragt, gerade auch an den Orten, von denen her man sich früher immer die Einmischung verbeten hat. Der theologische Ansatz, um den es hier geht, hat einen wesentlichen Anteil daran, dass die Situation sich so verändert hat. Bei ihm geht es weder um ein einfaches, naives Politisieren des Evangeliums auf der einen Seite, noch um eine Position, die so tut, als ob der Glaube nichts Öffentliches wäre und nichts zu tun hätte mit den öffentlichen Angelegenheiten und den sozialethisch dabei auf dem Spiel stehenden Fragen, die in der Öffentlichkeit diskutiert werden, auf der anderen Seite.

Was kennzeichnet nun diesen Ansatz näher? Ich will zuerst die *interdisziplinär weite Ausrichtung* dieses Ansatzes nennen. Wenn man sich anschaut, was die Quellen sind, auf die in den Schriften Wolfgang Hubers Bezug genommen wird, dann stößt man auf ganz unterschiedliche wissenschaftliche Disziplinen. Ich nenne bei der Philosophie Hans Jonas. In dem Aufsatz „Sozialethik als Verantwortungsethik" – ein ganz wichtiger Aufsatz –, der zuerst im Buch „Konflikt und Konsens" erschienen ist, aus den frühen Neunzigerjahren[4], ist Hans Jonas eine wichtige Position zur Verantwortungsethik, mit der Wolfgang Huber sich auseinandersetzt. Jonas' Buch „Der Gottesbegriff nach Auschwitz" ist Gegenstand der Diskussion in dem Aufsatz über die Theodizee-Frage. „Allmacht und Ohnmacht"[5]. Da ist natürlich der Philosoph Michael Theunissen als zentraler Gesprächspartner bei dem Stichwort „Kommunikative Freiheit". Aber auch mit Jürgen Habermas hat sich Wolfgang Huber in den sozialethischen Schriften immer wieder intensiv auseinandergesetzt. Ich könnte viele andere nennen.

Besondere Aufmerksamkeit gilt aber auch der Soziologie: Natürlich kommt im Werk Wolfgang Hubers der Klassiker Max Weber immer wieder vor. Die Basis dafür wurde in der Zeit an der Universität Heidelberg gelegt, in der die Klassiker der Soziologie und ihre Deutung heute, etwa anhand des Soziologen Wolfgang Schluchter in Hubers Seminaren, diskutiert wurden. Unter den zeitgenössischen Soziologen ist Hans Joas als Gesprächspartner immer wichtiger geworden.

Man könnte jetzt von Hubers Rezeption der Rechtswissenschaften ausführlich reden. Stellvertretend für viele nenne ich Ernst Wolfgang Böckenförde als einen, der da eine wichtige Rolle spielt. Man kann darauf hinweisen, dass Huber in den gegenwärtig heiß diskutierten Themen der Medizinethik, des verantwortlichen Umgangs mit Biotechnologie und der Wirtschaftsethik starke interdisziplinäre Akzente gesetzt hat, die auch in seine Tätigkeit im Deutschen Ethikrat eingeflossen sind.

---

4 Wolfgang Huber, Konflikt und Konsens. Studien zur Ethik der Verantwortung, München 1990.

5 Ebd.

Auch wenn es hier bei diesen Hinweisen bleiben muss: Die Beispiele machen deutlich, dass der *interdisziplinäre Aspekt* ein ganz wesentliches *Charakteristikum* für diesen sozialethischen Ansatz ist und vielleicht auch ein Grund, warum er manchmal vielleicht außerhalb der theologischen Wissenschaft noch mehr wahrgenommen worden ist als in der Theologie selbst und dann auch Wirkungen in die verschiedenen Wissenschaften hinein gehabt hat.

Als zweites Charakteristikum nenne ich die *internationale Weite* – man könnte auch sagen „ökumenische Weite". Doch diese Weite geht weit über den Bereich der Theologie hinaus. Auch da sind wenigstens Namen zu nennen: Robert Bellah, John Rawls sowie die Kommunitaristen in den USA. Wissenschaftler in Südafrika wie Dirkie Smit und Niko Koopman, Menschen, mit denen er auch im persönlichen Gespräch ist, kommen selbstverständlich auch in den Schriften vor und machen deutlich, dass das, was in der aktuellen Forschungslandschaft als wichtiges Qualitätsmerkmal gilt, nämlich die Internationalität, schon seit langer Zeit ein ganz wesentliches Charakteristikum dieses Ansatzes der kommunikativen Freiheit gewesen ist.

Was sind die *thematischen Stichworte*, die für das Werk Wolfgang Hubers von besonderer Bedeutung sind?

Mit dem Begriff „Freiheit" sind bei ihm mehrere andere Begriffe eng verbunden, allen voran der Begriff der „Verantwortung". Freiheit und Verantwortung gehören untrennbar zusammen. Wolfgang Hubers Ethik ist deswegen immer wieder auch als Verantwortungsethik charakterisiert worden.[6] Die „Gleichursprünglichkeit von Individualität und Sozialität" kann als weiteres Begriffspaar genannt werden, das für die kommunikative Freiheit von besonderer Bedeutung ist. Es gibt nicht zuerst die Freiheit und dann kommt irgendwas anderes, sondern beides muss aufeinander bezogen werden. Luther und Bonhoeffer spielen in Hubers Buch „Folgen christlicher Freiheit" als Gesprächspartner für diese Verhältnisbestimmung von Freiheit und Gemeinschaft eine zentrale Rolle.[7]

Als wichtiges Thema muss natürlich auch das Thema „Gerechtigkeit" genannt werden. Zum einen geht es dabei um *soziale Gerechtigkeit*, zum anderen aber auch um *„Gerechtigkeit und Recht"*, ein Begriffspaar, das Huber in dem gleichnamigen Buch ausführlich erläutert hat.[8] Und schon in einer viel früheren Phase in dem bekannten, zusammen mit Heinz Eduard Tödt

---

6 Etienne de Villiers, Perspektiven einer christlichen Verantwortungsethik, in: ZEE 51 (2007), 8–23.

7 Wolfgang Huber, Folgen christlicher Freiheit. Ethik und Theorie der Kirche im Horizont der Barmer Theologischen Erklärung, Neukirchen-Vluyn 1983.

8 Wolfgang Huber, Gerechtigkeit und Recht. Grundlinien christlicher Rechtsethik, Gütersloh 1996, 3. vollst. überarb. u. aktualisierte Auflage 2006.

verfassten Buch werden die *Menschenrechte*[9] und die für sie grundlegende Bezugsgröße der Menschenwürde behandelt. In dem TRE-Artikel über die Menschenrechte haben die dort entwickelten Inhalte eine Überarbeitung erfahren und eine große Wirkung entfaltet.

Die Themen der Bioethik haben in der Zeit seines Bischofsamtes einen immer größeren Stellenwert bekommen. Darin spiegelt sich die öffentliche Bedeutung dieses Themas, die seit den Debatten um PID und Stammzellenforschung um die Jahrtausendwende bis heute ungebrochen ist. Das Buch „Der gemachte Mensch“[10] ist nur ein Beispiel für den besonderen Stellenwert, den die damit verbundenen Themen im Werk Wolfgang Hubers seitdem eingenommen haben.

Quer zu allen materialethischen Themen steht die Frage, wie Diskursbeiträge aus kirchlicher und theologischer Sicht eigentlich aussehen müssen, wollen sie die Veränderungen in der Gesellschaft in der Moderne wirklich ernst nehmen. Unter dem Stichwort „Öffentliche Theologie“ hat sich Huber, grundgelegt durch seine Habilitationsschrift „Kirche und Öffentlichkeit“, mit dieser Frage seit Langem beschäftigt. Zu Beginn der Neunzigerjahre hat er eine Buchreihe unter diesem Namen gegründet und ist damit zu einem der Pioniere dieses in der internationalen Diskussion immer mehr Interesse findenden Forschungsfeldes geworden. Seit der Gründung des „Global Network for Public Theology“ 2007 gilt Huber auch international als einer der Vorreiter.

Man muss nur auf die aktuelle Debatte um Beschneidung schauen, um zu sehen, wie die Fragen von Pluralismus, Säkularisierung und der öffentlichen Bedeutung von Religion in der Demokratie zu den heiß diskutierten Fragen der Gegenwart gehören. Schon die zusammen mit seinem Vater Ernst Rudolf Huber herausgegebene und zum Standardwerk gewordene mehrbändige Publikation über „Staat und Kirche“[11] zeigt, dass es sich bei diesem Sujet um ein Lebensthema Hubers handelt.

Der Titel dieses Werks signalisiert schon früh, dass politische Ethik für Huber immer auch die Institutionen im Blick haben muss, die dafür eine Rolle spielen. „Sozialethik“ ist bei ihm immer ganz eng verbunden gewesen mit der Ekklesiologie, mit der Kirche. Deswegen liegt eine große innere Konsequenz in dem Lebensweg, der sich damit verbindet, von der akademischen Theologie hin zur Kirche – und in alledem immer im Schnittfeld zu staatlichen und politischen Institutionen. Der in den Achtzigerjahren

9 Wolfgang Huber/Ernst Eduard Tödt, Menschenrechte. Perspektiven einer menschlichen Welt, Stuttgart/Berlin 1977.

10 Wolfgang Huber, Der gemachte Mensch, Berlin 2002.

11 Ernst Rudolf Huber/Wolfgang Huber, Staat und Kirche im 19. und 20. Jahrhundert. Dokumente zur Geschichte des deutschen Staatskirchenrechts, Berlin 1973–1990.

initiierte konziliare Prozess für Gerechtigkeit, Frieden und die Bewahrung der Schöpfung wird deswegen – etwa durch die Impulse des von ihm geleiteten Düsseldorfer Kirchentags 1985 – immer auch mit dem Namen Huber verbunden sein. Dieser Prozess steht in besonderer Weise für die enge Verbundenheit zwischen Sozialethik auf der einen Seite und der Kirche als dem Ort, an dem die daraus erwachsenden Impulse dann eben auch öffentlich zum Ausdruck gebracht werden. Dass Huber Kirche immer schon in ökumenischem Horizont gesehen hat, ließe sich an vielen Äußerungen zu diesem Thema seit Beginn der akademischen Biographie zeigen. Die „Ökumene der Profile" war daher nie als ein Signal der Abgrenzung gedacht, sondern immer als ein Ausdruck einer selbstbewussten ökumenisch offenen konfessionellen Identität.

Ein Gedanke soll am Schluss stehen, der, so glaube ich, charakteristisch ist für den Ansatz der kommunikativen Freiheit. Er ist eben wirklich kommunikativ und deswegen ist das in neuerer Zeit entstandene Buch „Der christliche Glaube"[12] so wichtig. Immer auch nicht nur für ein wissenschaftliches Publikum oder ein theologisches Insiderpublikum zu sprechen, sondern für viele, auch für die nichttheologische Welt, das gehört auch zur kommunikativen Freiheit.

Kommunikation ist die Voraussetzung dafür, dass Menschen gemeinsam Kirche und Welt gestalten. Sich verständlich machen zu können, ist die Voraussetzung dafür. Dass ein Wissenschaftler, der sich verständlich machen konnte, Bischof und EKD-Ratsvorsitzender geworden ist, bildet einen Lebensbogen, der zu dem Ansatz der kommunikativen Freiheit passt.

---

12 Wolfgang Huber, Der christliche Glaube. Eine evangelische Orientierung, Gütersloh 2008.

Theologen, Intellektuelle und soziale Bewegungen

Wolfgang Huber in der Geschichte der Bundesrepublik bis 1989

von Paul Nolte

1 Intellektuelle, Theologen und die Zeitgeschichte

Historische Einordnung bedarf eines zeitlichen Sicherheitsabstandes, auch und vielleicht sogar erst recht im Blick auf Personen und Biographien. Doch immer wieder holt die Geschichte die Gegenwart ein und macht das als „Zeitgeschichte" sogar zu ihrem Programm. Kann man, darf man Wolfgang Huber schon historisieren?[1] Es ist weniger ein bestimmtes Stadium im Leben oder Werk des Theologen und Hochschullehrers, Altbischofs und ehemaligen Ratsvorsitzenden der EKD, das zu einem vorsichtigen Ja auf diese Frage verleitet. Vielmehr legen neuere Entwicklungen der Geschichtswissenschaft, vor allem der nichtkirchlichen, der „allgemeinen" Zeitgeschichte einen ersten Versuch solcher Kontextualisierung nahe. An erster Stelle ist ein lebhaftes Interesse an der Rolle von Wissenschaftlern in der Geschichte der Bundesrepublik zu nennen, insbesondere insofern, als sie gleichzeitig als öffentliche Intellektuelle in Erscheinung getreten sind. Ob Geistes- und Sozialwissenschaftler als *public intellectuals* der deutschen Geschichte der zweiten Hälfte des 20. Jahrhunderts stärker ihren Stempel aufgedrückt haben, als das zur gleichen Zeit in England oder Frankreich, den USA oder Italien der Fall war, mag umstritten bleiben. Unter ganz anderen politischen Voraussetzungen steht insofern die Geschichte Polens derjenigen der Bundesrepublik in nichts nach.[2] Aber schwer bestreitbar ist, dass intellektuelle Diskurse die westdeutsche Nachkriegsgeschichte charakteristisch und nachhaltig geprägt haben, angefangen von der frühen Blüte kulturpolitischer Monatsschriften wie der „Frankfurter Hefte" noch vor der Bonner Staatsgründung.

Solche akademisch-politischen Impulse spielten zudem für die mentale Neuorientierung der nach-nationalsozialistischen Gesellschaft, für ihre mühsame Orientierung hin zur liberalen Demokratie, eine entscheidende Rolle. Das dafür in letzter Zeit wohl meistgenannte Beispiel ist Ralf Dahrendorfs

---

1 Im eher journalistischen Genre geschieht das ohnehin schneller: Vgl. Philipp Gessler/ Wolfgang Huber, Ein Leben für Protestantismus und Politik, Freiburg 2012. – Für einige wichtige Hinweise, v. a. zu Datierungen, danke ich Wolfgang Huber.

2 Vgl. zuletzt Agnes Arndt, Rote Bürger. Eine Milieu- und Beziehungsgeschichte linker Dissidenz in Polen (1956–1976), Göttingen 2013.

Buch über „Gesellschaft und Demokratie in Deutschland“ von 1965:[3] kritische Sozialwissenschaft als moralische Pädagogik, die den soziokulturellen Wandel zugleich engagiert vorantrieb und für die Außenwelt sichtbar machte. So ist die Bundesrepublik, natürlich überscharf, schon mehrfach geradezu als eine „intellektuelle Gründung“ beschrieben worden, sei es unter eher linksliberal-kritischen, sei es unter eher liberal-konservativen Vorzeichen.[4] Dabei hat sich die Historisierung nicht auf die frühen Jahrzehnte und ältere Generationen beschränkt, sondern in letzter Zeit immer mehr der Gegenwart angenähert, befördert durch den Umstand, dass die junge Generation der Fünfziger- und frühen Sechzigerjahre ungewöhnlich lange, teils über mehr als ein halbes Jahrhundert, eine kulturell-intellektuell führende Rolle eingenommen hat: Ralf Dahrendorf und Jürgen Habermas, Günter Grass und Hans Magnus Enzensberger sind wichtige Beispiele dafür.[5]

Dieser auffällige Fokus auf die Wissenschafts- und Intellektuellengeschichte trifft sich, was das Interesse an Wolfgang Huber angeht, mit einer anderen Strömung der letzten Jahre: nämlich einer Neuentdeckung der Religions- und Kirchengeschichte im allgemeinhistorischen Rahmen; anders gesagt: mit der „Entdeckung“, dass Religion und Kirchen auch im vermeintlich säkularen oder „postsäkularen“[6] Zeitalter des späteren 20. Jahrhunderts prägende Lebensmächte waren, die deshalb nicht in den Sperrbezirk einer engeren Theologie- oder Kirchengeschichte verbannt werden dürfen.[7] Das gilt nicht zuletzt für die vielfältigen Protestbewegungen, welche die Bundesrepublik (wie andere westliche und auch osteuropäische Gesellschaften) besonders in den 1970er Jahren erfasst haben. Frauen und Menschenrechte, Frieden und Umwelt: Die *diskursive* Bearbeitung dieser Themen vollzog sich keineswegs überall, sehr auffällig aber in beiden deut-

---

3 Ralf Dahrendorf, Gesellschaft und Demokratie in Deutschland, München 1965.

4 Vgl. Clemens Albrecht u. a., Die intellektuelle Gründung der Bundesrepublik. Eine Wirkungsgeschichte der Frankfurter Schule, Frankfurt 1999; Jens Hacke, Philosophie der Bürgerlichkeit. Die liberalkonservative Begründung der Bundesrepublik, Göttingen 2006.

5 An anderer Stelle habe ich deshalb von einer „langen Generation“ gesprochen: Paul Nolte, Die Historiker der Bundesrepublik. Rückblick auf eine „lange Generation“, in: Merkur 53, 1999, 413–432; vgl. auch schon Heinz Bude, Die Soziologen der Bundesrepublik, in: Merkur 46, 1992, 569–580.

6 Der Begriff im Anschluss an Jürgen Habermas, Glauben und Wissen, Frankfurt 2001. – Trotz vieler Einwände halte ich den Begriff für sinnvoll; dass er kein vorausgegangenes Zeitalter vermeintlicher Säkularität voraussetzt, versteht sich dabei von selbst. Siehe auch Paul Nolte, Religion und Bürgergesellschaft. Brauchen wir einen religionsfreundlichen Staat?, Berlin 2009.

7 Vgl. zuletzt, und mit Recht vielbeachtet: Thomas Grossbölting, Der verlorene Himmel. Glaube in Deutschland seit 1945, Göttingen 2013; weiter u. a. Michael Geyer/Lucian Hölscher (Hg.), Die Gegenwart Gottes in der modernen Gesellschaft. Transzendenz und religiöse Vergemeinschaftung in Deutschland, Göttingen 2006.

schen Staaten, im Rückgriff auf religiöse und theologische Denkfiguren; und mindestens ebenso auffällig prägten die Kirchen als *Institutionen* (einschließlich des Dissenses wie in der katholischen „Kirche von unten“) sowie weitere religiös motivierte Gruppierungen die *Handlungs-* und Konfliktarenen.[8]

Die intensive Erforschung dieses Feldes steht noch am Anfang, aber ein Defizit ist bereits in Umrissen erkennbar: Während der kirchlich-religiöse Einfluss auf Zivilgesellschaft und „Bewegungskultur“, zum Beispiel in der Friedensbewegung, häufig thematisiert wird,[9] ist die Frage nach dem Ort der Theologie in der Wissenschafts-, Diskurs- und allgemeinen Kulturgeschichte der Bundesrepublik bisher kaum gestellt worden, jedenfalls nicht von Historikern. Für die Sozialwissenschaften dagegen, aber auch für die Geschichtswissenschaft mit streitbaren Protagonisten wie Hans-Ulrich Wehler oder Hans Mommsen oder das Öffentliche Recht mit Ernst-Wolfgang Böckenförde oder Ulrich K. Preuß – um auch hier nur zwei Namen beispielhaft zu nennen – zeichnen sich Grundlinien einer historischen Einordnung bis in die Generation der noch Lebenden und Aktiven längst ab.

Haben Theologen, protestantische oder katholische, als Intellektuelle keine Rolle in der Geschichte der Bundesrepublik gespielt? Das ist sehr unwahrscheinlich, wenn man nur, für die frühere Nachkriegszeit, an Oswald v. Nell-Breuning und Martin Niemöller erinnert. Eher bezeichnet die Theologie, bezeichnen „Theologen-Intellektuelle“ einen blinden Fleck der Geschichts- und Sozialwissenschaften, der in mindestens zweifacher Weise der Aufhellung bedarf: erstens als Überwindung einer gewissen Berührungsangst, die offenbar vorhanden ist, und zweitens als empirische Frage nach der Geltung und Wirkung von Theologen im öffentlichen Raum und nach der Überlappung von Diskurszonen: Wie verhielten sich der „religiöse“ und der „säkulare“ Diskurs zueinander? Welche Rolle spielte die Theologie im Verhältnis zu anderen Geistes- und Sozialwissenschaften im Wettstreit um zeitdiagnostische und moralpädagogische Deutungshoheit?

All das scheint vom Beispiel Wolfgang Hubers weit wegzuführen und ist doch bereits Teil einer Analyse seines wissenschaftlichen, intellektuellen und politischen Wirkens seit den frühen 1970er Jahren. In einigen Aspekten soll dieser erste Anlauf zu einer Historisierung im Folgenden etwas näher ausgeführt werden, jedenfalls im Sinne einer vorläufigen Erkundung, wonach später und an anderem Ort genauer zu fragen wäre.

---

8 Ein wichtiges Vorbild waren die christlichen Impulse und Organisationsstrukturen in der amerikanischen Bürgerrechtsbewegung. Aber andere wichtige Bewegungsthemen wie „Umwelt“ oder „Frieden“ blieben in den USA säkularer konnotiert als in der Bundesrepublik (und der DDR). – In Frankreich oder Großbritannien dagegen spielten religiöse bzw. christliche Motive und Netzwerke für die Zivilgesellschaft grundsätzlich eine viel geringere Rolle.

9 Vgl. z. B. Daniel Gerster, Friedensdialoge im Kalten Krieg. Eine Geschichte der Katholiken in der Bundesrepublik, 1957–1983, Frankfurt 2012.

2 Generationen: 45er und 68er, Väter und Söhne

Wolfgang Huber ist Jahrgang 1942. Dieses schlichte individuell-biographische Datum kann bereits erhebliche kollektivbiographische und historische Deutungskraft entfalten, wenn man an die Bewegungen deutscher Geschichte im 20. Jahrhundert denkt und sich die damit unmittelbar zusammenhängenden Bemühungen der letzten Zeit vergegenwärtigt, diese Geschichte im Rahmen von „Generationalität" zu erklären.[10] Generationen, das meint mehr als bloß aggregierte Jahrgangskohorten und anderes als die Abfolge von Eltern, Kindern und Enkeln. Vielmehr geht es um Erfahrungsgemeinschaften, die in der Prägung durch Schlüsselerlebnisse wie Krieg oder Revolution oder Staatsgründung erwachsen wurden und darin langfristig bestimmte Weltsichten, Verhaltensdispositionen oder kulturellen Stile ausgeprägt haben. Die vielfachen Brüche und Zäsuren der jüngeren deutschen Geschichte haben solche Generationen schärfer hervortreten lassen als in anderen, mehr von Kontinuität geprägten Ländern. So spricht man etwa von einer wilhelminischen Generation, die ihre politische Sozialisation und kulturelle Prägung noch vor dem Ersten Weltkrieg erfuhr und die Frühphase der Bundesrepublik entscheidend mitbestimmte, so wie der 1876 geborene Konrad Adenauer.[11] Auf sie folgte die junge Generation der NS-Karrieristen, Geburtsjahrgänge des ersten Jahrzehnts des 20. Jahrhunderts, die wegen ihrer rigorosen Disposition der Sachlichkeit und des Voluntarismus häufig als „Generation des Unbedingten" bezeichnet wird.[12]

In der Geschichte der Bundesrepublik hat die Generation der „Fünfundvierziger" besonders tiefe Spuren hinterlassen.[13] Damit werden diejenigen Intellektuellen, aber auch Künstler und Politiker bezeichnet, die als Kinder und Jugendliche noch in das NS-Regime hineinsozialisiert wurden, im Mai 1945 aber jung genug waren, um dessen Ende als Befreiung und als Auftrag zur Gestaltung einer freien Gesellschaft und demokratischen politischen Ordnung zu begreifen. Das sind die Jahrgänge um 1928/30 – die meisten der vorn schon genannten Intellektuellen wie Habermas und Dahrendorf

---

10 Vgl. dazu nur: Ulrike Jureit, Generationenforschung, Göttingen 2006; dies./ Michael Wildt (Hg.), Generationen. Zur Relevanz eines wissenschaftlichen Grundbegriffs, Hamburg 2005.

11 Vgl. Detlev Peukert, Die Weimarer Republik. Krisenjahre der klassischen Moderne, Frankfurt 1987, 25–31 (mit einem sehr einflussreich gewordenen Schema der Abschichtung politischer Generationen in Deutschland seit dem Kaiserreich).

12 Vgl. Michael Wildt, Generation des Unbedingten. Das Führungskorps des Reichssicherheitshauptamtes, Hamburg 2002; als Fallstudie: Ulrich Herbert, Best. Biographische Studien über Radikalismus, Weltanschauung und Vernunft, 1903–1989, Bonn 1996.

13 Vgl. A. Dirk Moses, Die 45er. Eine Generation zwischen Faschismus und Demokratie, in: Die Neue Sammlung 40, 2000, 211–232.

und Wehler gehören dazu. Oft begann ihre öffentliche Wirksamkeit um 1960, so dass sie zugleich eine Art Vorhut der reformerischen Strömungen von „1968" bildeten, wenn man diese Jahreszahl als eine Chiffre für einen größeren Pendelschwung begreift. Die „68er" selber waren auf dem Höhepunkt der Proteste Studenten, Doktoranden oder Assistenten.[14] Besonders die etwas Älteren unter ihnen sind als Akademiker, Professoren und öffentliche Intellektuelle seit den Siebzigerjahren hervorgetreten – und genau zu dieser Gruppe gehört Wolfgang Huber. Die etwa zwischen 1939 und 1943[15] Geborenen standen politisch und weltanschaulich den „45ern" relativ nahe, die manchmal zugleich ihre akademischen Lehrer waren.

Sie sahen sehr wohl das Grundgesetz und die Bundesrepublik, nicht aber deren Ausprägung in der Ära Adenauer als ihren Lebensauftrag. Oft waren sie eine Spur radikaler und eher als die 45er geneigt, sich den neuen sozialen Bewegungen gegenüber zu öffnen, demokratietheoretisch gesehen also die „Bewegung" gegenüber der „Institution" zu präferieren – Jürgen Habermas (Jg. 1929) und sein Assistent Claus Offe (Jg. 1940) sind ein gutes Beispiel für diese Konstellation.[16] Aber sie waren alt genug, um vor der Verlockung exotischer Radikalismen, die in den frühen Siebzigerjahren häufig in kommunistische Sektenparteien, selten auch in Gewalt mündeten, gefeit zu sein; das betraf eher die Jahrgänge um 1948/50.[17] Die relative Bürgerlichkeit dieser Generation wurzelte auch in privaten Umständen und Karrierekonstellationen: Als die Ehe für unzeitgemäß erklärt wurde, waren viele von ihnen schon verheiratet, und dies in recht frühem Alter auch deshalb, weil die Karriere zügig verlief: Kaum eine andere Generation ist so schnell und so früh in Führungspositionen eingerückt wie die „68er" der Jahrgänge um 1940/42.

Das spiegelt sich geradezu idealtypisch in Wolfgang Hubers Biographie: mit der Promotion im Februar 1966 im Alter von 23 Jahren, der Heirat mit Kara Kaldrack im August desselben Jahres und der Habilitation mit gerade

---

14 Die männliche Form kann man auch deshalb benutzen, weil nur sehr wenige Frauen darunter waren.

15 Zum Jahrgang 1943 vgl. die kollektivbiographische Untersuchung von Barbara Stambolis, Leben mit und in der Geschichte. Deutsche Historiker Jahrgang 1943, Essen 2010. Hier spielt auch der Umstand des typischen Aufwachsens dieser Generation in Vaterlosigkeit eine wichtige Rolle, der aber wegen der anderen Konstellation im Falle Hubers im Weiteren vernachlässigt wird. Vgl. Hermann Schulz u. a., Söhne ohne Väter. Erfahrungen der Kriegsgeneration, Berlin 2004.

16 Oder, in etwas anderer Weise, in der kritischen Geschichtswissenschaft und Sozialgeschichte: Hans-Ulrich Wehler (Jg. 1931) und Jürgen Kocka (Jg. 1941).

17 Vgl. allg. Gerd Koenen, Das rote Jahrzehnt. Unsere kleine deutsche Kulturrevolution 1967–1977, Köln 2001; Andreas Kühn, Stalins Enkel. Maos Söhne. Die Lebenswelt der K-Gruppen in der Bundesrepublik der 70er Jahre, Frankfurt 2005; Gunnar Hinck, Wir waren wie Maschinen. Die bundesdeutsche Linke der 70er Jahre, Berlin 2012.

dreißig im Jahre 1972. Untypisch war hier nur die Wartezeit von acht Jahren bis zur ersten Berufung – Hubers Professur in Marburg 1980 –, typisch wiederum die dennoch sehr frühe Mitwirkung in kirchlichen Führungsgremien wie der Kammer für öffentliche Verantwortung der EKD (seit 1973). Früher Aufstieg und frühe öffentliche Sichtbarkeit bildeten eine wichtige Voraussetzung erfolgreicher Karriere – wer erst mit Mitte oder Ende vierzig den ersten Ruf erhält, so wie heute nicht selten, hat es da schwerer.[18] Der Grund hierfür lag nicht nur im nach Jugendlichkeit rufenden Aufbruchklima um 1970 („Trau keinem über dreißig!"), sondern, ganz fundamental, auch im demographischen Umstand der kriegsbedingten Dezimierung der zwischen ca. 1918 und 1925 geborenen Männer – bis vor Kurzem noch eine der markanten „Dellen" in der deutschen Bevölkerungspyramide.

Politisch einte die 45er und die älteren 68er (die auch insofern als „Spät-45er" bezeichnet werden könnten) ein großer sozialdemokratischer Konsens: Mit ihnen endete die vom Kaiserreich bis in die 1960er Jahre reichende Phase einer deutlich konservativen Dominanz des deutschen Bildungsbürgertums und seiner „Mandarine".[19] Das Etikett ist hier durchaus auch parteipolitisch zu verstehen, wenngleich natürlich nicht in jedem einzelnen Falle. Unter den „45ern" finden sich etliche namhafte SPD-Mitglieder, die sich in der Studentenbewegung eher zum Konservativen wendeten (wie der Historiker Thomas Nipperdey und der Philosoph Hermann Lübbe), während die Jahrgänge 1939/43 eher zu linken Strömungen der SPD bzw. ihrer zeitweisen linkssozialistischen Dissidenz tendierten, ohne sich von dieser Partei jedoch loszusagen, denn den Weg zu den Grünen beschritten typischerweise, und nicht selten über den Umweg kommunistischer Splittergruppen, erst die fünf bis sieben Jahre Jüngeren.[20] Zwischen diesen Polen einer konservativen, zunehmend reformkritischen und einer linken, marxistisch geprägten SPD stand aber auch ein breiter „mainstream", für den Willy Brandt um 1970 politische und lebensgeschichtliche Leitfigur war. Zu dieser Gruppe der älteren 68er gehört Wolfgang Huber, der im Januar 1970, also fast unmittelbar nach Abschluss der sozialliberalen Regierungsbildung, der SPD beitrat.[21]

Die Frage nach den Generationen kann sich auch auf die Abfolge von Eltern und Kindern, von Vätern und Söhnen im deutschen Bildungsbürgertum beziehen. Wolfgang Huber ist das jüngste von fünf Kindern des Staatsrechtlers

---

18 Andererseits war Wolfgang Hubers frühe öffentliche Wirksamkeit wohl auch ein Grund für die relativ lange Wartezeit auf den ersten Ruf, da seine öffentliche Positionierung ihn umstritten machte.

19 Vgl. klassisch Fritz K. Ringer, Die Gelehrten. Der Niedergang der deutschen Mandarine 1890–1933, Stuttgart 1983.

20 Eine signifikante Ausnahme ist hier, natürlich, Rudi Dutschke (1940–1979).

21 Auskunft Wolfgang Hubers vom 23.09.2013, lt. erhaltenem SPD-Mitgliedsbuch. (Vager dagegen Gessler, Wolfgang Huber, 138 [„um" 1970]. – Im Gefolge des Wahlsiegs Brandts von 1969 gewann die SPD in kurzer Zeit ca. 200.000 neue Mitglieder).

Ernst Rudolf Huber (1903–1990): ein Schüler Carl Schmitts, der wie dieser als Professor in der Zeit des Nationalsozialismus den Führerstaat des „Dritten Reiches" rechtfertigte, ja den Ausbau der Diktatur einschließlich von Rassismus und Antisemitismus mit seinen akademischen Mitteln höchst aktiv unterstützte.[22] Nach Geburtsjahrgang und Karriereverlauf gehörte Ernst Rudolf Huber der damals jungen „Generation des Unbedingten" an, für die der Nationalsozialismus schnelle Aufstiegswege eröffnete – im Frühjahr 1933 erhielt er seine erste Professur in Kiel –, aber auch als Erfüllung von Lebensgeschichte und mentaler Prägung gedeutet wurde. Die Herkunft aus dem protestantischen Bürgertum und die Prägung durch Jugendbewegung und „Wandervogel" sind dafür typisch. Als besondere akademisch-politische Ehre des NS-Regimes galt die Berufung an die 1941 neugegründete „Reichsuniversität Straßburg", die (wie Prag und Posen) als „Grenzlanduniversität" zum Vorposten der NS-Ideologie werden sollte.[23] Das blieb Episode, spiegelt sich aber in Wolfgang Hubers Geburtsort. 1945 verlor Ernst Rudolf Huber seine Professur; seine Frau Tula Huber-Simons, ebenfalls Juristin, brachte die Familie durch. Erst gegen Ende der Fünfzigerjahre fand Ernst Rudolf Huber halbwegs akademische Anerkennung zurück und konzentrierte sich auf die Fertigstellung eines schließlich achtbändigen Opus Magnum, der „Deutschen Verfassungsgeschichte seit 1789".

Die Kinder dieser Generation standen vor einer mehrfachen schwierigen Aufgabe. Sie mussten, jenseits von persönlicher Loyalität, in der neuen Demokratie ein Verhältnis zur politischen Verstrickung und Schuld ihrer Väter finden. Aber nicht nur das „Dritte Reich" war zu Ende; sein Untergang beschleunigte auch den Niedergang des protestantischen Bildungsbürgertums, das sich zu offensichtlich in den Dienst des Regimes gestellt hatte. Konnte man etwas von dieser Tradition retten, sie demokratisch neu erfinden? Dabei ging es nicht nur um politische Positionen, sondern um den ganzen kulturellen Stil, den Habitus, unter dem akademische Bürgerlichkeit noch möglich wäre; und noch dazu: als protestantische. Solche Fragen aber konnten die Söhne (und einige Töchter) oft nicht bloß für ihre private Lebensführung entscheiden, denn Ressourcen und Erziehung des Elternhauses hatten sie, auch über die Zäsur von 1945 hinweg, auf ein Leben in Leistung, Karriere und Öffentlichkeit vorbereitet. Auf eine ähn-

22 Vgl. Ewald Grothe, Zwischen Geschichte und Recht. Deutsche Verfassungsgeschichtsschreibung 1900–1970, München 2005; Ralf Walkenhaus, Konservatives Staatsdenken. Eine wissenssoziologische Studie zu Ernst Rudolf Huber, Berlin 1997; siehe auch Gessler, Huber, 16–26.

23 Vgl. Frank-Rutger Hausmann, Wissenschaftsplanung und Wissenschaftslenkung an der Reichsuniversität Straßburg, in: Noyan Dinçkal u. a. (Hg.), Selbstmobilisierung der Wissenschaft, Darmstadt 2010, 187–210; Teresa Wróblewska, Die Reichsuniversitäten Posen, Prag und Strassburg als Modelle nationalsozialistischer Hochschulen in den von Deutschland besetzten Gebieten, Toruń 2000.

liche Konstellation trifft man in der Kölner Familie Nipperdey: mit dem Vater Hans Carl Nipperdey (1895–1968), der seit 1954 erster Präsident des Bundesarbeitsgerichts war, dem Sohn Thomas Nipperdey (1927–1992), einem typischen „45er" und bekannten Historiker, sowie der Tochter und streitbaren Feministischen Theologin Dorothee, verheiratete Sölle (-Steffensky) (1929–2003).[24] Ein weiteres Beispiel ist die Gelehrtenfamilie Mommsen: Der Historiker Wilhelm Mommsen (1892–1966), Enkel des Althistorikers und Literaturnobelpreisträgers Theodor Mommsen, verlor in der Entnazifizierung seine Professur und akademische Ehren; seine Söhne, die Zwillingsbrüder Wolfgang J. (1930–2004) und Hans (geb. 1930) gehörten zu den prägenden, im weiteren Sinne sozialdemokratisch gesinnten Historiker-Intellektuellen der 45er-Generation in der Bundesrepublik; Hans Mommsen etablierte sich als führender Forscher und Aufklärer über den Nationalsozialismus.[25]

In kollektivbiographischer und sozialgeschichtlicher Hinsicht hat dieses Muster noch nicht die Aufmerksamkeit gefunden, die es verdient, auch weil sich ein breiteres Bewusstsein von der NS-Verstrickung der jugendbewegten Generation protestantischer Bildungsbürger erst seit den 1990er Jahren durchgesetzt hat.[26] Im Falle Ernst Rudolf Hubers lagen Beteiligung am NS-Regime und moralische Schuld aber von Anfang an offen zutage (und traten in den Siebziger- und Achtzigerjahren eher wieder in den Hintergrund, als seine „Deutsche Verfassungsgeschichte" bei Juristen und Historikern weite und unbefangene Verbreitung fand). In dieser Zeit gaben Ernst Rudolf und Wolfgang Huber gemeinsam fünf Dokumentenbände über „Staat und Kirche im 19. und 20. Jahrhundert" heraus: ein bemerkenswertes Zeugnis der akademischen Sublimierung einer Vater-Sohn-Beziehung im nach-nationalsozialistischen Bildungsbürgertum, das – wie Ernst Rudolf Hubers Verfassungsgeschichte – 1933 endet, als seien das 20. Jahrhundert und die deutsche Geschichte mit dem Untergang der Weimarer Republik zu Ende gewesen.[27]

---

24 Vgl. Thomas Nipperdey, Eine bürgerliche Jugend (1927–1945), in: Ders., Kann Geschichte objektiv sein? Historische Essays, Hg. Paul Nolte, München 2013, 7–24. – Zu Dorothee Sölle vorläufig: Renate Wind, Dorothee Sölle – Rebellin und Mystikerin, Stuttgart 2008. Während Hans Carl Nipperdeys Haltung zum „Dritten Reich" in mancher Hinsicht strittig ist, war er freilich kein Nationalsozialist wie Ernst Rudolf Huber.

25 Vgl. Stefan Rebenich, Die Mommsens, in: Volker Reinhardt (Hg.), Deutsche Familien, München 2005, 147–179, hier bes. 163–167.

26 Vgl. noch: Rüdiger Hohls u. a. (Hg.), Versäumte Fragen. Deutsche Historiker im Schatten des Nationalsozialismus, Stuttgart 2000; zum Historiker Werner Conze als typischem Vertreter des eines jugendbewegt-nationalkonservativen Protestantismus mit Affinität zum Nationalsozialismus: Jan Eike Dunkhase, Werner Conze. Ein deutscher Historiker im 20. Jahrhundert, Göttingen 2010. Siehe auch Jürgen Reulecke (Hg.), Generationalität und Lebensgeschichte im 20. Jahrhundert, München 2003.

27 Ernst Rudolf Huber/Wolfgang Huber (Hg.), Staat und Kirche im 19. und 20. Jahrhundert. Dokumente zur Geschichte des deutschen Staatskirchenrechts, 5 Bde.,

Wenn man dies als Versuch der Kontinuitätsbildung, der öffentlichen Solidarität mit dem Vater im Medium des akademischen Produkts interpretieren kann, so setzte Wolfgang Huber zugleich Akzente des dezidierten Kontrasts, von denen im nächsten Teil noch mehr die Rede sein wird. Schon die Wahl des Studienfaches mag man so interpretieren, wenngleich die Theologie, aus der Sicht einer protestantischen Juristenfamilie, in der Schwebe zwischen bildungsbürgerlicher Selbstverständlichkeit und misstrauisch beäugtem Ausbruch lag. Wolfgang Hubers frühe Hinwendung zur Tradition der Opposition gegen den Nationalsozialismus, vor allem sein Anschluss an die Barmer Theologische Erklärung und an die Theologie Dietrich Bonhoeffers, steht jedenfalls im Kontext der familiären Biographie, die wiederum Teil einer wesentlich größeren Geschichte deutscher Generationen und deutschen Bildungsbürgertums im 20. Jahrhundert ist.

3 Die Theologie im intellektuellen Diskurs der alten Bundesrepublik

Welchen Ort konnte die Theologie im öffentlichen Diskurs der Bundesrepublik einnehmen? Es geht damit nicht um ihren Platz im „Streit der Fakultäten", um ihre disziplinäre und wissenschaftsinstitutionelle Positionierung, sondern um die Einbindung der Theologie in gesellschaftspolitische, ethische, kulturelle Debatten, die auf einem größeren Marktplatz als dem des akademischen Elfenbeinturms ausgetragen werden, sich aber dennoch, zumindest teilweise, aus wissenschaftlichen Hintergründen speisen. So könnte man die Handlungssphäre von „public intellectuals" umschreiben und damit gleichzeitig fragen, ob Theologinnen und Theologen in ihr agierten. Diese übergreifende Frage kann hier nur, wiederum auf Wolfgang Huber konzentriert, angerissen werden. Nach einigen grundsätzlichen Überlegungen hierzu (3.) geht es um intellektuell-politische Grundmotive seit den Siebzigerjahren, an denen die Theologie Hubers partizipierte (4.), und um den Anschluss an soziale Bewegungen (5.), also die praktische, zivilgesellschaftliche Seite des intellektuellen Engagements.

Soziale und institutionelle Traditionen begünstigen in Deutschland, mehr als in vielen anderen Ländern, eine gleichberechtigte Einmischung von Theologen in das Gemurmel des öffentlichen Streits. Das Fach gehört zum regulären Kanon der universitären Wissenschaften; es ist weder in eine kognitiv-kulturelle Sondersphäre abgedrängt (und marginalisiert), noch erhebt

Berlin 1973–1995. Vgl. Ernst Rudolf Huber, Deutsche Verfassungsgeschichte seit 1789, 8 Bde., Stuttgart 1957–1991. – Das Staatskirchenrecht gehörte schon früh zu den Spezialgebieten Ernst Rudolf Hubers (Promotion 1926 bei Carl Schmitt); diese Themenwahl kann man also nicht nur als disziplinären Brückenschlag zwischen dem Staatsrechtler-Vater und dem Theologen-Sohn interpretieren.

es (wie in theokratischen Gesellschaften) einen Sonderanspruch der privilegierten Welterklärung. Ähnliches gilt für den sozialen Typus des Theologie-Professors (ohne dass notwendigerweise alle Theologen-Intellektuellen Hochschullehrer sein müssten), besonders des evangelischen, mit seiner Verankerung in der bildungsbürgerlichen Normalität, einschließlich der Verbindung von staatlicher Alimentation und relativer äußerer wie innerer Unabhängigkeit. Sie können den „Beruf der Kritik"[28] – einer Kritik der Gesellschaft, einer Kritik der Macht – ausüben wie Soziologen, Pädagogen oder Historiker, und sich mit diesen den öffentlichen Raum teilen. Mit der Abwendung des Protestantismus von den staatsfromm-konservativen Traditionen nach 1945 ist seine Fähigkeit zu einer „Kritik der Macht" gewachsen, aber eine ähnliche Wende vom Monarchismus zur Demokratie und von der Affirmation zur Kritik haben auch die Juristen oder die Historiker durchgemacht. Etwas komplizierter ist die Lage für den römischen Katholizismus: Einerseits ist die Nähe zwischen Amtsverkündigung und intellektueller Position hier größer – so wie man von Joseph Ratzinger als einem Papst-Intellektuellen sprechen könnte.[29] Andererseits führt zu großer Dissens leichter als bei den Protestanten zum Ausschluss aus der Community; gleichwohl ist Hans Küng auch nach dem Entzug der kirchlichen Lehrerlaubnis 1979 ein (katholischer) Theologen-Intellektueller geblieben.

Für das „Mitschwimmen" der protestantischen Theologie im intellektuellen *mainstream* der Bundesrepublik spricht auch die große Zahl von Theologen aus der vorhin diskutierten 45er-Generation, die von Jürgen Moltmann (Jg. 1926) über Dorothee Sölle bis zu Trutz Rendtorff (Jg. 1931) reicht, um nur einige Namen zu nennen; Hans Küng und Johann Baptist Metz (beide Jg. 1928) sowie Norbert Greinacher (Jg. 1931) passen auf katholischer Seite dazu. Teilweise ist das „Mandat des Intellektuellen"[30] vom akademischen Lehrer auch auf den Schüler übergegangen, wie bei dem Rendtorff-Schüler Friedrich Wilhelm Graf (Jg. 1948), einem der profiliertesten Theologen-Intellektuellen der letzten Jahrzehnte.[31] – Einen wichtigen zweiten Strang neben demjenigen der alten Bundesrepublik bildet die öffentliche Einmischung des Protestantismus in der DDR (und über ihr Ende hinaus). Hier spielten

---

28 Vgl. Mario Rainer Lepsius, Kritik als Beruf. Zur Soziologie der Intellektuellen, in: Kölner Zeitschrift für Soziologie und Sozialpsychologie 16, 1964, 75–91.

29 In abgeschwächter Form gibt es dieses Rollendilemma freilich auch im Protestantismus, und Wolfgang Huber hat es in seiner Zeit als Landesbischof und EKD-Ratsvorsitzender gewiss manches Mal verspürt, wie man auch an konkreten Konflikten, etwa um die Ökumene, zeigen könnte.

30 Vgl. Ingrid Gilcher-Holtey, Das Mandat des Intellektuellen. Karl Kautsky und die Sozialdemokratie, Berlin 1986.

31 Vgl. z. B. Friedrich Wilhelm Graf, Die Wiederkehr der Götter. Religion in der modernen Kultur, München 2004; ders., Kirchendämmerung: Wie die Kirchen unser Vertrauen verspielen, München 2011.

und spielen bis heute weniger Universitätsprofessoren als Pfarrerinnen und Pfarrer wie Friedrich Schorlemmer eine zentrale Rolle, daneben auch Nicht-Theologen mit Prägung durch das kirchlich-dissidente Bürgerrechtsmilieu.

Häufig ist die seit 1963 erscheinende „edition suhrkamp", die regenbogenfarbige Taschenbuchreihe des (bis 2009) Frankfurter Verlages, zum Maßstab bundesrepublikanischer Intellektualität erklärt worden – mit einem gewissen, aber wiederum zeittypischen, linken und teils neomarxistischem Einschlag. In ihr kommen Theologen als Autoren kaum vor, was über eine zumindest latente Tradition der Religionsskepsis und Religionskritik der damaligen „Neuen Linken" durchaus etwas aussagt. Trutz Rendtorff und Heinz Eduard Tödt veröffentlichten im Hauptjahr der Revolte einen Band zur „Theologie der Revolution"; 1974 erschien „Kirche und Klassenbindung", herausgegeben von dem Frankfurter Theologieprofessor Yorick Spiegel; darin schrieb auch Wolfgang Huber.[32] Als Jürgen Habermas fünf Jahre später für den Jubiläums-Band 1000 der „edition suhrkamp" ein aus seiner Sicht repräsentatives Spektrum linker und linksliberaler Intellektueller zur Mitwirkung einlud, waren immerhin drei Theologen unter den 33 Autorinnen und Autoren: Johann Baptist Metz, Dorothee Sölle und Jürgen Moltmann, der programmatisch über „Theologie heute" schrieb.[33]

Deutlich präsenter trat die Theologie in einer anderen, inzwischen legendären Taschenbuchreihe auf: nämlich bei den anfangs aggressiv gelb-roten Bänden von Freimut Duves „rororo aktuell". Hier war Dorothee Sölle mehrfach Autorin, auch Heinrich Albertz und Desmond Tutu kamen vor – und Wolfgang Huber mit seinem 1987 publizierten Band „Protestantismus und Protest"[34]. Das war insofern bezeichnend für die öffentliche und intellektuelle Ausstrahlung des Protestantismus in Westdeutschland, als „rororo aktuell" nicht so sehr wie die „edition suhrkamp" zur reinen Theorie beitragen, sondern von Anfang an, auch mit Rudi Dutschke als Autor,[35] eine Brücke zu den sozialen Bewegungen schlagen wollte. Im undogmatischen linken

---

32 Trutz Rendtorff/Heinz Eduard Tödt, Theologie der Revolution. Analysen und Materialien, Frankfurt 1968 (edition suhrkamp, Bd. 258); Yorick Spiegel (Hg.), Kirche und Klassenbindung. Studien zur Situation der Kirche in der Bundesrepublik Deutschland, Frankfurt 1974 (edition suhrkamp, Bd. 709).

33 Jürgen Habermas (Hg.), Stichworte zur ‚Geistigen Situation der Zeit', 2 Bde., Frankfurt 1979; darin J. B. Metz, Produktive Ungleichzeitigkeit, 529–538; D. Sölle, ‚Du sollst keine anderen Jeans neben mir haben', 541–553; J. Moltmann, Theologie heute, 754–780 – besonders bemerkenswert, weil die Theologie hier als eine kritische Sozialwissenschaft erscheint, zwischen ähnlich gelagerten Beiträgen Hans-Ulrich Wehlers über die Geschichtswissenschaft und Peter Bürgers über die Literaturwissenschaft.

34 Wolfgang Huber, Protestantismus und Protest. Zum Verhältnis von Ethik und Politik, Reinbek 1987.

35 Vgl. Uwe Bergmann/Rudi Dutschke u. a., Rebellion der Studenten oder Die neue Opposition, Reinbek 1968.

„Bewegungsmilieu", wie es sich seit der Mitte der Siebzigerjahre formierte, spielten die linkshegelianischen, Marxschen und „Frankfurter" Vorbehalte gegenüber Religion ohnehin kaum eine Rolle; im Gegenteil: Hier bildete sich eine starke Affinität von religiösen Motivlagen, intellektueller Intervention und sozialem Protest heraus, und genau in diesem Schnittfeld stand der junge Wolfgang Huber der Siebziger- und Achtzigerjahre. Man könnte die These wagen: Will die Theologie als öffentliche Diskursmacht und die Theologin als Intellektuelle wahrgenommen werden, müssen sie den Schritt aus der theologischen Publikations- und Verlagswelt hinaus tun.[36] Schließlich geht es um „Öffentliche Theologie".

Es wäre deshalb eine spannende Aufgabe, das Vorkommen von Theologen in jenen deutschen Medien über die letzten fünfzig Jahre zu prüfen, in denen sich „intellektuelle Debatte" konstituiert: also nicht nur in bestimmten Verlagen und Buchreihen, sondern auch in Monatsschriften wie dem „Merkur", in der „Zeit" oder in Namensessays im „Spiegel", in Beiträgen für die „Frankfurter Allgemeine" und die „Süddeutsche Zeitung". Und wozu äußern sie sich, in welchen Begriffen, in welcher Sprache? Bringen Sie ein theologisches oder religiöses Profil in die öffentliche Intervention ein, oder tritt das in den Hintergrund gegenüber der Rolle als Staatsbürger – möglicherweise, um die Wirkung in einer (teil-)säkularen Öffentlichkeit nicht zu gefährden? In umgekehrter Richtung interessiert aber genauso, ob Gott, ob religiöse und (para-)theologische Fragen bei Intellektuellen aus anderen Disziplinen eine Rolle spielen. Denn das wäre ein genauso wichtiger Indikator für die Integration von Religion, Theologie und Kirche in die „allgemeine", heute vor allem sozialwissenschaftlich geprägte Intervention und Gesellschaftskritik. Möglicherweise ist hier eine zunehmende Tendenz, also eine Öffnung zu verzeichnen. Im Jahre 1999 verblüffte der „Merkur" mit dem Thema seines jährlichen Sonderheftes: „Nach Gott fragen",[37] und in dem hier vorliegenden Band sind namhafte Nicht-Theologen wie Volker Gerhardt und Hans Joas vertreten, die nicht nur als Fachwissenschaftler, sondern auch als öffentliche Intellektuelle gelten können.

Im weiteren Sinne führt das auf Bedeutung von Katholizismus und Protestantismus in der politischen Kultur der Bundesrepublik überhaupt. Man könnte diese beiden Kräfte – nicht als Kirchen, nicht als Konfessionen, sondern als „Kulturmächte" – wie zwei kulturelle Grundfarben von Staat und Gesellschaft in Deutschland beschreiben, die sich öfters gemischt, immer wieder aber auch ihre spezifische Tönung in Politik und Alltag eingebracht

---

36 So wie es Wolfgang Huber mit seinen letzten Büchern bei C. H. Beck (erneut) gelungen ist: Von der Freiheit. Perspektiven für eine solidarische Welt, München 2012; DERS., Ethik. Die Grundfragen unseres Lebens von der Geburt bis zum Tod, München 2013.

37 Nach Gott fragen. Über das Religiöse, Hg. v. KARL-HEINZ BOHRER u. KURT SCHEEL, Merkur-Sonderheft 1999 (Heft 605/606).

haben. Was die Gewichte zwischen beiden betrifft, hat sich die Perspektive, vielleicht auch die Wirklichkeit, über das letzte halbe Jahrhundert verschoben. Denn bei ihrer Gründung und mindestens bis in die Sechzigerjahre wurde die Bundesrepublik, nicht zuletzt von ihren Kritikern, als ein eher „katholisches" Gemeinwesen wahrgenommen. Dafür gab es klare Indizien, zum Beispiel das „Abschneiden" der protestantisch-preußischen Gebiete und Traditionen Mittel- und Ostdeutschlands, die Dominanz des Katholischen in der frühen CDU und die lange Dominanz der Union in der Bundespolitik. In letzter Zeit gewinnt man dagegen, obwohl sich die konfessionellen Proportionen nicht wesentlich verschoben haben, eher den Eindruck einer politisch-kulturellen Dominanz des Protestantismus. Tatsächlich ist das vereinte Deutschland, wie Lothar de Maizière schon 1990 prognostiziert hatte, protestantischer geworden (jedenfalls mehr, als es „östlicher" oder „preußischer" geworden ist). Aber wichtige Wurzeln dieser Verschiebung liegen tiefer, nämlich eher in den Siebziger- und frühen Achtzigerjahren der „alten" Bundesrepublik, als zentrale Fragen der gesellschaftlichen und kulturellen Identität eine protestantische Färbung erhielten. Das gilt für die ökologische Krise mit ihren Rufen zu Umkehr, Verantwortung und neuer Askese, aber wohl auch für den Umgang mit kollektiver Schuld in den Geschichtsdebatten und in der Erinnerung des Nationalsozialismus.

4 Theologie und Sozialtheorie: Öffentlichkeit, Freiheit und Gemeinschaft

Die Theologie entwickelt ihre Sprache, ihre Grundbegriffe, ihre Interpretamente nicht allein aus ihrer eigenen disziplinären Tradition oder den Überlieferungen des Christentums. Wie jede Geisteswissenschaft steht sie – und das dürfte für die *evangelische* Theologie sogar besonders ausgeprägt gelten – im Einflussbereich interdisziplinärer Diskurse und öffentlicher Debatten. Ihre einstige Führungsrolle im „Streit der Fakultäten" hat sie längst eingebüßt und ist, mit Kant zu sprechen, „vom Freiheitsgeist der Vernunft und Philosophie [...] angesteckt".[38] So ist sie seit dem 19. und dann noch einmal beschleunigt im 20. Jahrhundert häufig zur Rezipientin von Impulsen aus anderen Fächern geworden, in verschiedenen „Wellen", die selber Teil der allgemeinen Geschichte der Geisteswissenschaften im 20. Jahrhundert sind: von der Vormacht der Geschichtswissenschaft im Zeichen des Historismus über die sozialwissenschaftliche Dominanz nach dem Zweiten Weltkrieg bis zu den heute so wirkungsvollen kulturwissenschaftlichen Paradigmata – vermutlich könnte man eine Geschichte der Theologie entlang dieser

---

38 Immanuel Kant, Der Streit der Fakultäten (1798), Erster Abschnitt, I.A.

Leitwissenschaften schreiben.[39] Darin drückt sich Offenheit und Innovationsfähigkeit aus, jedenfalls nicht ein minderer intellektueller Status. Für die Geschichtswissenschaft nach 1945 etwa gilt ganz Ähnliches: Sie ist ein Schwamm geworden, der Anregungen anderer Fächer mit gewisser Verzögerung aufsaugt und für das eigene Weiterdenken ausbeutet. Um eine Einbahnstraße handelt es sich jedoch nicht, zumal was die Theologie betrifft. Denn der sozial- und politikwissenschaftliche Diskurs der letzten Jahrzehnte enthält an sehr zentralen Stellen religiöse Motive und paratheologische Denkfiguren. Ein wichtiges Beispiel dafür ist das berühmte „Diktum" des Verfassungsrechtlers Ernst-Wolfgang Böckenförde, nach dem der „freiheitliche, säkularisierte Staat" von Voraussetzungen lebe, „die er selbst nicht garantieren kann".[40] Und den von Jürgen Habermas in der Tradition der Kritischen Theorie verwendeten Begriff der „Versöhnung" kann man geradezu als einen Import aus der Theologie bezeichnen.[41]

Wolfgang Huber hat in seinem theologischen und sozialethischen Werk immer wieder den Anschluss an interdisziplinäre Grundbegriffe und Fragestellungen gesucht. Zeit- und generationstypisch nahm er vor allem Impulse der Sozialwissenschaften, der Sozialtheorie und der politischen Theorie bzw. Philosophie auf. Für die Generation der „älteren 68er" lag der Blick zur Kritischen Theorie der „Frankfurter Schule" nahe, besonders die Orientierung auf Jürgen Habermas als deren führenden zeitgenössischen Vertreter. Die wiederum etwas Jüngeren entdeckten dann die Systemtheorie Niklas Luhmanns für die Theologie.[42] In seiner Heidelberger Habilitationsschrift von 1972 über „Kirche und Öffentlichkeit" griff Huber ein Problem auf, das Jürgen Habermas seinerseits für die zweite akademische Qualifikation behandelt hatte, nämlich den „Strukturwandel der Öffentlichkeit" in der bürgerlichen und kapitalistischen Welt seit dem 18.

39 Historiker haben das m. W. noch nicht getan. Vgl. aber die Pionierstudie von Benjamin Ziemann, Katholische Kirche und Sozialwissenschaften 1945–1975, Göttingen 2007.

40 Ernst-Wolfgang Böckenförde, Die Entstehung des Staates als Vorgang der Säkularisation (1967), in: Ders., Recht, Staat, Freiheit, Frankfurt 1991, 92–114, hier 112; vgl. auch ders., Wissenschaft, Politik, Verfassungsgericht, Frankfurt 2011, hier inbes. das biographische Interview mit Dieter Gosewinkel. – Der implizite Rückverweis auf (para-)theologische Voraussetzungen ergibt sich schon aus dem Kontext einer spezifischen Säkularisierungstheorie, die bei der isolierten Zitation des „Diktums" in Vergessenheit geraten mag.

41 Darauf hat u. a. Wolfgang Huber hingewiesen: Habermas in protestantischer Tradition, in: Michael Funken (Hg.), Über Habermas. Gespräche mit Zeitgenossen, Darmstadt 2008, 130–139, hier 132.

42 Vgl. z. B. Michael Welker (Hg.), Theologie und funktionale Systemtheorie. Niklas Luhmanns Religionssoziologie in theologischer Diskussion, Frankfurt 1985. (Damit ist natürlich nicht gesagt, dass die jüngeren religionstheoretischen Arbeiten Habermas' kein theologisches Echo finden würden; das Gegenteil ist der Fall.)

Jahrhundert.[43] Wie er das in seinem späteren Werk und bis heute beibehielt, interessierte sich Huber dabei weniger für den Kapitalismus als sozialökonomisches Fundament der Moderne, auch nicht für eine Kulturtheorie (geschweige denn Kulturkritik) von Kapitalismus, Kommerzialisierung und Konsum im Sinne einer Philosophie der Entfremdung bzw. einer Theologie ihrer Überwindung.[44] Vielmehr ging es um das Spannungsverhältnis von Privatheit und Arkanum auf der einen Seite, der staatlich-herrschaftlichen Ordnung auf der anderen, in deren Mitte ein emphatischer Begriff von Öffentlichkeit als Sphäre bürgerlicher und tendenziell egalitärer Vergesellschaftung trat.

Mit Habermas konnte Huber einen mehrfachen Appell an eine Kirche richten, die immer noch den Nationalsozialismus und ihr eigenes Versagen im „Dritten Reich" verdaute: Heraus aus der Beschränkung auf die private Frömmigkeit; heraus aber auch aus der Komplizenschaft mit dem Staat in der preußisch-obrigkeitlichen Tradition! Der Begriff der Öffentlichkeit ermöglichte also einen Ausweg aus dem protestantischen Dilemma von „Römer 13", den Ausstieg von Kirche aus dem Mittun in jedweder weltlichen Obrigkeit, ohne deshalb auf politisches Engagement zu verzichten und sich in eine Sondersphäre unter dem ausschließlichen Gesetz Gottes zurückzuziehen. Kirche und kirchlich engagierte Bürger(innen) sind Teil von Öffentlichkeit, die wiederum ohne Demokratie nicht vorstellbar ist. Insofern war Hubers Habilitationsschrift zugleich ein Beitrag zur Verwestlichung und Demokratisierung des deutschen Protestantismus, die in der unmittelbaren Nachkriegszeit begonnen hatte und Anfang der Siebzigerjahre bereits zu einem vorläufigen Abschluss kam.[45] Man kann sie außerdem als Teil einer geistigen Auseinandersetzung mit dem eigenen Vater lesen, nämlich als Zurückweisung des für das 19. und frühe 20. Jahrhundert charakteristischen „Trennungsdenkens" bezüglich des Verhältnisses von „Staat" und „Gesellschaft" in der konstitutionell-etatistischen Tradition.[46]

Den Begriff der „kommunikativen Freiheit" entwickelte Wolfgang Huber seit dem Ende der Siebzigerjahre, im Anschluss an sozialphiloso-

---

43 Wolfgang Huber, Kirche und Öffentlichkeit, Stuttgart 1973; München ^{2}1991. – Jürgen Habermas, Strukturwandel der Öffentlichkeit. Untersuchungen zu einer Kategorie der bürgerlichen Gesellschaft, Neuwied 1962 u. ö.

44 Das war ein wichtiges Motiv z. B. für Dorothee Sölle; vgl. den oben in Anm. 33 zit. Beitrag.

45 Vgl. für die frühere Zeit z. B. Thomas Sauer, Westorientierung im deutschen Protestantismus? Vorstellungen und Tätigkeit des Kronberger Kreises, München 1999.

46 Vgl. hier nur, mit der älteren Literatur: Paul Nolte, Die Ordnung der deutschen Gesellschaft. Selbstentwurf und Selbstbeschreibung im 20. Jahrhundert, München 2000, 377–390; Hartwig Brandt, Ernst Rudolf Hubers „Deutsche Verfassungsgeschichte". Eine methodologische Betrachtung, in: Vierteljahrschrift für Sozial- und Wirtschaftsgeschichte 74, 1987, 229–241; sowie die in Anm. 22 genannte Lit.

phische Überlegungen von Michael Theunissen und wiederum Jürgen Habermas. In einem 1979 in Marburg gehaltenen Vortrag wird die „kommunikative Freiheit" zum ersten Mal systematisch entfaltet, als Freiheit „in Gemeinschaft und wechselseitiger Verständigung, in communio und communicatio".[47] Dabei bezog er sich ausdrücklich auf die nur ein Jahr zuvor erschienene Studie „Sein und Schein" des damals in Heidelberg lehrenden Theunissen, der schon in seiner Habilitationsschrift von 1964 den „Anderen" zum Bezugspunkt einer „Sozialontologie der Gegenwart" gemacht hatte.[48] Theunissen war jedoch an einer gesellschaftstheoretischen Explikation seiner Hegel-Interpretation nicht interessiert (und hatte auch keinen Drang in die Öffentlichkeit) – das überließ er anderen, nicht nur Huber, sondern auch Jürgen Habermas, für den Theunissens „Sozialontologie" einen der zahlreichen Anknüpfungspunkte seiner 1981 vorgelegten „Theorie des kommunikativen Handelns" bildete.[49] Jedenfalls trägt die weitere Entfaltung der „kommunikativen Freiheit" bei Huber deutliche Spuren einer Auseinandersetzung mit Habermas, zumal dieser sich Anfang der Achtzigerjahre im Rahmen seiner „Diskursethik" selber vermehrt ethischen (gegenüber gesellschaftstheoretischen) Fragen zuwandte.[50] Die Motive der „zwanglosen" oder „herrschaftsfreien" Verständigung, der Auflösung von Hierarchien, überhaupt des Denkens im Prozess statt in Institutionen ließen sich auf protestantisches Selbstverständnis seit der Reformation gut übertragen, nahmen aber gleichzeitig die deutsche Gegenwart der späten Siebziger- und frühen Achtzigerjahre auf, bei Huber ebenso wie bei Habermas: nämlich die Institutionenkritik der „68er"-Bewegung und die Aufbrüche zu einem mehr zivilgesellschaftlichen, prozessualen und horizontal-bürgerschaftlichen Verständnis von Demokratie.

Eng damit verknüpft war eine Konvergenz der drei Pole von Zeitgeschichte, Sozialtheorie und Theologie im Begriff der „Gemeinschaft", der neue positive Würdigung erfuhr, nachdem er in den ersten Nachkriegsjahrzehnten hinter der „Gesellschaft" hatte zurückstehen müssen: Denn „Gemeinschaft"

---

47 Wolfgang Huber, Freiheit und Institution. Sozialethik als Ethik kommunikativer Freiheit (1979), in: Ders., Folgen christlicher Freiheit. Ethik und Theorie der Kirche im Horizont der Barmer Theologischen Erklärung, Neukirchen-Vluyn 1983, 113–127 (das Buch ist u. a. Theunissen gewidmet, zu dem sich in Heidelberg eine Freundschaft entwickelt hatte); wieder in: Ders., Von der Freiheit, 57–73.

48 Michael Theunissen, Sein und Schein. Die kritische Funktion der Hegelschen Logik, Frankfurt 1978; ders., Der Andere. Studien zur Sozialontologie der Gegenwart, Berlin 1965, ^{2}1981. – Vgl. dazu auch den Beitrag von Hans Joas in diesem Band.

49 Jürgen Habermas, Theorie des kommunikativen Handelns, 2 Bde., Frankfurt 1981; s. auch ders., Die Einbeziehung des Anderen. Studien zur politischen Theorie, Frankfurt 1996.

50 Vgl. v. a. Jürgen Habermas, Moralbewusstsein und kommunikatives Handeln, Frankfurt 1983.

klang zu sehr nach „Volksgemeinschaft", mindestens aber nach jenen nostalgischen und sozialkonformistischen Sehnsüchten, die sich meist auf Ferdinand Tönnies beriefen.[51] In den Siebzigerjahren jedoch artikulierten Wissenschaftler ebenso wie soziale Bewegungen Zweifel an der „kalten" Rationalität der Gesellschaft und suchten neue Formen der Gemeinschaft, die einer Entfaltung von individueller Freiheit und Expressivität nicht mehr entgegenstanden, sondern diese erst ermöglichen sollten. Das spiegelte sich in der Habermasschen Gesellschaftstheorie mit ihrer Präferenz für die kommunikative „Lebenswelt"-Gemeinschaft gegenüber der funktionalen „System"-Gesellschaft ebenso wie in alternativen Lebensformen, in Wohngemeinschaften und Kommunen, auch in einer spezifischen protestantischen Milieukultur, die gelegentlich mit dem Stichwort der „Teestube" ironisiert worden ist.[52] Nicht zufällig hat der Huber-Schüler Heinrich Bedford-Strohm den Nexus von Gemeinschaft und kommunikativer Freiheit zum Thema seiner Habilitationsschrift gemacht.[53] Aus der amerikanischen Sozialtheorie war inzwischen der „Kommunitarismus" auch nach Deutschland geschwappt und beeinflusste nicht nur die Politikwissenschaft, sondern auch breitere öffentliche Debatten.[54]

Die andere, für Huber wichtigere Linie in dieser Denkbewegung führt zu einem Verständnis von Freiheit, das sich in theologischer (vor allem lutherischer) Begründung vom individualistischen, klassisch-liberalen Freiheitsbegriff unterscheidet. Das ist von Willem Fourie ausführlich dargelegt worden.[55] Aus nichttheologischer Sicht ist bemerkenswert, dass Freiheit auf diese Weise anti-individualistisch (oder, vielleicht präziser: anti-monistisch) gedacht werden kann, als sozial gebundene und verpflichtete Freiheit, ohne in die Falle eines sozialen Konformismus zu tappen, bei dem die Bindung an die Gemeinschaft dem Einzelnen die Luft zum Atmen wieder abschnürt. In der durch Martin Luther und Dietrich Bonhoeffer geformten Sicht Hubers

---

51 Ferdinand Tönnies, Gemeinschaft und Gesellschaft. Grundbegriffe der reinen Soziologie (1887), Darmstadt 1979.

52 Vgl. Habbo Knoch (Hg.), Bürgersinn mit Weltgefühl. Politische Moral und solidarischer Protest in den sechziger und siebziger Jahren, Göttingen 2007; Sven Reichardt, Authentizität und Gemeinschaft. Linksalternatives Leben in den siebziger und frühen achtziger Jahren, Frankfurt 2013; ders./Detlef Siegfried (Hg.), Das alternative Milieu. Antibürgerlicher Lebensstil und linke Politik in der Bundesrepublik Deutschland und Europa 1968–1983, Göttingen 2010.

53 Heinrich Bedford-Strohm, Gemeinschaft aus kommunikativer Freiheit. Sozialer Zusammenhalt in der modernen Gesellschaft. Ein theologischer Beitrag, Gütersloh 1999.

54 Vgl. hier nur: Christel Zahlmann (Hg.), Kommunitarismus in der Diskussion, Berlin 1992; Axel Honneth (Hg.), Kommunitarismus. Eine Debatte über die moralischen Grundlagen moderner Gesellschaften, Frankfurt 1993. – An dieser Debatte wiederum beteiligten sich (in Deutschland) Theologen kaum in vorderer Reihe.

55 Willem Fourie, Communicative Freedom. Wolfgang Huber's Theological Proposal, Wien/Münster 2012; und im Beitrag von Fourie in diesem Band.

bleibt die „kommunikative Freiheit" geradezu eine individuelle, eine persönliche Errungenschaft ersten Ranges.[56] Politisch gesehen macht dies Wolfgang Huber doch wieder zu einem Liberalen; jedenfalls steht die persönliche Dignität der Freiheit für ihn vor dem Gedanken einer kollektiven „Befreiung der Völker". Gelegentlich hat er zwar auch von einer „Theologie der Befreiung" gesprochen, doch die unter diesem Schlagwort bekannt gewordene politische Theologie radikaldemokratischer, vielleicht auch sozialistischer Regimewechsel in der Dritten Welt war damit nicht gemeint, und auch in den Siebziger- und Achtzigerjahren blieb für Huber die „Befreiung" immer der „Freiheit" untergeordnet.

5 Theologie und Zivilgesellschaft in den „Neuen Sozialen Bewegungen"

Mit dieser Balance zwischen Liberalismus und Kommunitarismus, Individuum und Gemeinschaft, aber auch zwischen Kirche und Staat, bei der die erste nicht zur utopischen Gegenwelt des zweiten wird, unterscheidet sich Wolfgang Huber sozialwissenschaftlich und theologisch, vermutlich in Nuancen auch politisch, von jenem „Linksprotestantismus" der sozialen Bewegungen, in dem er sich lange Zeit bewegt und zu dem er wichtige Beiträge geleistet hat, nicht nur akademisch, sondern auch praktisch und (kirchen-)politisch.[57] Teilweise ist das wieder eine Generationsfrage – die wichtigsten Vertreter(innen) des empört-engagierten Bewegungsprotestantismus gehörten, wie Sölle und Moltmann, der „45er"-Generation oder (wie Gollwitzer) einer noch älteren Gruppe an, damit auch einer Formation von Intellektuellen, die in den Fünfzigerjahren mit einem gewissen Misstrauen gegen die Ordnung der Bundesrepublik großgeworden waren: Unterschied sie sich wirklich und genügend von der des „Dritten Reiches"? Solche kulturellen Deutungskonflikte und impliziten historischen Narrative blieben bis in die Achtzigerjahre virulent und entschieden (mit) darüber, ob man den NATO-Doppelbeschluss und die atomare „Nachrüstung" verbal und öffentlich ablehnte – oder ob man sich dafür in Mutlangen ankettete und von der Polizei wegtragen ließ.[58] Der Unterschied in der Deutung bundesrepu-

56 Vgl. dazu und zum Folgenden v. a. Wolfgang Huber, Theologie der Befreiung – ein Anstoß Martin Luthers, in: Ders., Protestantismus und Protest, 49–68; wieder in: Ders., Von der Freiheit, 13–28.

57 Bei Fertigstellung des Textes erschien: Thomas Kroll, Der Linksprotestantismus in der Bundesrepublik Deutschland der 1960er und 1970er Jahre. Helmut Gollwitzer, Dorothee Sölle und Jürgen Moltmann, in: Ders./Tilman Reitz (Hg.), Intellektuelle in der Bundesrepublik Deutschland, Göttingen 2013, 103–122.

58 Das ignoriert natürlich nicht die große (Mehr-)Zahl junger, in den Fünziger- und Sechzigerjahren Geborener in diesen Protesten, für die Ältere wie Heinrich Böll wich-

blikanischer Gegenwart und der Hoffnung auf eine bessere Zukunft zeigte sich auch in den theologischen Konstruktionen, die bei den Leitfiguren des Linksprotestantismus auf eine bessere Welt, auf Verheißung, auf (säkularisierte) Eschatologie zielten, jedenfalls mit Erwartungsbegriffen operierten, mit einem Denkmuster der „Futurisierung" – wie in Jürgen Moltmanns „Theologie der Hoffnung".[59] Wolfgang Hubers Theologie will zwar die Welt verändern und verbessern, ist aber fundamental eine Theologie (und Ethik) der Gegenwart, des *hic et nunc*.

Dennoch zieht sich das Engagement in den sozialen Bewegungen und für sie als breite Spur durch das Leben und Werk Wolfgang Hubers. In den 1970er Jahren waren die „Menschenrechte" ein zentrales Thema; gemeinsam mit Heinz Eduard Tödt entstand an der Heidelberger Forschungsstätte der Evangelischen Studiengemeinschaft (FEST) 1977 ein Buch dazu.[60] Jüngst hat die Geschichtswissenschaft dieses Jahrzehnt als Epoche eines Umbruchs beschrieben, in der die moderne Politik der Menschenrechte trotz ihrer jahrhundertelangen Vorgeschichte überhaupt erst eigentlich begonnen habe; kirchliche Milieus und religiöse Bewegungen spielten dabei oft eine wichtige Rolle.[61] Ins Präsidium des Deutschen Evangelischen Kirchentages rückte Wolfgang Huber 1979 ein, also genau im Moment der Neuerfindung und Transformation des in die Krise geratenen Protestantentreffens im Sog der Neuen Sozialen Bewegungen, zwischen Nürnberg 1979 und dem schon ganz durch die Friedensbewegung[62] geprägten Kirchentag in Hamburg 1981. Von 1983 bis 1989 amtierte er als Kirchentagspräsident. Das Engagement gegen die Apartheid und für ein demokratisches Südafrika ist nicht nur immer wieder Thema in Hubers Schriften gewesen, sondern längst ein biographisches Lebensmotiv geworden.

Der Einsatz für die Freiheit der schwächeren Anderen hat auch Hubers Freiheitskonzept beeinflusst, wiederum im partiellen Reflex größerer politisch-kultureller Umbrüche. Wenn er 1978 die Kirche als „Anwalt der Freiheit" beschrieben hat, nicht zuletzt im Blick auf den globalen Nord-Süd-Konflikt, kommt darin eine wichtige Erweiterung der „kommunikativen Freiheit" zum Ausdruck. Die Vision von Freiheit in Gemeinschaft

---

tige Vorbilder und moralische Instanzen waren.

59 Jürgen Moltmann, Theologie der Hoffnung. Untersuchungen zur Begründung und zu den Konsequenzen einer christlichen Eschatologie, München 1965 (3., um ein Gespräch mit Ernst Bloch erweiterte Auflage).

60 Wolfgang Huber/Heinz Eduard Tödt, Menschenrechte. Perspektiven einer menschlichen Welt, Stuttgart 1977.

61 Vgl. v. a. Samuel Moyn, The Last Utopia. Human Rights in History, Cambridge, Mass. 2010; Stefan-Ludwig Hoffmann (Hg.), Moralpolitik. Geschichte der Menschenrechte im 20. Jahrhundert, Göttingen 2010; Jan Eckel/Samuel Moyn (Hg.), Moral für die Welt? Menschenrechtspolitik in den 1970er Jahren, Göttingen 2012.

62 Dazu verschiedene Beiträge in Huber, Protestantismus und Protest.

setzt allzu leicht die egalitäre und inklusive Beteiligung am Gemurmel der Öffentlichkeit voraus; auch: die Fähigkeit, für den jeweils anderen frei und verantwortlich sein zu können. Wo Menschen aber nicht frei sind und nicht über Ressourcen der Verantwortung verfügen können, ist das anwaltliche Sprechen und Handeln unverzichtbar, „das stellvertretende Reden für die, die sich nicht selbst Gehör verschaffen können, die Parteinahme für Fremde und ausländische Mitbürger, für Unterdrückte und Arbeitslose".[63] Seit den Siebzigerjahren ist das anwaltliche Eintreten für schwächere Dritte, die „advocacy", zu einem wichtigen Prinzip der Demokratie geworden, das die klassische Demokratie eines Pluralismus der Eigeninteressen immer mehr überlagert.[64] Die Zeitgeschichte beginnt gerade erst mit der differenzierten Erforschung der Protestbewegungen der Siebziger- und Achtzigerjahre, aber schon ist klar, dass religiöse Motivation, kirchliche Netzwerke und theologische Denkfiguren eine zentrale Rolle spielten, in der Bundesrepublik mehr als in vielen anderen westlichen Ländern.[65]

Man könnte diese Linie noch weiterverfolgen, in die Neunzigerjahre und den Beginn des 21. Jahrhunderts hinein. Doch hieße das endgültig, den historischen „Sicherheitsabstand" zu ignorieren, zumal angesichts andauernder wissenschaftlicher und politischer Tätigkeit Wolfgang Hubers. Seine Themen haben sich verschoben; die Ethik des menschlichen Lebens in den Grenzsituationen von Zeugung, Geburt und Tod bildet einen neuen Schwerpunkt.[66] Das ist wiederum nicht nur persönlichen Vorlieben geschuldet, sondern spiegelt die Verschiebung intellektueller Diskurse und gesellschaftspolitischer Konflikte in den letzten zwei Jahrzehnten. Ebenso hat sich Hubers Positionierung im intellektuellen, im innerkirchlichen und im politischen Feld verändert, zum Teil als Resultat der Übernahme von Amtsverantwortung, in der man sich auf einen absoluten Gestus der Kritik oder des Protests (den Huber ohnehin nie gepflegt hat) nicht zurückziehen kann. Aber auch hier steht der Theologe, Politiker und Intellektuelle Wolfgang Huber in den sozialen Bewegungen seiner Zeit, diesmal einer Zeit, welche die großen Polarisierungen der Siebzigerjahre in Kirche und Gesellschaft hinter sich gelassen hat.[67]

---

63 WOLFGANG HUBER, Die Kirche als Raum und als Anwalt der Freiheit (1978), in: DERS., Folgen christlicher Freiheit, 205–216, hier 216.

64 Vgl. PAUL NOLTE, Was ist Demokratie? Geschichte und Gegenwart, München 2012, 413–421.

65 In der sonst vorzüglichen Untersuchung von SILKE MENDE, „Nicht rechts, nicht links, sondern vorn". Eine Geschichte der Gründungsgrünen, München 2011, kommt das m. E. etwas zu kurz. – Für ein biographisches Beispiel viel. SASKIA RICHTER, Die Aktivistin. Das Leben der Petra Kelly, München 2010, hier bes. 333–342.

66 Vgl. bes. HUBER, Ethik; im praktisch-politischen Feld: seine Mitgliedschaft im Nationalen Ethikrat 2001–2003 und erneut im Deutschen Ethikrat seit 2010.

67 Vgl. HUBER, Habermas in protestantischer Tradition, 137.

Interdisziplinäre Diskurse

Freiheit und Solidarität

Zu Ehren von Wolfgang Huber

von Fred Dallmayr

... wo aber der Geist des Herrn ist, da ist Freiheit.
(2Kor 3,17)

In seiner Antrittsrede vor dem deutschen Bundestag am 23. März 2012 sprach Joachim Gauck nach seiner Vereidigung zum Bundespräsidenten über wichtige Themen des öffentlichen Lebens heute. Seine Ansprache stand unter der Überschrift: „Nicht den Ängsten folgen, sondern dem Mut." Angesichts der aufgrund der Finanzkrise der letzten Jahre, der europäischen „Integrationskrise" und dem um sich greifenden Aufschwung des Chauvinismus eher düsteren Zeiten zeugten seine Worte selbst von Mut und waren als moralische Aufmunterung und Gegenmittel gegen die Verzweiflung gedacht. Der von ihm in dieser Rede zum Ausdruck gebrachte Mut ist insbesondere als Kontrast zu den dunklen Seiten der deutschen Geschichte des 20. Jahrhunderts hervorzuheben: das nationalsozialistische Regime und die darauf folgende Teilung Deutschlands nach dem Krieg. Ohne diese Zeiten zu vergessen oder zu verharmlosen, sprach sich Gauck für einen ausgewogenen geschichtlichen Blickwinkel als Schutzschild gegen Schwarzseherei aus. Er schreibt: Trotz der Schattenseiten von Schuld und Versagen darf auch „jener Teil unserer Geschichte" nicht vergessen sein: Unsere Vergangenheit umfasst auch „die Neugründung einer politischen Kultur der Freiheit, die gelebte Verantwortung, die Friedensfähigkeit und die Solidarität unseres Volkes."[1]

Durch sein Lob der „politischen Kultur der Freiheit" scheint sich Gauck der Sprache des Kalten Krieges zu bedienen, in der die Freiheit im Westen und der Totalitarismus im Osten gegenübergestellt wurden. Doch tatsächlich geht seine Rede weit über die Rhetorik des Kalten Krieges hinaus. Wie er immer wieder deutlich macht, ist Freiheit für ihn keinesfalls gleichbedeutend mit Egoismus oder dem ungezügelten Verfolgen der eigenen Interessen, sondern steht in engem Zusammenhang mit moralischer Verantwortung und dem Streben nach Gerechtigkeit und Frieden. Treffend formuliert er in diesem Zusammenhang: „Freiheit ist eine notwendige Bedingung von Gerechtigkeit. Denn was Gerechtigkeit – auch soziale Gerechtigkeit – bedeutet und was wir tun müssen, um ihr näherzukommen, lässt sich nicht paterna-

---

1 Joachim Gauck, Antrittsrede: „Nicht den Ängsten folgen, sondern dem Mut", http://www.bundespräsident.de/Reden.

listisch anordnen, sondern nur in intensiver demokratischer Diskussion und Debatte klären." Umgekehrt „ist das Bemühen um Gerechtigkeit unerlässlich für die Bewahrung der Freiheit."[2] Denn man darf nicht vergessen, dass Freiheit und Gerechtigkeit für Gauck nicht in einem vorgegebenen Einklang standen (und stehen), sondern in einem Spannungsfeld, einem unsteten Gleichgewicht/Ungleichgewicht, das stetige Neuverhandlungen erfordert. Dies entspricht auch seinem grundsätzlichen Demokratieverständnis als fortlaufendes Experiment, als stetig lernfähiges System – eine Vorstellung, die nicht allzu fern von Martin Luthers Verständnis christlicher Kirchen als stets reformbedürftiger Einrichtungen *(ecclesia semper reformanda)* liegt.[3]

Diese Parallele zwischen demokratischem und kirchlichem Reformismus bietet einen guten Einstieg in das Hauptthema der folgenden Seiten: der Besprechung des Werkes von Wolfgang Huber (anlässlich seines 70. Geburtstags). Trotz ihrer verschiedenen Lebenswege, die Joachim Gauck in die Öffentlichkeit und Wolfgang Huber eher in den kirchlichen Kontext führten, weisen die beiden auffällige Gemeinsamkeiten auf. Beide sind ausgebildete Theologen (Gauck in der ehemaligen DDR, Huber in der Bundesrepublik) und waren als Pfarrer in evangelischen Kirchen tätig (Wolfgang Huber war 2003–2009 Ratsvorsitzender der Evangelischen Kirche in Deutschland). Auch haben beide stets versucht, die Kluft zwischen dem öffentlichen und kirchlichen Leben, zwischen Staat und Kirche, zu überwinden (Huber war 2010 sogar für das Amt des Bundespräsidenten nominiert worden). Doch vor allem sehen beide einen dringenden Bedarf an Freiheit und kreativen Innovationen im öffentlichen und kirchlichen Kontext, obwohl für sie Freiheit (anders als Zügellosigkeit) immer eingebettet bleiben muss in gemeinsame oder stetig neu zu verhandelnde Bedeutungsstrukturen (von Huber als „kommunikative Freiheit" bezeichnet). Die folgenden Ausführungen sollen sich auf Grundlage einiger bekannterer Schriften der Zuordnung von Freiheit und Solidarität in Hubers Überlegungen widmen, in der Hoffnung, dass diese Ausführungen die Vereinbarkeit (wenngleich nicht die vollständige Übereinstimmung) von demokratischer Politik und Glauben näher beleuchten können.

---

2 Ebd.

3 Verweis auf die Formulierung Luthers, siehe JOACHIM GAUCK, Winter im Sommer – Frühling im Herbst. Erinnerungen, München [6]2009, 340. Dort fügt er an (337): „Freiheit und Verantwortung erfordern eine stetige Anpassung und stellen eine dauerhafte Herausforderung dar." Wie allseits bekannt, übernahm Papst Johannes XXIII. in einigen seiner öffentlichen Ansprachen und Schriften Luthers Formulierung (ecclesia semper renovanda).

1 Folgen christlicher Freiheit

Als Jahrgang 1942 – und somit kein Augenzeuge des Nationalsozialismus – ist Wolfgang Huber stark von den Erfahrungen des faschistischen (und kommunistischen) Totalitarismus geprägt. Im weiteren Sinne muss seine Haltung als Reaktion auf einige die westlich-liberale Moderne kennzeichnenden tiefen Dilemmata wie den Dualismen zwischen öffentlicher Vernunft und individuellem Glauben sowie zwischen externen Strukturen und innerem Gewissen verstanden werden. Angesichts dieser modernen Antagonismen bleiben dem religiösen Glauben anscheinend nur zwei Möglichkeiten: entweder von der „säkularen" Welt in deren Dienste gestellt zu werden und sich in die vorherrschenden Machtstrukturen einzufügen oder aber sich von der Welt in ein Reich der inneren Selbstkultivierung zurückzuziehen. In anderen Worten könnte man diese Möglichkeiten auch als Versuchungen oder Entgleisungen von „Politisierung" und „Privatisierung" bezeichnen, was jedoch beides dem Glauben die Fähigkeit nimmt, als „Salz der Erde" zu dienen.[4] Huber verfolgt dabei den entscheidenden Ansatz, mithilfe dessen die „Zwei-Welten-Theorie" durch den verstärkten Hinweis auf deren Verflechtung (oder Einheit in Verschiedenheit) überwunden werden soll. Bei der Entwicklung dieses Ansatzes tritt er bis zu einem gewissen Grad in die Fußstapfen von Karl Barths „Dialektischer Theorie" sowie Dietrich Bonhoeffers kritischem oder „bekennenden" Protestantismus. Diese und andere Einflüsse werden in einer der früheren Untersuchungen Hubers aus dem Jahre 1983 mit dem Titel „Folgen christlicher Freiheit", die hier als Eingangstext dienen soll, deutlich beschrieben.

Wie im Untertitel des Buches schon angedeutet, werden die darin enthaltenen Argumente „im Horizont der Barmer Theologischen Erklärung" entwickelt. Huber bezieht sich hierbei auf eine Erklärung, die am 31. Mai 1934 auf der Bekenntnissynode evangelischer Theologen unter der Leitung von Karl Barth verabschiedet wurde. Im Wesentlichen stellt das Barmer Bekenntnis ein Aufbegehren gegen den radikalen Versuch des nationalsozialistischen Regimes dar, sich der christlichen Kirchen zum Vorteil ihres Regimes zu bedienen und sie zu politisieren. Um sich gegen diesen Versuch zu wehren, bekräftigten die versammelten Theologen die grundlegende Integrität und Unabhängigkeit des Glaubens angesichts politischer Ideologien und Machtstrukturen, eine Unabhängigkeit, die sie damals „aufs schwerste gefährdet" sahen. Wie es in der Präambel der Erklärung so treffend heißt: Bei einer Zweckentfremdung durch politische Regime „hört die Kirche [...] auf,

4 Vgl. hier meine Abhandlungen in Religious Freedom: Preserving the Salt of the Earth, in: In Search of the Good Life: A Pedagogy for Troubled Times (Lexington, KY 2007), 205–219, und Religion and the World: The Quest for Justice and Peace, in: Integral Pluralism: Beyond Culture Wars (Lexington, KY 2010), 85–101.

Kirche zu sein." Danach wurde dann die grundlegende Beziehung zwischen Glauben und öffentlichem Leben anhand einer Reihe von „Thesen" erläutert, wobei insbesondere die erste deutlich die „falsche Lehre" verwirft, welche besagt, dass die Kirche außer und neben diesem einem Wort Gottes auch noch „andere Ereignisse und Mächte, Gestalten und Wahrheiten" als gleichwertig anerkennen könne und müsse. Dieses Argument wurde noch einmal in der fünften These bekräftigt, in der in aller Deutlichkeit der totalisierende Anspruch zurückgewiesen wird, dass der Staat „die einzige und totale Ordnung menschlichen Lebens" werden könne bzw. dass die Kirche (über ihren besonderen Auftrag hinaus) sich „staatliche Art, staatliche Aufgaben und staatliche Würde aneignen" könne und damit selbst zu einem „Organ des Staates" werden könne. Es ist jedoch hervorzuheben, dass sich die Theologen trotz dieser Zurückweisung totalitärer Ambitionen nicht für einen Rückzug des Glaubens allein nach innen oder in den privaten Bereich aussprachen. Denn der zweiten These zufolge war so ein Rückzug auch gar nicht möglich, da Gottes Wort nicht nur Anspruch auf unsere Innerlichkeit, sondern auf „unser ganzes Leben" hat, wodurch wir uns gesellschaftlich engagieren können, da uns eine „frohe Befreiung" aus den gottlosen Bindungen widerfährt.[5]

In seinen Anmerkungen zum Barmer Bekenntnis konzentriert sich Huber insbesondere auf die kritische und befreiende Eigenschaft des christlichen Glaubens angesichts totalitärer Gewalt und jedweder Form politischer Vereinnahmung. Zu der in der Erklärung entlarvten Falschheit gehört, so Huber, auch die Lehre, dass der Staat als „totale Ordnung" menschlichen Lebens betrachtet werde (bei gleichzeitiger totaler Angleichung religiöser Einrichtungen) und dass Religion (insbesondere die christliche) „im Dienst menschlicher Geschichtsziele funktionalisiert" werden könne. Wie er richtig hinzufügt, wird die eigentliche Bedeutung von Politik und öffentlichem Leben verfälscht, sobald der moderne Staat die Stufe der „einzigen und totalen menschlichen Ordnung" erreicht hat. Demzufolge obliegt es den Kirchen, den Staat und die führenden Politiker an den Zweck und die inhärenten Grenzen ihrer Berufung zu erinnern. Besonders hervorzuheben in Hubers Anmerkungen ist die Tatsache, dass er sich neben den negativen Abgrenzungen vor allem der positiven Rolle von Religion im öffentlichen Leben widmet. Aus seinem Blickwinkel kann oder sollte die sog. Zwei-Reiche-Lehre, d. h. die Unterscheidung zwischen dem Reich Gottes und dem irdischen Reich, nicht als eine radikale Trennung verstanden werden (genau-

---

5 Der Text zur Barmer Erklärung, siehe WOLFGANG HUBER, Folgen christlicher Freiheit: Ethik und Theorie der Kirche im Horizont der Barmer Theologischen Erklärung, Neukirchen-Vluyn 1983, Kapitel 1, 15–21. Vgl. ebenfalls Theological Declaration of Barmen, http://www.sacred-texts.com/chr/barmen.htm. Die englische Version stammt von ARTHUR C. COCHRANE, The Church's Confession Under Hitler, Philadelphia 1962, 237–242.

so wenig wie sie sich mit einer totalitären Ordnung verschmelzen lässt). Um in seinen Worten zu sprechen: „Nicht nur in ihren Verwerfungssätzen, sondern auch in ihren affirmativen Aussagen beschreibt die Barmer Erklärung nicht zuletzt Defiziterfahrungen mit der Kirche, nicht nur mit der Kirche ihrer Zeit." Demzufolge stellt es ein Defizit oder ein Versagen dar, wenn es die Kirche selbst zulässt, in die „Bereiche des Privaten und Innerlichen" abgedrängt zu werden und deshalb den dem ganzen Leben geltenden Zuspruch und Anspruch des Evangeliums nicht mehr zu verkünden vermag. Auch ist es ein Defizit, wenn die Kirche auf ihrer Abgrenzung besteht und aus Sorge um ihre Eigenständigkeit „den Mut zu kritischen Äußerungen in öffentlichen Fragen verliert."[6]

Für Huber zeigte sich damals die Zuordnung zwischen den kritisch-abgrenzenden und positiven Funktionen der Kirche – oder, um es mit den Worten von Isaiah Berlin auszudrücken, die Beziehung zwischen „positiver" und „negativer Freiheit" – vor allem an zwei christlichen Pastoren und Theologen: Dietrich Bonhoeffer und Martin Niemöller. Bonhoeffers Seelsorge wird aufgrund seines entschlossenen Widerstandes gegen den totalisierenden Anspruch des Staates und seiner Bekräftigung und kreativen Neuauslegung der Lehre des Evangeliums immer in Erinnerung bleiben. In seinem Tod durch die Handlanger des nationalsozialistischen Regimes verbanden sich auf eklatante Weise die befreienden/emanzipatorischen und die bekennenden Aspekte des christlichen Glaubens. Der Geist von Bonhoeffers Beispiel wurde durch verschiedene Pastoren fortgesetzt, insbesondere durch Martin Niemöller, der einen ganz entscheidenden Beitrag während des Wiederaufbaus in Deutschland nach dem Krieg geleistet hat. Im Gegensatz zu einer Entwicklung hin zur Privatisierung und kirchlichen Selbstgenügsamkeit sprach sich Niemöller damals entschieden für den Öffentlichkeitsanspruch der Kirche aus, so wie auch in der zweiten These der Erklärung niedergelegt. Wie er in seiner bedeutsamen Rede vom August 1945 in seiner Kritik der strengen Teilung von Staat und christlichem Glauben erklärte:

> Es ist weder ausreichend noch hilfreich, den Staat als heidnische Institution zu behandeln und ihn mit geistlichen Geboten zu konfrontieren. [...] Wenn die christliche Kirche einen Platz und Gehör in dieser Welt finden soll, dann müssen wir als Kirche ein Interesse daran und die Pflicht haben, den Menschen auch im öffentlichen Leben des Staates Gerechtigkeit und Freiheit zuteilwerden zu lassen. [...] Denn schließlich ist die Demokratie dem Christentum verwandter als jede autoritäre Regimeform, die den Einzelnen seiner Rechte und Freiheiten beraubt.[7]

---

6 Huber, Folgen christlicher Freiheit, 25, 29.

7 Ebd., 29–30, 47. Das Zitat von Niemöller stammt aus Karl Kupisch, Quellen zur Geschichte des deutschen Protestantismus von 1945 bis zur Gegenwart, Göttingen 1971, Teil 1, 44.

Huber führt in seinen Ausführungen nicht nur die Aussagen bedeutender Pastoren an, sondern bezieht sich auch auf theologische Diskussionen zur „Zwei-Reiche-Lehre", deren Höhepunkte sich in den Werken von Karl Barth und schließlich auch in denen von Martin Luther finden lassen. Überraschenderweise – angesichts seines Rufes (unter einigen Theologen) als strenger Dualist – findet Huber in Barth und seiner „Dialektischen Theologie" einen Verbündeten. Von dieser Theologie, so Huber, wird „gesagt [...], sie habe die Diastase zwischen neuzeitlicher Welt und christlichem Glauben proklamiert. Eben diese Dialektische Theologie setzte einen Reflexionsprozess in Gang, in dem die Frage nach der Bewährung des christlichen Glaubens auch in gesellschaftlichen Prozessen und damit auch die Frage nach der politischen Verantwortung der Kirche besonderen Nachdruck erhielt." Diese Vorstellung von der „unterschiedlichen Zuordnung" der beiden Reiche wurde jedoch nicht erst mit dem Barmer Bekenntnis entdeckt, sondern lässt sich bereits in Schriften aus dem Jahre 1922 finden. Schon damals korrigierte Barth in einer kritischen Auseinandersetzung mit anderen Theologen den statischen Dualismus der Reiche durch den Einwurf einer irdischen oder endzeitlichen Dimension. Barth, so Huber, interpretierte die „paradoxe Lehre von zwei Reichen" im Sinne „einer eschatologischen Differenz von Reich Gottes und Welt", wobei ersteres die Eigenschaften eines durchdringenden Trieb- oder Gärmittels (oder das „Salz der Erde") annimmt. Im Gegensatz dazu löst ein statischer Dualismus der Reiche, insbesondere wenn er als ein Dualismus des Inneren und Äußeren gesehen wird, dieses dialektische und eschatologische Ferment wieder auf. In diesem Fall wird das Gebiet der Innerlichkeit religiös aufgewertet, wohingegen die Welt ihrer Geistlichkeit beraubt wird. Übrig bleibt die „psychologische Verwirklichung" von Gottes Willen, währenddessen soziale und politische Verwirklichung mit Entschiedenheit zurückgewiesen wird.[8]

Laut Huber kann eine ähnliche „Differenzierung" in Martin Luthers „Zwei-Reiche-Lehre" gefunden werden, und zwar auch hier wieder trotz der häufigen Missdeutung im Sinne einer strengen Dichotomie. Wie er einräumt, stellen Luthers Lehren in dieser Hinsicht keine „in sich abgerundete und systematisch ausgeformte Lehre" dar, was jedoch dem turbulenten und fließend geschichtlichen Hintergrund seines Werkes geschuldet ist. Trotz der verschiedenen Formulierungen hält es Huber für möglich, eine „Grundform" des theologischen Denkens zu entdecken, eine Struktur, die in der „ Einheit von Unterscheiden und Zuordnen" besteht. Auch wenn der Unterschied zwischen Gott und den Menschen die „Grundunterscheidung" darstellt, kann sich die Theologie nicht darauf beschränken, sondern muss in einem nächsten Schritt diese Unterscheidung zuordnen: nämlich durch die Thematisierung der Zuwendung Gottes zum Menschen und der Wendung des Menschen zu

8 Huber, Folgen christlicher Freiheit, 36, 59.

Gott. Huber ist der Auffassung, dass Luther bei jeder Auseinandersetzung mit den zwei Reichen immer diese zwei Maßnahmen der Unterscheidung und Zuordnung ergriffen und so die „Grundform" des theologischen Gedankens in außergewöhnlicher Weise dargestellt hat. Huber fügt ferner hinzu, dass diese Grundform nicht nur bei der Frage der „Reiche", sondern auch im Bereich kirchlicher Funktionen und Ämter Luthers Leitmotiv darstellte. Für Luther ging es nicht um die Begünstigung von Gottesbegegnungen des Einzelnen, sondern er hob stets die Rolle der Vermittlung kirchlicher (oder kommunikativer) Beziehungen hervor. Um mit Hubers Worten zu sprechen: Luther unterstreicht in vielfältigen Wendungen „dass Gott den Menschen durch den Menschen retten will, dass das Heil dem Menschen durch den Menschen begegnen soll". Aus der Menschwerdung Gottes ergibt sich, dass sich kein Mensch anmaßen soll, er bedürfe zum Heil nicht anderer Menschen, sondern sei „unmittelbar zu Gott".[9]

Allerdings wurde die eigentliche Aussage der Lehren Luthers in den Zeiten nach der Reformation oft übersehen, was sowohl den weltlichen bzw. „säkularen" Entwicklungen geschuldet ist, aber oft auch der Einstellung der christlichen Kirchen. Auf der säkularen Seite hat die westliche Moderne ein enormes Potential an wirtschaftlichen, industriellen und technischen Innovationen freigesetzt, das den Glauben oft an den Rand gedrängt hat, woraufhin sich die christlichen Kirchen in die Selbsterhaltung zurückzogen. So schreibt Huber: Die Moderne ist geprägt von „der immer umfassenderen Herrschaft der Menschen über die Natur" und als Ergebnis dieser Ausweitung hat sich „eine Kluft zwischen dem Glauben an die Weltherrschaft Gottes und der Überzeugung von der Weltherrschaft des Menschen" aufgetan. Die Vorstellung, dass die Welt von einem gütigen Gott beherrscht wird, ist „nicht oder nur sehr schwer mit der tatsächlichen zunehmenden Weltherrschaft des Menschen vereinbar." Angesichts dieser Entwicklungen haben die christlichen Kirchen oft ihre aktive Missionarstätigkeit eingeschränkt und sich somit selbst mit dem Diktat einer fortschreitenden „Säkularität" umgeben. Dies traf insbesondere auf den Bereich Wirtschaft zu. Was immun gegen alle Kritik schien, so Huber, waren insbesondere die Handlungsgrundsätze der Wirtschaft. Dazu kam der das Wirtschaftswachstum umgebene „fast schon religiöse Heiligenschein" und die uneingeschränkte Verfügung über Privatbesitz zusammen mit der stetig wachsenden menschlichen Herrschaft über die Natur und die abnehmende Bedeutung des Lebens für die materiellen Produktionsbedingungen: „All diese Leitgedanken des industriellen Expansionismus wurden, wenn überhaupt, in nur sehr eingeschränktem Maße zur Zielscheibe religiös-ideologischer Kritik."[10]

9 Ebd., 41, 155.

10 Ebd., 29, 54. In den USA liegt die Meidung des wirtschaftlichen Bereiches vielleicht mehr noch als in Europa ganz deutlich auf der Hand, da hier der liberale Progressismus

Wenn Huber dann auf die Barmer Erklärung zurückkommt, berichtet er detailliert von deren Auswirkungen, also von dem, was Hans-Georg Gadamer als „Wirkungsgeschichte" bezeichnet hätte. Er weist darauf hin, dass sich in der Nachkriegszeit die Tendenz abzeichnete, einige Thesen der Erklärung hervorzuheben und andere wiederum herunterzuspielen oder ganz zu ignorieren. Während von einigen ausschließlich die Verwerfungssätze der ersten These – zusammen mit dem Augenmerk auf der kirchlichen Selbstregulierung aus der fünften These – betont wurden, werteten andere die emanzipatorische Sprache der zweiten These mit ihrer Forderung nach „einer Befreiung aus den gottlosen Bindungen dieser Welt zu dankbarem Dienst" auf. Insgesamt jedoch vertritt Huber die Ansicht, dass die Entwicklungen in der Nachkriegszeit in Deutschland eher die erste Haltung begünstigten, wohingegen die zweite, sozial und politisch engagiertere Auslegung verdrängt wurde. Das bedeutete, dass das Hauptaugenmerk auf der Abgrenzung der Religion zu totalitären (faschistischen oder kommunistischen) Entgleisungen lag. Diese Eingrenzung ging mit einer als logische Folge auftretenden Hinwendung zur Pflege des privaten Glaubens (durchaus im Zusammenhang mit der Pflege des Privatbesitzes) einher, die von einer Wendung hin zur kirchlichen Selbstverwaltung und Selbstgenügsamkeit begleitet wurde. Durch diese tendenzielle Fokusverschiebung rücken wieder die bereits erwähnten „Unzulänglichkeiten" des religiösen Lebens ins Blickfeld, insbesondere das sich aus der Bereitschaft der Kirchen zu einer Begrenzung auf „den privaten Bereich und die Innerlichkeit" ergebende Defizit, wobei die Bedeutsamkeit des Evangeliums für die „Ganzheit des menschlichen Lebens" vernachlässigt wurde.[11]

Hubers Ausführungen zufolge forderte die aufgezeigte Tendenz ihren Preis. Wie er treffend darlegt, deutete die Entwicklung der evangelischen Kirchen im Nachkriegsdeutschland in wichtigen Bereichen „einen Rückschritt zur Barmer Erklärung" an, der den „Kräften der Restauration" zuzuschreiben ist, die stetig an Einfluss gewonnen haben nicht nur in sozialen und politischen Zusammenhängen, sondern auch im Leben der Kirchen. Dabei ist besonders bedauerlich, dass diesen Restaurationstendenzen durch einen „neuprotestantischen" Fokus auf Innerlichkeit und Privatsphäre des Einzelnen Vorschub geleistet wurde, wodurch die Rolle von sozialen, politischen und kirchlichen Gemeinschaften völlig verschleiert wurde. Aus diesem Blickwinkel rückten die Vorstellung, dass „das politische Handeln der Christen ein Leben und Freiheit ermöglichender Dienst ist", ebenso wie der

---

(einschließlich des liberalen Protestantismus) in Amerika, wo die Beziehung zwischen dem christlichen Glauben und dem Kapitalismus als vollkommen unproblematisch aufgefasst wird, die Verbreitung des „Evangeliums der Gesundheit und des Reichtums" gefördert hat.

11 Ebd., 29, 46, 49.

Gedanke, dass „die christliche Gemeinde den Ort bildet, an dem Christen über diesen Dienst Klarheit gewinnen" sowie andere ähnliche Vorstellungen in den Hintergrund und wurden nicht einmal mehr als „Begleitgedanken" erwähnt. Hier wird nun deutlich, dass Huber Freiheit nicht als private Fähigkeit oder egozentrierte Eigenschaft oder machtlegitimierende Kontrolle begreift. Für Christen, so Huber, war die Freiheit immer eine Verheißung, eine Art Geschenk, von dem wir die Begünstigten und nicht die Urheber seien. So schreibt er in seinem Buch in dem Kapitel „Freiheit und Institution": „Freiheit verwirklicht sich darin, dass der eine den anderen als Bereicherung seiner selbst und als Aufgabe des eigenen Lebens erfährt. Sie verwirklicht sich also in Gemeinschaft und in wechselseitiger Verständigung, in communio und communicatio; deshalb kann sie „kommunikative Freiheit" genannt werden."[12]

2 Im Geist der Freiheit

Diese Ausführungen von 1983 legten den Grundstein zu einer beeindruckenden intellektuellen Entwicklung, die in den Folgejahren ihren Ausdruck in einer langen Reihe von Veröffentlichungen, Vorträgen und Predigten fand. Trotz sich verändernder Fokusse und stetig zunehmender Einblicke weist der Weg eine bemerkenswerte Schlüssigkeit der Argumentation rund um den Begriff „kommunikative Freiheit" auf. Zum Zweck der Darlegung der sich stetig weiterentwickelnden Horizonte soll kurz auf eine fünfzehn Jahre später veröffentlichte Ausführung eingegangen werden: Das Buch mit dem Titel *Im Geist der Freiheit: Für eine Ökumene der Profile* aus dem Jahre 2007. Hier zeigt sich im Wesentlichen die Auseinandersetzung Wolfgang Hubers mit einigen der vorherrschenden Phänomenen der Zeit: Tendenzen wie Multikulturalismus und Globalisierung zusammen mit deren Auswirkungen auf die „Ökumene" (definiert als Beziehung zwischen den christlichen Glaubensrichtungen) und die weiter angelegten Beziehungen zwischen den Glaubensrichtungen. In diesem Zusammenhang wird ein Begriff entwickelt, der ganz entscheidend ist für einen richtig verstandenen sozialen und religiösen „Pluralismus": und zwar, dass bei Begegnungen zwischen den globalen Glaubensrichtungen sowohl die Gemeinsamkeiten als auch die Unterschiede zwischen den Vertretern der Glaubensrichtungen anerkannt werden müssen (und somit auf die „Einheit in Vielfalt" auszurich-

12 Ebd., 49, 118 ff. Wie er hinzufügt (118): „Das Verständnis von Freiheit als kommunikativer Freiheit hat seinen Grund im Begriff des Gottes, der sich selbst in Christus definiert. In dem Sohn kommt Gott als der in Freiheit Liebende zum Menschen und befreit ihn zu einer Identität, die sich in Akten kommunikativen Daseins verwirklicht." Später schreibt er (210): „Christliche Freiheit gewinnt Gestalt als Freiheit, die sich hingibt, als liebende, als kommunikative Freiheit."

ten sind). Wie Huber hervorhebt, bedeutet „ökumenischer Fortschritt" für die meisten, dass konfessionelle Unterschiede stetig ausgemerzt werden und so Raum für eine undifferenzierte Vermischung geschaffen wird. Dies ist so nicht vertretbar. Laut Huber, und ich halte diese Ansicht für zutreffend, bedeutet Ökumene, dass die Kirchen offen und bereit dazu sind, voneinander zu lernen, ohne dabei miteinander zu verschmelzen. Genau das ist die Bedeutung des Begriffes: „Ökumene der Profile".[13]

Dieser Ausdruck impliziert, dass ökumenische Debatten, unabhängig davon, wie höflich und freundlich sie geführt werden, sowohl die „Einheit im Geist" (wie in Epheser 4:3 ff. empfohlen) als auch die aus den historischen und religiösen Zusammenhängen erwachsende konfessionelle Verschiedenheit widerspiegeln müssen. Wie Huber anmerkt, kommt in genau solchen Diskussionen der „besondere evangelische Fokus auf Freiheit" zum Tragen. Seine Bereitschaft, diesen Fokus genauer darzulegen, wird in zahlreichen Abschnitten deutlich, insbesondere im Austausch mit Papst Benedikt XVI. Im August 2005 wandte sich Huber in einer Ansprache an den gerade gewählten Papst, in der er zum ersten Mal den Begriff „Profile" verwendete. Unter Bezugnahme auf den vor 450 Jahren (1555) geschlossenen Augsburger Religionsfrieden erinnert Huber seinen Gesprächspartner an den „langen, beschwerlichen Weg zu einem friedlichem Nebeneinander der Konfessionen in unserem Land." Auf diesem Weg, so erklärt er, haben unsere Kirchen gemeinsam gelernt, dass jede geistliche Auseinandersetzung „die Suche nach Wahrheit in der gemeinsamen Pflicht zum Frieden" voraussetzt, und dass „Staat und Kirche, Bürgerrecht und Bekenntnisstand, Menschenwürde und Glaubensfragen zu unterscheiden" sind. Dann wird der vorliegende konfessionelle Unterschied beleuchtet und dargelegt, dass die Anerkennung der Gemeinsamkeiten und der Wunsch nach Beseitigung gegenseitiger Vorurteile das Vorhandensein „deutlicher Unterschiede" auf vielen Gebieten nicht verhindern kann. Noch spezifischer wird dann hervorgehoben, wie sehr es „tiefgehender theologischer Arbeit" bedarf, wenn man sich wirklich mit dem „Verständnis von Amt und Abendmahl, von apostolischer Sukzession oder der Bedeutung von Frauen im geistlichen Amt" auseinandersetzen möchte.[14]

---

13 Wolfgang Huber, Im Geist der Freiheit: Für eine Ökumene der Profile, Freiburg i. Br. 2007, 9–10. Vgl. dazu das von mir verfasste Buch Integral Pluralism; ebenso das Kapitel „The Dignity of Difference", in: Small Wonder: Global Power and Its Discontents, Lanham, MD 2005, 209–217 ff.; und auch meine Abhandlung (über die Beziehungen zwischen dem westlichen und östlichen/orthodoxen Christentum) „The Humility of the Faithful, the Harmony of Faiths," in: Thirsty Days (Trenta Giorni), Sonderausgabe, Rom 2008, 80–81.

14 Huber, Im Geist der Freiheit, 11–15. In meiner Auffassung sind die ökumenischen Bemühungen auf der Ebene der Ausübung des Glauben vielversprechend, dagegen nicht (oder zumindest deutlich weniger) im Hinblick auf die Lehren und Dogmen. Das wich-

Diese Rede ist nicht die einzige in dem Aufsatz wiedergegebene Begegnung zwischen Huber und dem Papst. Ein weiteres Beispiel für die Erstellung eines konfessionellen „Profils" ist in dem interessanten Abschnitt „Glaube und Vernunft" zu finden. Dieser Abschnitt geht von der protestantischen Betonung von *sola fide* aus und der häufig angeführten Behauptung, dass der Protestantismus durch die Begünstigung des Glaubens der Vernunft feindlich gesinnt sei. Eine ähnliche Anschuldigung wurde interessanterweise von Benedikt XVI. in seiner Regensburger Rede im September 2006 gegenüber dem Islam oder der islamischen Kultur vorgebracht. In dieser Rede mahnte er die Muslime, die griechische Philosophie als brauchbaren Glaubensverbündeten zu betrachten (wobei er anscheinend die Rolle von Alfarabi und Averroes in der Islamischen Geschichte vergessen hatte). Worin auch immer der Wert dieser Ermahnung an die Muslime gelegen haben mag, so hat der Papst angedeutet, dass der Protestantismus in der Abgrenzung bzw. der Trennung von Glaube und Vernunft verankert sei. Ein berühmtes Beispiel dieser Diastase, so Benedikt, sei Immanuel Kant, der „das Denken habe beiseite schaffen müssen, um dem Glauben Platz zu machen". Zu Recht weist Huber darauf hin, dass diese Annahme von der Eigenheit bzw. Bedeutung der Vernunft abhänge, von der es viele gebe. Im vorliegenden Fall scheint sie auf einer vorkritischen rationalen Metaphysik zu basieren, die Kant tatsächlich von sich gewiesen hat, allerdings verfügte er über seine eigene Vorstellung von Rationalität und schaffte auch eine eigene Verbindung zwischen Vernunft und Glauben. So schreibt Huber: In Kants Werken wird Gott nicht außerhalb der Grenzen des rationalen Denkens verortet, sondern er „befreit den Gottesgedanken" aus dem Einzugsbereich der alles beherrschenden dogmatischen Metaphysik. Ein ähnliches Argument gilt auch für das protestantische Gedankengut von Luther über Kant und darüber hinaus. Denn für Huber drückt dieses Gedankengut keine Geringschätzung der rationalen Seite des Glaubens aus, sondern die Verbindung von Glaube und Ratio „hat zwangsläufig mit kritischem Urteil, akademischem Dialog und Verantwortung im Forum der öffentlichen Vernunft zu tun." Insofern kann man sagen, dass sich der Protestantismus so wie jede echte religiöse Weltanschauung, „selbst auflösen würde, wenn er die Verbindung zwischen Vernunft und Glauben abschaffte".[15]

Das Bestreben nach einer konfessionellen „Profilerstellung" wird in dem Kapitel über die „Reinigung der Vernunft" fortgeführt bzw. über die Autorität der Kirche nicht nur in Glaubens- sondern auch Vernunftsangelegenheiten. In seiner Enzyklika „Deus caritas est" setzte sich Papst Benedikt 2006 mit der Beziehung zwischen Kirche und Staat, zwischen kirchlichen und öffent-

---

tigste Ritual, wo die Ökumene immer noch verboten, aber eigentlich am wünschenswertesten ist, ist das Abendmahl.

15 Ebd., 73–77, 79.

lichen Funktionen auseinander. In diesem Zusammenhang bekräftigte er in etwas abgewandelter Form das mittelalterliche Vermächtnis der „indirekten Macht" (*potestas indirecta*) der Kirche im öffentlichen Raum. Das Bedürfnis nach solch indirektem Einfluss wurde in dem päpstlichen Rundschreiben über die Schwäche des menschlichen Denkens dargelegt, da ein Verstand ohne Führung dazu neige, in der Welt auf Irrwege zu geraten. Um dieser Entwicklung entgegenzuwirken, brachte der Papst damals die Vorstellung auf, dass eine „Reinigung der Vernunft" benötigt würde, eine Reinigung, die vorzugsweise durch das „Magisterium" der Kirchenoberhäupter geschehen solle. Angesichts dieser möglichen Vermischung säkularer und religiöser Autorität kehrt Huber wiederum zu den Lehrsätzen des Barmer Bekenntnisses von 1934 zurück, nämlich der differenzierten Zuordnung der „zwei Reiche". Zwar erkennt er an, dass der Verstand manchmal auf Irrwege geraten kann und daher in irgendeiner Form gereinigt werden muss, doch das kirchliche Monopol über die Gedanken kann hier seiner Meinung nach keine Abhilfe schaffen. Begründet liegt dies darin, dass Denken auch immer beinhaltet, dass man Dinge in Frage stellt. Doch dazu ist Freiheit erforderlich – eine Freiheit, die in der Moderne zu einem Pluralismus der Ansichten geführt hat (die sich ohne Zwang nicht zusammenfassen lassen). So schreibt Huber: „Wenn dem gegenüber jedoch Rationalität selbst einen multiperspektivischen und somit pluralen Charakter hat, dann kann auch die in der katholischen Soziallehre enthaltene Rationalität nur eine unter vielen sein" und muss somit Platz für Streitfragen bieten. Noch allgemeiner gefasst:

> Aus evangelischer Perspektive wird vielmehr auch der Anspruch, dass allein die Kirche und ihr Amt für die Reinigung der Vernunft verantwortlich seien, kritisch befragt werden, weil eine solche Reinigung (wenn man denn an dieser Metapher festhalten will) eher in einem dialogischen Prozess zu denken ist, bei dem die Kirche keineswegs nur zu lehren, sondern auch zu lernen hat.[16]

In Hubers Ausführungen beschränken sich diese Bestrebungen nach einer Profilerstellung nicht nur auf ökumenische Beziehungen (im engsten Sinne), sondern beziehen sich viel weitergehend auch auf die Beziehungen zwischen den Glaubensrichtungen (zwischen den Weltreligionen). Trotz der Betonung der Offenheit und respektvollen Toleranz sollten die Unterschiede zwischen den Religionen, so Huber, nicht einfach in einer fiktiven Zusammenfassung überspielt werden; sondern gerade im Zeichen von Gottes Willen sollte es möglich sein, kritische Vorbehalte ohne arrogante Polemik zu äußern. Ein Beispiel hier ist der Status der Politik oder des öffentlichen Bereiches in vielen oder den meisten muslimischen Ländern. Huber schreibt dazu: Die Trennung von Kirche und Staat, eine „elementare Voraussetzung für die Gewährleistung gleicher Menschenrechte [...], vollzieht der Islam noch nicht" (oder zumindest weite Teilen davon). Hier gilt vielmehr: „Der Staat

16 Ebd., 90–96.

ist organisierte Religion", d. h. „sein Recht ist religiöses Recht. Seine Quellen findet das Recht in der Religion". In dieser Hinsicht ist ein gegenseitiger Lernprozess vonnöten, insbesondere in Europa. Während die Europäer mehr über die erbaulichen Aspekte des islamischen Glaubens erfahren sollten, müssen auch die Muslime wichtige Lektionen lernen: über die Menschenrechte und über die Grundlagen einer freien demokratischen Ordnung, die auch Religionsfreiheit gewährleistet. Was Letzteres betrifft, so enthält Hubers Text schlagkräftige Argumente, die es zu extrahieren und näher zu betrachten gilt. „Die Religionsfreiheit", so heißt es bei Huber, „wird zur Nagelprobe für die Einstellung des Staates zur menschlichen Freiheit überhaupt." „Die freie Ausübung der Religion" (um mal den amerikanischen Ausdruck zu gebrauchen) muss sowohl den Glaubensgemeinschaften als auch dem Einzelnen im größtmöglichen Maße gewährt werden, jedoch nicht ohne Grenzen aufzuzeigen. Diese Grenzen sind immer dann erreicht, wo diese freie Ausübung in eine monopolistische Herrschaft über den öffentlichen Bereich übergeht. Hier kommt nun eine grundlegende Errungenschaft der Moderne zum Tragen: „Nur der religiös neutrale [bzw. kein religiös vereinnahmter] Staat kann die volle Religionsfreiheit verfassungsrechtlich sichern." Im Gegensatz dazu läuft ein religiös „gebundener" Staat, der fest mit einer bestimmten Religion verknüpft ist, Gefahr, eine Glaubensrichtung gegenüber einer anderen zu bevorzugen.[17]

In Hubers Ausführungen finden sich noch viele weitere prägnante Formulierungen und politisch-theoretische Einblicke, jedoch kann an dieser Stelle nicht auf alle eingegangen werden. Bemerkenswert klar sind dabei seine Anmerkungen zu den verschiedenen „Säkularisierungsarten" und der möglicherweise verwirrenden Konnotation des Begriffes „Postsäkularität". Ähnlich beeindruckend sind seine Ausführungen zu der Bedeutung von „Kirche" und Amt.[18] Für den hier verfolgten Zweck sollen noch kurz zwei weitere Themen erläutert werden: Globalisierung und „evangelische Tugenden". Wie Huber deutlich macht, handelt es sich bei der Globalisierung um ein komplexes Phänomen „mit vielen Gesichtern". Denn unter ihrem Mantel lassen sich nationaler, ethnischer oder religiöser Hass schnell in der ganzen Welt verbreiten, ebenso gut ist es aber auch möglich, innerhalb einer kurzen Zeitspanne Hilfsmaßnahmen für Opfer von Tsunamikatastrophen oder Reaktorunfällen zu organisieren. Unter dem gleichen Mantel können Maßnahmen für mehr

17 Ebd., 39–44. Wie Huber deutlich macht (40), kann die sog. „Neutralität" des Staates nicht mit laizistischer Gleichgültigkeit gleichgesetzt werden, da der Staat in modernen Demokratien die Aufgabe hat, die freie Religionsausübung zu fördern und voranzutreiben. Demzufolge nutzte er den vom Bundesverfassungsgericht verwendeten Begriff „fördernde Neutralität".

18 Ebd., 61–65, 109–128. Vergleiche in diesem Zusammenhang auch meinen Aufsatz Post-Secularity and (Global) Politics: A Need for Radical Redefinition, in: Being in the World: Dialogue and Cosmopolis (Lexington, KY 2013, 137–150).

wirtschaftlichen Wohlstand für Notleidende ergriffen werden, allerdings besteht auch die Möglichkeit, dass wirtschaftliche Macht egoistisch ausgeübt wird und so wirtschaftliche Gerechtigkeit entgleist. Genau dieser wirtschaftliche Missbrauch löst oder sollte zumindest christlich-evangelischen Protest auslösen. So schreibt er aufbauend auf seine Ausführungen aus früheren Aufsätzen: Wir leben in einer Zeit, in der sich wie eine Silhouette vor den Taschen voller Reichtum „die krasse und menschenunwürdige Armut von über einer Milliarde Menschen" abzeichnet, in vielen Teilen der Welt macht wirtschaftliche und soziale Gleichstellung nicht langsam Fortschritte, sondern entwickelt sich sprunghaft. Darauf Huber sehr eindeutig: „In Fragen der wirtschaftlichen Gerechtigkeit ist der christliche Glaube nicht neutral. Er fügt sich nicht einem Allmachtsanspruch der Ökonomie [...]." Anstatt vor den sog. „Gesetzen" der Wirtschaft zu kapitulieren, wird der christliche Glaube am Evangelium gemessen: „Menschenwürde, Menschenrechte und soziale Gerechtigkeit sind die elementaren Werte, an denen wirtschaftliches Handeln zu messen ist."[19]

Um gegen soziale und wirtschaftliche Ungerechtigkeit anzugehen, sind von Seiten der Kirchen und engagierten Bürger große Bemühungen erforderlich. In genau diesem Zusammenhang spielt der Begriff „evangelische Tugenden" eine wichtige Rolle. Das Anführen von Tugenden kommt hier überraschend und sorgt auch gleichzeitig für Verwirrung angesichts der traditionellen protestantischen Hervorhebung von Glaube und Gnade allein (sola fide, sola gratia) bei Verdrängung des menschlichen Strebens. Huber räumt ein, dass in der christlichen, und zwar insbesondere in der protestantischen Tradition, Tugenden nicht als eine menschliche Leistung oder Errungenschaft gesehen werden, sondern als Gaben göttlicher Gnade. Demzufolge ist der Begriff der evangelischen Tugenden keinesfalls „selbstverständlich". Dies trifft insbesondere auf die sog. „theologischen Tugenden" (Glaube, Liebe, Hoffnung) zu, da der Glaube hierbei natürlich nicht in einer menschlichen Tugend verankert ist, sondern die Tugend im Glauben. Folglich gründen sich aus einem evangelischen Blickwinkel die Fragen der Tugenden und Laster im Wesentlichen „auf die Beziehung des Menschen zu Gott". Für Huber gilt das auch für die klassischen „Kardinaltugenden" (Mut, Mäßigung, Weisheit, Gerechtigkeit), die ebenfalls im Glauben begründet sind. Was hier jedoch vielleicht vernachlässigt wird, ist die Tatsache, dass Tugend im Sinne von Aristoteles nicht nur eine Öffnung gegenüber der Herzensgüte erfordert, sondern dass der Mensch stetig daran arbeiten und üben muss, wobei dieses Üben sich manchmal als sehr mühsam erweisen kann. Vielleicht wird diese Mühe aus dem evangelischen Blickwinkel von zu viel geistlicher Innerlichkeit überschattet. Es gibt noch eine weitere

19 Huber, Im Geist der Freiheit, 54–55. Huber weiter (56): „Solidarität kann nicht durch den Markt entstehen."

Überlegung, die besonders für das moderne, demokratische Leben zu gelten scheint. Gerade in modernen pluralistischen Demokratien mit vielen Arten von Gläubigen und Nichtgläubigen kann das Verhalten ihrer Mitglieder nicht einheitlich von christlichen oder evangelischen Tugenden geleitet werden, da gerade in Anbetracht der Trennung von Kirche und Staat sich die öffentliche Ethik aus vielen (religiösen und säkularen) Quellen speisen muss. Anders gesagt: Erforderlich ist hier die solide Pflege bürgerlicher und öffentlicher Tugenden, denn ohne sie könnte die Demokratie nicht gedeihen. Doch wahrscheinlich würde Bischof Huber in diesem Punkt zustimmen. [20]

3 Kommunikative Freiheit

Hubers Werk ist jedoch noch lange nicht abgeschlossen, es handelt sich vielmehr um ein Werk in ständiger Bearbeitung. Vor ein paar Wochen wurde im Rahmen der Vorbereitung auf seine Geburtstagsfeierlichkeiten ein neues Buch mit dem Titel *Von der Freiheit: Perspektiven einer solidarischen Welt* veröffentlicht. Er behandelt darin viele verschiedene, bedeutsame Themen, so dass dieses breitangelegte Werk eine Art *summa* Hubers (zumindest bisheriger) Lehren darstellt. Aufgrund der erst kürzlich stattgefundenen Veröffentlichung kann hier dessen Fülle an Einblicken nicht in ihrer Gänze dargelegt werden. Hier soll daher lediglich auf die Frage der „kommunikativen Freiheit" eingegangen werden, die in so vieler Hinsicht Hubers Hauptgedanken darstellt und auch in seinem neuen Buch als Leitmotiv dient. Gleich die Einleitung befasst sich mit ihrer Bedeutung. Huber erkennt durchaus an, dass Freiheit etwas sehr Kostbares ist, dennoch ist ihre Bedeutung schwer festzulegen. Es scheint leichter, den Begriff negativ abzugrenzen: die Abwesenheit äußerer Hindernisse, die der Verwirklichung der eigenen Ziele entgegenstehen. In diesem Zusammenhang wird Freiheit oft als ein im Rechtssinne wirksames Recht erachtet, als ein Anspruch, den man gegen die Einmischung in die eigenen Interessen durch andere oder den Staat anführen kann. Im Wesentlichen gilt die Freiheit hier als ein Vorrecht des Einzelnen, wodurch ihm ermöglicht wird, klare Grenzen um sich selbst zu ziehen. Huber betrachtet dieses Konstrukt jedoch als äußerst fehlerhaft oder unbrauchbar, da hier die Eigenschaft der Freiheit als Seinsweise verkannt wird, wie sie im

20 Ebd., 104–106. Huber bezieht sich (111) lobend auf eine Einigung zwischen katholischen und protestantischen Theologen aus dem Jahre 1999 über die Beziehung zwischen Glaube und „Werk" und somit auch auf die zentrale Angelegenheit der „Rechtfertigung". Wie allgemein bekannt ist, u. a. aufgrund des Buches von Alasdair MacIntyre, After Virtue (1981), gab es eine starke Renaissance der „Tugendlehre", die, obwohl sie auf Aristoteles basiert, sich heutzutage in den traditionellen Lehren in Ostasien, Indien und sogar islamischen Ethiktraditionen wiederfinden lässt. Vgl z. B. Stanley Hauerwas/ Charles Pinches, Christians Among the Virtues, Notre Dame, IN 1997.

Alltag verwirklicht wird. Wenn es um Verwirklichungsfragen geht, „treten Freiheit und Gerechtigkeit in ein unauslösliches Wechselverhältnis miteinander". Aus diesem Blickwinkel betrachtet ist die Freiheit kein individueller Besitz mehr, sondern „verwirklicht sich in einer Ordnung, die allen Zugang zur Freiheit ermöglicht". Somit schmälern Kommunikation und Solidarität die Freiheit nicht, sondern sind „genuine Ausdrucksformen der Freiheit".[21]

Die Bedeutung dieser Konstellation wird im folgenden Kapitel des Buches zur „verantworteten Freiheit" noch näher erläutert. In diesem Abschnitt setzt Huber (erneut) beim heutigen vorherrschenden Konzept der Freiheit als individuelle oder private Autonomie an. Bis zu einem gewissen Maße wurde dieses Konzept in den Kantischen und neuprotestantischen ethischen Lehren verkörpert. Durch die strikte Verortung dieses Kriteriums der Ethik im inneren „guten Willen" wird in der Kantischen Ethik vom konkreten menschlichen Verhalten, und zwar insbesondere vom gesellschaftlichen und institutionellen Kontext des Handelns abstrahiert. Diese Zusammenhänge bilden keinen wesentlichen Bestandteil der Moral, sondern werden dem äußeren Bereich der Legalität zugeschrieben. Bis zu einem gewissen Grad wurde diese Einseitigkeit durch Hegels Gedanken der Sittlichkeit überwunden, da sich hier der gute Wille in der Familie, der Zivilgesellschaft und im Staat konkret manifestieren konnte. Huber hält es für wichtig, dass anerkannt wird, dass das moralische Handeln des Einzelnen immer in einem gesellschaftlichen Kontext eingebettet ist, insbesondere in den Einrichtungen menschlicher Interaktion. Aus dieser Perspektive betrachtet kann die christliche Theologie die Lehren einer sich wechselseitig beeinflussenden Soziologie und Sozialpsychologie nicht unbekümmert ignorieren. Bei vielen dieser Lehren ist ganz deutlich, dass das Leben des Menschen kein Einzelkampf ist und sich die soziale Interaktion nicht auf den „Krieg alle gegen alle" von Hobbes reduzieren lässt, sondern dass ein richtig geführtes Leben eines Menschen seine Erfüllung genau durch diese „gegenseitige Offenheit und Transparenz" erreicht. Mit einer Anleihe aus der sozialen (Transaktions-)Philosophie kommt der Aufsatz zu dem Schluss, dass Freiheit nicht in Abschottung oder gegenseitiger Ausgrenzung bestehen kann, sondern in der Zusage, dass „der eine den anderen als Bereicherung seiner selbst und als Aufgabe des eigenen Lebens" erfährt. Aus diesem Grund erfordert Freiheit Gemeinschaft und Kommunikation, die dann die Bezeichnung „kommunikative Freiheit" rechtfertigt.[22]

Zum Abschluss soll noch kurz die allgemeine Bedeutung von Hubers Werk erörtert werden. Mir scheint, als stelle dieses Werk einen ganz entscheidenden Schritt dar: einen Schritt, der über die eng gefasste individualistische und privatisierende Natur des liberalen „Neuprotestantismus" hi-

21 Huber, Von der Freiheit: Perspektiven für eine solidarische Welt, München 2012, 8–9.
22 Ebd., 58–59, 63.

nausgeht. Huber in seinem Aufsatz aus dem Jahre 2007: „In einer Zeit, in der sich ein individualistisches Freiheitsverständnis unverkennbar in eine Sackgasse verrannt hat, ist es eine besondere Aufgabe evangelischer Kirchen, eine Lebensform vorbildhaft zur Anschauung zu bringen, in der sich Freiheit und Verantwortung, Selbstbestimmung und Verlässlichkeit miteinander verbinden."[23] Im Gegensatz zum weitverbreiteten Loblied auf die individuelle Innerlichkeit führt uns sein Werk zurück zu einer erneuten Wertschätzung des Gemeinschaftslebens und der ethischen Rolle der Institutionen. Bis zu diesem Punkt knüpft sein Werk an gewisse „kommunitaristische" Tendenzen der protestantischen Theologie weltweit an, insbesondere der USA. Daher sind auch die Schriften von Theologen wie Stanley Hauerwas, John Yoder und John B. Cobb, Jr. nur als Kritik an der Vorherrschaft des in sich abgeschlossenen protestantischen Individualismus verständlich.[24] Selbstverständlich spricht sich Huber mit der Wertschätzung des Gemeinschaftslebens nicht für einen plumpen autoritären „Kommunitarismus" aus, eine Anschauung, die Charles Taylor einmal als „Paleo-Durkheimische Sicht" bezeichnete, die allen emanzipatorischen Eigenschaften des modernen Lebens feindlich gegenübersteht.[25] Vielmehr stellt dies die Versöhnung von Freiheit und Gemeinschaft dar, der Verantwortung des Einzelnen und aller, und rückt so die Begriffe *ecclesia semper reformanda* und auch *societas semper reformanda* wieder ins Blickfeld. In ebendiesem Aufsatz schreibt Huber auch: „Die dynamische Spannung zwischen Tradition und Innovation ist grundlegend für die evangelischen Kirchen. Protestanten wissen, dass die kritische Auseinandersetzung mit der eigenen Geschichte notwendig ist, wenn Wege der Erneuerung gefunden werden sollen." Insofern richten die evangelischen Kirchen ihre Botschaft an mündige Christen, und ihre Vorstellung von Gemeinschaft ist die einer „Kirche der Freiheit", genauer eigentlich der „kommunikativen Freiheit".[26]

---

23 Huber, Im Geist der Freiheit, 148.

24 Vgl. z. B. Stanley Hauerwas, A Community of Character: Toward a Constructive Christian Social Ethic, Notre Dame, IN 1981; und In Good Company: The Church as Polis, Notre Dame, IN 1995; John Howard Yoder, The Priestly Kingdom, Notre Dame, IN 1984; John B. Cobb, Jr., Reclaiming the Church, Louisville, KY 1997.

25 Siehe Charles Taylor, Varieties of Religion Today: William James Revisited, Cambridge, MA 2002, 93–94. Eigentlich stellt Taylors Aufsatz eine Kritik am Begriff der persönlichen Religion dar als „Gefühle, Handlungen und Erfahrung einzelner Männer in ihrer Einsamkeit." Die genaue Formulierung ist zu finden unter William James, The Varieties of Religious Experience: A Study in Human Nature, 36. Auflage, New York 1928, 28–29. Eine Auseinandersetzung mit James and Taylor ist in meinem Aufsatz zu finden Postsecular Faith: Toward a Religion of Service, in: Integral Pluralism, 67–83.

26 Huber, Im Geist der Freiheit, 149–150, 157. Vgl. in diesem Zusammenhang auch John W. Wright, ed., Postliberal Theology and the Church Catholic, Grand Rapids, MI 2012.

Zum besseren Verständnis des letzten Satzteils kann der Hinweis auf dessen intellektuellen Ursprung hilfreich sein. Wie von Huber angedeutet, wurde dieser Begriff zunächst von Michael Theunissen, einem für seine Studien zur Ich-Du-Beziehung und zur Hegelschen Logik bekannten Philosophen, verwendet als wechselseitige Entwicklung des göttlichen (oder absoluten) „Geistes". An diesem Begriff beeindruckte ihn, so Huber, die Fähigkeit, das Wesen des christlichen Glaubens zu erfassen, in dem er „Freiheit und Nächstenliebe miteinander verbindet".[27] Andere Einflüsse, die zu diesem Begriff geführt haben, stammen aus der von Karl-Otto Apel und Jürgen Habermas formulierten postkantischen „kritischen" Philosophie sowie aus Aspekten des „liberalen" Kommunitarismus nach Charles Taylor. Der „linguistischen Wendung" in der Philosophie des 20. Jahrhunderts folgend haben sowohl Apel als auch Habermas den kantischen Fokus des transzendentalen Bewusstseins neu auf eine „kommunikative" oder „interpretative" Gemeinschaft bzw. auf die Zusammenführung der an einem normativen „Diskurs" Beteiligten ausgerichtet. Auch wenn Huber Einsichten der kritischen Theorie zu schätzen weiß, distanziert er sich dennoch hauptsächlich in zwei Aspekten. Erstens scheint sich die von den Anhängern dieser Theorie postulierte kommunikative Gemeinschaft immer noch aus im Eigeninteresse handelnden Einzelpersonen zusammenzusetzen und somit die Voraussetzungen des Sozialvertrages widerzuspiegeln. Der andere und wichtigere Unterschied liegt in der Tatsache, dass der postkantische Diskurs von prozeduralen und „deontologischen" Annahmen bestimmt wird und somit die kantische Teilung zwischen „ist" und „sollte" widerspiegelt, d. h. empirisches Verhalten und normative Vorgaben.[28] Um diese Abgrenzung zu korrigieren, scheint Huber zumindest teilweise bereit, Deontologie durch Teleologie zu ersetzen und somit im Sinne von Taylor und Franklin Gamwell das gesellschaftliche und öffentliche Leben auf „Güte" oder ein „gutes Leben" auszurichten. Insofern dies zutrifft, fragt man sich, ob die evangelische Moral letztendlich nicht sogar noch mehr Gemeinsamkeiten mit der Tugendlehre aufweist.

---

27 Huber, Von der Freiheit, 10. Vgl. in diese Zusammenhang Michael Theunissen, Hegels Lehre vom absoluten Geist als theologisch-politscher Traktat, Berlin 1970; Der Andere, Berlin 1965, übersetzt von Christopher Macann als The Other, Cambridge, MA 1984. Vgl. auch mein Kapitel „Dialogue and Otherness: Theunissen" in: Critical Encounters: Between Philosophy and Politics, Notre Dame, IN 1987, 209–244.

28 Huber, Von der Freiheit, 87–89, 169–170. Siehe Karl-Otto Apel, Transformation der Philosophie, 2 Bnd., Frankfurt 1973, übersetzt von Glyn Adey/David Frisby als Towards a Transformation of Philosophy, London 1980; und Jürgen Habermas, Erläuterungen zur Diskursethik, Frankfurt 1991; übersetzt von Ciaran Cronin als Justification and Application: Remarks on Discourse Ethics, Cambridge, MA 1993. Vgl. auch Seyla Behabib/Fred Dallmayr, ed., The Communicative Ethics Controversy, Cambridge, MA 1990.

Doch noch bemerkenswerter ist, dass laut Huber die Botschaft des Evangeliums nicht auf die Innerlichkeit oder das Innere der Kirchen beschränkt ist. Wie aus all seinen Ausführungen hervorgeht, ist er der Auffassung, dass die Verkündung des Evangeliums nicht ausschließlich „nicht politisch" oder „nicht öffentlich" sein kann. Vielmehr ist es so, dass die Verkündung des Evangeliums allen „die Verantwortung für Gerechtigkeit und Frieden, für die Würde des menschlichen Lebens und die Unversehrtheit der Natur" auferlegt. Spricht man von der Öffentlichkeit des Christentums, so geht es dabei nicht nur um die Beziehung zwischen Kirche und Staat, sondern um „die Bedeutung des Glaubens für die Zivilgesellschaft". Wie er äußerst ausdrucksstark darlegt, muss sich die evangelische Kirche im 21. Jahrhundert „gesellschaftlich engagieren und wachsam" sein, sie darf nicht in sich abgeschlossen sein, sondern muss sich als Kirche für die Welt und „Kirche für andere" verstehen. Im Wesentlichen muss sie „die Hoffnung auf das kommende Gottesreich" aufrechterhalten, ein Königreich, in dem (nach Psalm 85:11) „Frieden und Gerechtigkeit sich küssen".[29] So interpretiert stehen Hubers Schriften der am Beginn erwähnten Eröffnungsrede von Gauck inhaltlich sehr nahe, in der trotz der gegenwärtigen dunklen Schatten die Vorstellung der „politischen Freiheitskultur" und die Vision von „Frieden und Solidarität unter den Menschen" angeregt wird. Als sich Bundespräsident Gauck dabei an die jüngere Generation wandte, die Generation seiner Kinder und Enkel, versuchte er das Wesen des Landes zu skizzieren, das die jüngere Generation vielleicht bereitwillig als „unser Land" oder unsere Heimat bezeichnen würde. „Unser Land", so Gauck, „muss also ein Land sein, das beides verbindet: Freiheit als Bedingung für Gerechtigkeit – und Gerechtigkeit als Bedingung dafür, Freiheit und Selbstverwirklichung erlebbar zu machen".[30]

---

29 Huber, Von der Freiheit, 89–90 ff. Vgl. Charles Taylor, The Ethics of Authenticity, Cambridge, MA 1992, in dem Taylor vorsichtig einen Mittelweg zwischen „Gegnern" und „Verfechtern" der Moderne sucht; Franklin I. Gamwell, The Divine Good, San Francisco 1990 und Existence and the Good, Albany, NY Press 2011; auch mein Buch In Search of the Good Life: A Pedagogy for Troubled Times, Lexington, KY 2007.

30 Gauck, Antrittsrede, 175–176.

Kirche als Tugendschule der kommunikativen Freiheit?

Ein Respons auf Fred Dallmayrs Würdigung der Theologie Wolfgang Hubers – in ökumenischer Absicht

von Ulrike Link-Wieczorek

Fred Dallmayr hat uns eine einfühlsame Rekonstruktion der Grundgedanken Wolfgang Hubers vorgelegt, die ich im Folgenden durch ein paar wenige Gedanken ergänzen möchte. Dabei werde ich seine Rezeption der Bemerkungen zur Tugendlehre, die er bei Wolfgang Huber gefunden hat, aufgreifen. Aber zunächst ein paar Worte zu Fred Dallmayrs Zugang zu Wolfgang Hubers Konzeption der „kommunikativen Freiheit": Dallmayr ist Professor für politische Philosophie und politische Wissenschaften an der amerikanischen University of Notre Dame. Zu Wolfgang Hubers Werk aber hat er einen ganz und gar induktiven Zugang gewählt, ohne ihn sofort von seinen eigenen politologischen Interessen her wahrzunehmen. Damit hat er aber doch vielleicht schon einen Teil dessen demonstriert, was ihn selbst wissenschaftlich umtreibt: In einem 2010 von ihm herausgegebenen Sammelband skizziert er die Art von politischer Wissenschaft, die seiner Meinung nach heute notwendig ist:[1] In der globalisierten Welt sollte sie eine komparative politische Theorie zur Grundlage haben. D. h. vor allem: Sie sollte nicht – wie es noch heute weithin üblich sei in der Politologie – bestimmte westlich geprägte Interpretationsmuster und Perspektiven in hegemonialer Manier dem internationalen wissenschaftlichen Diskurs aufdrücken. Dallmayr sieht darin einen Mangel an „intellektueller Gastfreundschaft". Stattdessen soll die politische Theoriebildung in einem geduldigen Wahrnehmungs- und Lernprozess geschehen, indem sie mit Vertretern anderer Kulturen in einen ernsthaft suchenden Dialog tritt, bei dem die Positionen nicht schon von Anfang an unveränderbar feststehen. Vielmehr sollte er getragen sein von einem Habitus des Staunens, wie ihn die griechische Philosophie schon kannte.

Dieses Staunen hat Fred Dallmayr hier demonstriert in seiner respektvoll-ernsthaften Analyse von Wolfgang Hubers Gedanken zur kommunikativen Freiheit.

---

1 FRED R. DALLMAYR (ed), Comparative Political Theory: an introduction, New York 2010; vgl. auch DERS., Dialogue among Civilizations: some exemplary voices, Houndmills u. a. 2002; DERS., Beyond Orientalism: Essays in Cross-cultural Encounter, New York 1996.

1 Würdigung der prophetischen Dimension des Glaubens

Zweifellos ist eine zukunftsfähige Gesellschaft eine solche, die sich der Tatsache der Globalisierung bewusst ist und die in der Lage ist, mit der Pluralität von Lebensperspektiven umzugehen. Zum Staunen rät Wolfgang Huber dabei allerdings nicht – jedenfalls nicht auf den ersten Blick. Darum erwähnt Dallmayer diesen Habitus in seiner Huber-Analyse auch nicht. Stattdessen hat er – vielleicht als Produkt seines eigenen Staunens – dargestellt, wie sich für Wolfgang Huber aus der lutherischen Rechtfertigungslehre, barthscher dialektischer Theologie und Bonhoefferscher „Bekenntnis"-Theologie ein spezifischer Freiheitsbegriff entwickelt, nach dem die Menschen aus der Gottesbeziehung heraus befähigt und belebt werden, sich für die Welt in der Freiheit von Christenmenschen einzusetzen. Sie tun das dann nicht für Gott und auch nicht an Gottes Stelle, sondern für die Schöpfung und deren Befreiung, aber in der Gewissheit, in dieser Intention Gottes Willen zu folgen. Christliche Religion nimmt – vor allem in evangelischer Perspektive – somit auch die Gesellschaft zunächst einmal vornehmlich als eine von Gott befreite und ihm gegenüber freie Welt wahr, als Nicht-Göttliches. In den Augen der Christen und ihrer Institutionen aber ist sie „Schöpfung", für die es sich einzusetzen gilt. Zu Recht hebt Fred Dallmayr die Betonung der prophetischen Dimension des Glaubens bei Wolfgang Huber hervor, dessen Reserven gegenüber Tendenzen von Verinnerlichung, sein Plädoyer für das Wächteramt der Kirche, die politischen Institutionen an ihre Grenzen zu erinnern ebenso wie die Enttäuschung über dennoch versäumte Kritik an lebensfeindlichen Entwicklungen in der Moderne sowie die Betonung der Aufgabe von Christen und Christinnen, als „Salz der Erde" zu wirken und dabei zu wissen, dass wir noch auf dem Weg ins Reich Gottes sind. Der gesellschaftliche Frieden kann so verstanden immer nur Verheißung sein, ein Geschenk, das es, wie ich hinzufügen möchte, aktiv zu empfangen gilt.

2 Tugend contra Rechtfertigung?

An all diesem übt Dallmayr keine Kritik. Und es entspricht ja ganz offensichtlich auch seinen eigenen Ideen von einer komparativen politischen Theorie, wenn Huber in dieser eschatologischen Dimension die Kommunikation verortet: In der von Gott befreiten Welt gibt es viele Perspektiven über die Zukunft der Gesellschaft, über die es zu kommunizieren gilt. Und in diese Kommunikation sollen die Christinnen und Christen und ihre kirchlichen Institutionen unbedingt auch ihr Profil hineintragen: in den ökumenischen Dialog ja genauso wie in den gesellschaftlichen Dialog über die Gestaltung der gemeinsamen Zukunft. Mit Recht hört Dallmayr hier mehr als einen Aufruf zum Positionismus, und so greift er schließlich Hubers Überlegungen über eine evangelische Tugendethik auf: Nicht die Positionen gilt es durchzusetzen, sondern ein Bewusstsein, nur aus der Zuwendung Gottes heraus in aller Fragmenthaftigkeit in seiner Spur das Leben gestalten zu können. Wie ja schon die Freiheit – so könnten auch Tugenden zur Gestaltung eines guten Lebens nur als „gebundene" Tugenden sinnvolle Fertigkeiten der gemeinsamen Lebensgestaltung sein. Positionismus, Kampf um die Durchsetzung des eigenen Profils um jeden Preis, entspräche dem gerade nicht.

Sehr vorsichtig merkt Dallmayr nun an, dass eine zukunftsfähige Gesellschaft seiner Meinung nach so etwas brauche wie die Ausbildung und Pflege – er spricht von „Übung" – von Zivil-Tugenden, die eben nicht von bestimmten religiösen Vorstellungen getragen sein sollen.[2] Was könnte das sein? Dallmayr bemerkt, dass Wolfgang Huber die kommunikative Freiheit lieber teleologisch verstehen will als deontologisch-normativ. Es geht darum, sich auszustrecken auf das Ziel des guten Lebens in der Zukunft. Wie auf dieses Ziel hin heute Leben gestaltet werden soll – das gilt es miteinander auszuhandeln. Auch in diesem Gedanken ahnt Dallmayr die Möglichkeit einer zivilen Tugendethik. In einer solchen zivilen Tugendethik wäre nicht der möglicherweise religiöse Begründungsrahmen die einzuübende Basis für alle, denn davon gäbe es mehrere in einer Gesellschaft. Eher ginge es wohl darum, die „intellektuelle Gastfreundschaft" einzuüben, im Bewusstsein, miteinander unterwegs zu sein für das gute Leben. Mit Recht vermutet er: „Doch wahrscheinlich würde Bischof Huber in diesem Punkt zustimmen".[3] Er selbst hat das deutlich herausgearbeitet, indem er Hubers Insistenz auf der zweiten Barmer These herausgestellt hat.[4]

Ich habe nun den Eindruck, dass Fred Dallmayr in seiner Huber-Rezeption mit der „evangelischen Tugendethik" doch so seine Mühe hat.[5] Zunächst freut er sich, dass Huber auf die Tugendlehre zu sprechen kommt. Dann scheint er etwas irritiert darüber, wie schnell hier die aristotelische Tugendlehre ad acta gelegt zu werden scheint. Hatte sich nicht schon 1981 Alasdair MacIntyre in seinem vielbeachteten Buch „After Virtue" für eine Stärkung des aristotelischen Tugendbegriffs im Pluralismus eingesetzt,[6] der sich heute, da-

---

2 Vgl. den Beitrag Dallmayrs in diesem Band, 52–53.

3 Ebd., 53.

4 Vgl. dazu auch Wolfgang Huber, Sozialethik und kommunikative Freiheit, in: Ders., Von der Freiheit. Perspektiven für eine solidarische Welt, herausgegeben von Helga Kuhlmann und Tobias Reitmeier, München 2012, 57–73.

5 Dallmayr bezieht sich auf das Kapitel „Evangelische Tugendlehre?" in: Wolfgang Huber, Im Geist der Freiheit. Für eine Ökumene der Profile, Freiburg i. Br. u. a. 2007, 103–107. Eine längere Version dieses Textes aus dem Jahr 2004 findet sich im Internet unter http://www.ekd.de/vortraege/huber/2004_08_25_rv_marktkirche_moralische_reden.html.

6 Alasdair MacIntyre, After Virtue. A Study in Moral Theology, Notre Dame 1981, [2]1984. Vgl. dazu die deutsche Rezeption durch Antje Fetzer, Tradition im Plu-

rauf weist er in einer Fußnote hin, bis nach Ostasien, Indien und sogar in islamische Ethikkonzepte hinein rezipiert findet?[7] Sollen wir Aristoteles wirklich so schnell über Bord werfen? Dallmayr nimmt zur Kenntnis, dass Huber nicht von einer „menschlichen Tugend“, sondern von einer „Tugend im Glauben“ sprechen möchte. Das scheint ihm einleuchtend zu sein, „natürlich“ sei der Glaube nicht in einer „menschlichen Tugend verankert“.[8] Auch in katholischer Sicht wird ja, so könnte man ergänzen, spätestens seit der Gemeinsamen Erklärung zur Rechtfertigungslehre deutlich gesagt, dass die „Werke“ christlicher Ethik Konsequenz und nicht Voraussetzung der Gnadenwirkung Gottes seien.[9] „Natürlich,“ so auch Wolfgang Huber 2007, „sind auch in der katholischen Tradition diese Tugenden (d. h. die theologischen: Glaube, Hoffnung und Liebe, U. L.-W.) keinesfalls alleinige Leistung des Menschen.“[10] Und so scheint Dallmayr zu akzeptieren, dass Wolfgang Huber von Tugend nur als „Tugend des Glaubens“ sprechen will, die in von Gott allein geschenkter „Aufhebung der Gottesferne“ gegründet ist: „[…] und in diesem neuen Leben in und mit Gott wurzeln alles gute Tun und alle Tugend.“[11] ‚Geschenkt‘, scheint mir Fred Dallmayr zu denken. ‚Aber schüttet Ihr nicht nun das Kind mit dem Bade aus?‘ scheint er mir weiter zu denken, denn er sagt: „Was hier jedoch vielleicht vernachlässigt wird, ist die Tatsache, dass Tugend im Sinne von Aristoteles nicht nur eine Öffnung gegenüber der Herzensgüte erfordert, sondern dass der Mensch stetig daran arbeiten und üben muss, wobei dieses Üben sich manchmal als sehr mühsam erweisen kann. Vielleicht wird diese Mühe aus dem evangelischen Blickwinkel von zu viel geistlicher Innerlichkeit überschattet.“[12] Da haben wir das Argument: Geschenk des neuen Lebens durch Gott in der Rechtfertigung, das ist ja gut und schön und völlig unbestritten – aber wie sieht das denn empirisch aus? Können wir empirisch wirklich so klar von einem Vorher und Nachher der Rechtfertigung sprechen? Spielt nicht empirisch doch die Haltung und die Einübung in eine Haltung von Seiten des Menschen eine Rolle? Sind

---

ralismus. Alasdair MacIntyre und Karl Barth als Inspiration für christliches Selbstverständnis in der pluralen Gesellschaft, Neukirchen 2002, sowie Sven Evers, Traditionale Hermeneutik. Der Traditionsbegriff Alasdair MacIntyres als Beitrag zur Theologischen Hermeneutik, Leipzig 2006.

7 Dallmayr, Beitrag in diesem Band, 53, Anm. 20.

8 Ebd., 52.

9 Vgl. Gemeinsame Erklärung zur Rechtfertigungslehre des Lutherischen Weltbundes und der Katholischen Kirche, Abschnitt 19: „Wir bekennen gemeinsam, dass der Mensch im Blick auf sein Heil völlig auf die rettende Gnade Gottes angewiesen ist. Die Freiheit, die er gegenüber den Menschen und den Dingen der Welt besitzt, ist keine Freiheit auf sein Heil hin.“, in: Harding Meyer u. a. (Hg.), Dokumente wachsender Übereinstimmung, Bd. 3, Frankfurt a. M. und Paderborn 2003, 419–441; hier 424.

10 Wolfgang Huber, Im Geist der Freiheit, a. a. O., 104.

11 Ebd., 106.

12 Dallmayr, Beitrag in diesem Band, 52–53.

darum vielleicht Glaube, Hoffnung und Liebe in katholischer Sicht „keinesfalls *allein* eine Leistung des Menschen“, wie Wolfgang Huber konstatiert?[13] Und brauchen wir Protestanten nicht dafür auch den Raum der erfahrbaren Kirche, was evangelischerseits, so Dallmayr, vielleicht von „zu viel geistlicher Innerlichkeit überschattet“ sein mag – so wie wir in der Gesellschaft Räume der Begegnung und der Konvivenz brauchen?

Mit diesem – zugegebenermaßen von mir konstruierten – Argument Fred Dallmayrs sind wir an dem Punkt angekommen, an dem ich diesen Respons in spezifischer Weise auf die Ökumene zulaufen lassen möchte, für die mir hier eine neue Herausforderung aufzublitzen scheint. Dabei gehe ich von einer „Ökumene des dritten Weges“ aus, die wir, so meine ich, gerade heute neben der klassischen Dialog- und der sozialethischen Gerechtigkeitsökumene zu pflegen haben. Zunächst eine Erläuterung dieser Unterscheidung:

3 Drei Arten von Ökumene: Kirche, Gerechtigkeit und die Suche nach der Gottesgewissheit

Mir scheint, dass die „Ökumene der Profile“, auf die sich auch Fred Dallmayr in seiner Huber-Rekonstruktion bezieht, auf die klassische *Dialog-Ökumene* zielt. Vor allem hat sie wohl Fragen des Kirchenverständnisses im Sinn, wie sie sich im unterschiedlichen Verständnis von Amt und damit verbunden vom Abendmahl, der Verortung der Gegenwart Gottes in der Kirche, der Rolle der Nicht-Ordinierten, der sog. „Laien“ und last but not least der Frauenordination zeigen.[14] Fred Dallmayr, der selbst in der Politikwissenschaft über die Notwendigkeit von Konzepten „differenzierter Vielfalt“ in der pluralen Gesellschaft nachdenkt,[15] stimmt Hubers Ökumene-Konzept insofern zu, als er auch gegen eine „undifferenzierte Vermischung“ der Kirchen wäre.[16] Das Schlagwort von der „Ökumene der Profile“ wendet sich gegen ein Konzept von Ökumene, in dem die tatsächlich trennenden, vornehmlich ekklesiologischen Unterschiede zwischen den Kirchen nicht deutlich genug beim Namen genannt werden. Vor allem die Errungenschaften der Reformation, die nicht zuletzt in einer De-Hierarchisierung der (Amts-) Kirche und einer Würdigung ihrer Binnendifferenzierung liegen, sollen argumentativ-offensiv verteidigt werden. Zu Recht wird das auch von Wolfgang Huber als Konsequenz der lutherischen Rechtfertigungslehre gesehen, aus der sich auch der hier reflektierte Freiheitsbegriff ableitet. Man darf wohl sagen, dass der Unterschied zum römisch-katholischen Verständnis der

13 S. o., Anm. 10; Hvhg. U. L.-W.

14 Vgl. Huber, Im Geist der Freiheit, a. a. O. 109 ff.

15 Vgl. z. B. sein jüngstes Buch: Being in the World. Dialogue and Cosmopolis, KY 2013.

16 Dallmayr, Beitrag in diesem Band, 48.

Rechtfertigung dabei in eben dieser Konsequenz für das Verständnis von Kirche als einer deutlich von der rechtfertigenden Gnade Gottes zu unterscheidenden Instanz liegt. Wenn Protestanten diesen Unterschied markieren wollen, nehmen sie nicht immer ernst, dass die „Freiheit des Christenmenschen" sicher auch in katholischer Sicht als eine aus der Gottesbeziehung heraus „verantwortete Freiheit" verstanden wird. Sie hören das nicht so deutlich, weil die konkrete sichtbare Kirche in katholischer Sicht weitaus stärker als in evangelischer als der Ort der Einübung in die Gottesbeziehung erfahren wird. Über die Vor- und Nachteile dieses Unterschieds muss im ökumenischen Dialog ernsthaft und profiliert nachgedacht werden. Dabei wird man freilich auch wahrnehmen können, dass einiges, was im Reformprozess der EKD angestoßen wird, auch mit einer evangelischen Leerstelle „sichtbare Kirche" zu tun hat.

Ich meine nun aber, dass die Ökumene heute in der Lösung dieser Probleme längst nicht mehr aufgeht. Das wurde schon deutlich, als sich die ökumenische Bewegung, der sich ja auch Wolfgang Huber von Herzen zugehörig fühlt, in der Arbeit des Ökumenischen Rates der Kirchen intensiv in sozialethischem Engagement für die Menschheit als sog. *Gerechtigkeitsökumene* zu etablieren begann. In ihr verbinden sich die Kirchen als Leib Christi in der Sendung in die Welt und versuchen, ihre Lehr-Differenzen aus diesem Engagement heraus zu verstehen und gegenseitig zu kommunizieren. Ich möchte nun vorschlagen, dass wir zusätzlich zu dieser sozialethisch konzentrierten Bewegung einen weiteren Zweig der Ökumene ins Auge fassen, die ich die „Ökumene des dritten Weges" nenne.[17] Sie hat einiges gemein mit der „Ökumene des Lebens" im katholischen Sprachgebrauch.[18] In dieser Ökumene konfrontieren sich die verschiedenen Kirchen miteinander mit dem, was Wolfgang Huber die „Glaubenskrise" nennt, die wir „übrigens durchaus in ökumenischer Gemeinsamkeit der beiden großen Kirchen" erleben.[19] Huber spricht davon, dass in manchen Bereichen der evangelischen Kirche eine „Frömmigkeit der Sehnsucht" wahrzunehmen sei, „eine Art Vermissen Gottes als letzte Grundhaltung des Glaubens, ein zögerliches, vorsichtiges, suchendes Sich-Ausstrecken nach Gott, das lange nicht die Gottesgewissheit zu erreichen vermag, die in den Liedern und Texten

---

17 Vgl. zum Folgenden meinen Beitrag: Transkonfessionelle Dogmatik? Zur Ökumene des dritten Weges im 21. Jahrhundert, in: Fernando Enns/Martin Hailer/U. L.-W. (Hg.), Profilierte Ökumene. Bleibend Wichtiges und jetzt Dringliches, FS für Dietrich Ritschl zum 80. Geburtstag, Frankfurt a. M. 2009 (Beiheft zur ÖR 84), 21–47.

18 Vgl. Bernd Jochen Hilberath/Ivana Noble/Johannes Oeldemann/Peter De Mey (Hg.), Ökumene des Lebens als Herausforderung der wissenschaftlichen Theologie, Frankfurt a. M. 2008 (Beiheft zur ÖR 82).

19 Wolfgang Huber, Vortrag „Die Tugend des Glaubens" (2004), Internet a. a. O. (s. o. Anm. 5.), 4.

unserer Väter und Mütter aufscheint".[20] Und er fährt fort mit der Frage: „Schaffen wir genügend ‚Räume der Bewegung' für diese offene, tastende Sehnsucht nach Gott, nach Sinn und Halt?" Wo haben wir in der Kirche überhaupt Räume des „Einübens" in die Gott-Suche?, könnten wir doch auch mit Fred Dallmayrs Hinweis auf das Einüben der Tugend fragen. Wo haben wir Gelegenheit der Sensibilisierung für das, was verloren scheint mit dem Verlust an Gottesgewissheit? Sicher nicht, so Wolfgang Huber, in der Rhetorik von „allzu pathetischen Gewissheiten, allzu dröhnenden Verkündigungsformeln, allzu steilen Behauptungen".[21] Sicher nicht, so der katholische Theologe Jan-Heiner Tück, in einer immer noch „allzu forschen und aufdringlichen Rede von Gott, die als abstoßend empfunden wird".[22]

Die Suche nach der verlorenen Gottesgewissheit ist eine Herausforderung, der sich alle Kirchen in Deutschland oder gar in Mitteleuropa zu stellen haben – wenn sie sich auch in unterschiedlicher Weise und durchaus nicht nur in der bisher beschriebenen geradezu melancholischen Form zeigen mag.[23] Gerade in Zeiten der Enttraditionalisierung und „Konfessionsdiffusion" sowie zunehmender Binnendifferenzierung in den Kirchen kann die Herausforderung für die Ökumene auch in einem neuen Bedürfnis nach theologischer Reflexion gesehen werden.[24] Und auch in den Feuilletons wird durchaus nicht nur gehässig gefragt, was der Sinn der Rede von der Auferstehung sei, inwiefern Jesu Tod ein Opfer war, was Muslime zur Trinität sagen, wie wir mit der Realität der zerstörerischen Macht der Gier fertigwerden können, wie sich ein würdiges Sterben finden lassen könne. Es scheint mir nun wichtig zu sein – und durchaus auch im Sinne von Wolfgang Huber und Fred Dallmayr –, dass die Kirchen auf diese Anfragen reagieren, aber eben nicht mit zu schnellen Antworten der „Profis", nicht mit „vorschnell festgezurrten Formeln".[25] Vielmehr sollten sie Ernst machen mit dem Credo, dass der Glaube ein Geschenk des Heiligen Geistes ist, aber auch mit der aus der Erfahrung gewonnenen Weisheit, dass sich die eigentliche Gewissheit zwar gleichsam von „hinter den Worten her" einstellt, jedoch in der Erfahrung des Gesprächs präsent wird, im Versuch, in eigene Worte zu

---

20 Ebd.

21 Ebd., 5.

22 Jan-Heiner Tück, Rebellion gegen Gott. Glauben, nicht mehr glauben zu können – Anmerkungen zu Merciers ‚Nachtzug nach Lissabon', in: Magnus Striet (Hg.), Wiederkehr des Atheismus. Fluch oder Segen für die Theologie?, Freiburg i. Br. u. a. 2008, 119–138, hier 120.

23 Vgl. dazu auch Herbert Schnädelbach, Der fromme Atheist, in: Magnus Striet, Wiederkehr des Atheismus, a. a. O., 11–20.

24 Vgl. dazu Johann Ev. Hafner/Martin Hailer (Hg.), Binnendifferenzierung und Verbindlichkeit in den Konfessionen. Veröffentlichungen des Interkonfessionellen Arbeitskreises (ITA), Bd. 2, Frankfurt a. M. 2010 (Beiheft zur ÖR 87).

25 Wolfgang Huber, Die Tugend des Glaubens, a. a. O., 5.

fassen, was man sucht und was man schon gefunden hat, dies mitzuteilen und tiefe Freude zu empfinden, wenn sich dabei gegenseitiges Verstehen einstellt. Wenn die Kirchen in dieser Weise zu Orten der Gottsuche werden, dann werden sie nicht zu etwas anderem, ihrem Wesen Fremden, sondern sie leben ihre eigene Identität als wanderndes Gottesvolk. Sie realisieren sie, wenn sie einladen zu lauter kontextuellen Prozessen in Gemeinschaften kommunikativer Freiheit, in denen die Beteiligten sich miteinander denkend und fragend auf die Suche nach Antworten der freien Christenmenschen machen können. Das Wichtigste aber kommt noch: Dies ist nicht nur eine Aufgabe, der sich alle Kirchen stellen müssen, sondern es ist eine Aufgabe, der sie gerade als ökumenische Gemeinschaft am besten gewachsen sind. Gerade in der Verschiedenheit ihrer Traditionen können sie sich in den konkreten Kommunikationsprozessen gegenseitig bereichern und für die gemeinsame aktive Suche ermutigen. Diese Ökumene des dritten Weges ist nicht eine Ökumene der Profile, sondern eine Ökumene von Angesicht zu Angesicht. Dazu genauer im letzten Abschnitt.

4 Ökumene des dritten Weges als Ökumene der Suche nach Gott

Gerade als Glieder verschiedener Kirchen und gerade in der mehr oder weniger bewussten Prägung durch verschiedene christliche Glaubenstraditionen können Christenmenschen sich zu kontextuellen „Suchgemeinschaften vor Ort" zusammenfinden, die eben nicht von abschottender „geistlicher Innerlichkeit" geprägt sind. Sie können darin die Erfahrung initiieren, im Lichte des Glaubens nach einer zeitgemäßen Interpretation ihres Lebens, nach neuem Verstehen traditioneller Orientierungen zu suchen. Gerade durch die Interkonfessionalität können sie vor der Versuchung geschützt werden, Zuflucht zur Formelhaftigkeit zu nehmen. Gerade in der innerchristlichen Vielfalt der Sprach-, Bild- und Denkwelten liegt eine Chance, eine Sensibilität zu entwickeln für die lebendige Komplexität des Glaubens. Und wenn Menschen verschiedener Konfessionen so miteinander ihren christlichen Glauben suchen und reflektieren, dann erfahren sie miteinander und aneinander die „Bezugsarbeit", die Mühen des Suchens und Selektierens aus Schrift und Tradition, und sie erfahren das Risiko, dabei Gefahren, Missverständnisse und auch Aporien in Kauf zu nehmen. Sich gegenseitig zu verstehen heißt dann: diese Mühen regelrecht aneinander mitzuerleben und die eigenen errungenen Antworten stets in ihrem Licht zu halten. So bleiben sie offen für das Licht der Wahrheit Gottes und treten nicht an dessen Stelle. Sie tragen die Erfahrung des Staunens über die anderen Antworten mit sich, bringen sie immer wieder mit in Erinnerung. Im Miterleben der Bezugsarbeit der anderen Christen, ihrer Mühen und ihres Risikos, mag sich auch eine neue Sensibilität für die Irrtumsanfälligkeit menschlicher Lebensgestaltung einstellen. In ihr kann in neuer Ernsthaftigkeit gesehen werden, dass es in jeder Kultur auch Elemente gibt, die inakzeptabel für ein gegenwärtiges Zusammenleben sind. Man muss sie gemeinsam entdecken, höre ich Fred Dallmayr sagen. Kritischer Dialog und ein gemeinsamer Lernprozess seien nötig. Die Kirchen könnten das in der Ökumene des dritten Weges zeigen, aber auch sich selbst darin üben.

5 Schlussbemerkungen

Das ist gemeint, wenn von der Bereicherung durch die andere Konfession die Rede ist. Und wer weiß es denn – sollte nicht aus dieser kritischen Bereicherung auch eine Ermutigung zur Übernahme von Verantwortung, vor allem auch als Einsicht und Übernahme von Schuld erwachsen? Gerade das ist eine für die Gesellschaft der Zukunft absolut notwendige Fähigkeit, um die es angesichts des gegenwärtig blühenden Indifferentismus schlecht bestellt ist.[26] In Wolfgang Hubers Theologie ist viel davon die Rede. Die von Gott ermöglichte Freiheit zur geschöpflichen Lebensgestaltung, die sich ihrer Begrenztheit und Endlichkeit bewusst ist, ist für ihn der Nährboden für einen lebensförderlichen Umgang auch mit Schuld. Der prophetische Impetus seiner Theologie, den Fred Dallmayr betont hat, findet sich eingebettet in einer Sensibilität für die Begrenztheit, aber gleichzeitig auch für die Schönheit des geschöpflichen Lebens.

26 Vgl. dazu Heiner Meulemann, Existentialismus, Naturalismus und Christentum. Religiöse Weltbilder in Deutschland 1982–2007, in: Bertelsmann-Stiftung (Hg.), Religionsmonitor 2009, Gütersloh 2007, 104–112; ders., Säkularisierung oder religiöse Erneuerung, in: Bertelsmann-Stiftung (Hg.), Woran glaubt die Welt? Analysen und Kommentare zum Religionsmonitor 2008, Gütersloh 2009, 691–723.

Die Öffentlichkeit des Glaubens

Über eine strukturelle Analogie von Glauben und Wissen

Symposion „Kommunikative Freiheit" zu Ehren von Altbischof Wolfgang Huber, 17. bis 19. August 2012 in Berlin

von Volker Gerhardt

1 Öffentlichkeit als Generator der Zivilisation

Über Öffentlichkeit zu sprechen, setze, insbesondere in Deutschland, eine lange Vorrede voraus. Denn man ist hier, wie Publikationen noch aus den letzten Jahren belegen, der vornehmlich soziologisch hergeleiteten, aber letztlich doch nur ideologisch zu erklärenden Ansicht, die Öffentlichkeit sei eine Erfindung des bürgerlichen Zeitalters. Zwar wird das dazugehörende geschichtsphilosophische Pendant, nämlich die These, dass der „Strukturwandel" die Öffentlichkeit nach dem Ende der bürgerlichen Herrschaft wieder zum Verschwinden bringen werde, immer seltener vertreten. Doch die Unterstellung ihres originär neuzeitlichen Auftritts macht es der Gesellschaftskritik leichter, ihr Ressentiment gegen den Massengeschmack, die Medienmacht und die hinter ihr stehende Kapitalkonzentration plausibel zu machen. Und wenn sie gleichzeitig die Einhaltung diskursiv gesteuerter Deliberationsregularien fordert, muss sie es mit der impliziten begrifflichen Konsequenz ihrer historischen Annahme vielleicht auch so genau nicht nehmen.

Die Vorrede halte ich jetzt nicht.[1] Ich ersetze sie durch die inzwischen historisch gut belegte Gegenthese, dass Öffentlichkeit zu den Konstitutionsbedingungen der alteuropäischen Kultur gehört.[2] Schon im Feldlager der Troja belagernden Achaier war die alle ihre Entscheidungen tragende *agoré* eine Form der Öffentlichkeit;[3] die Stadtgeschichte der griechi-

1 Siehe dazu: Volker Gerhardt, Öffentlichkeit. Die politische Form des Bewusstseins, München 2012.

2 Der erste, der dies mit ausdrücklichen Bezügen zur Antike darstellt, ist John Milton in der ungehaltenen, 1644 unter dem Titel *Areopagitica* veröffentlichten Rede an das Englische Parlament. Im Übrigen verweise ich auf: Lucian Hölscher, Artikel: Öffentlichkeit, in: Otto Brunner/Werner Conze/Reinhart Koselleck (Hg.), Geschichtliche Grundbegriffe, Bd. 4, 1978, 413–467.

3 Karl-Joachim Hölkeskamp, Institutionalisierung durch Verortung. Die Entstehung der Öffentlichkeit im frühen Griechenland. In: Karl-Joachim Hölkeskamp et. al. (Hg.), Sinn (in) der Antike. Orientierungssysteme, Leitbilder und Wertkonzepte im Altertum, Mainz 2003, 8–104.

schen *poleis* ist schon im 7. und 6. vorchristlichen Jahrhundert durch die Anlage öffentlicher Versammlungsplätze, die auch zu Marktzwecken genutzt werden konnten, bestimmt;[4] und seit dem Zeitalter des Perikles zeigt sich die Öffentlichkeit selbst für die Nachwelt als die Sphäre, die nicht nur die Entfaltung des Politischen, sondern auch die der Künste, der Wissenschaften und der kritischen Geschichtsschreibung begünstigt.

Noch fehlen die Untersuchungen über die Öffentlichkeit in den altorientalischen Siedlungen und Reichen zwischen dem Nil und dem persischen Hochland. Doch die Rolle der Schrift, die Ordnungsfunktion des allen bekannt zu machenden Rechts, die im repräsentativ verstandenen Raum entfaltete Kunst sowie den enormen interkulturellen Transfer in Fragen der Lebensführung und des Tempeldienstes lassen wenig Zweifel daran, dass die Öffentlichkeit zu den ältesten Generatoren der Zivilisation gehört.

2 Öffentlichkeit und Reformation

Wolfgang Huber hat das Verdienst, die auf die Neuzeit konzentrierten Untersuchungen zur Öffentlichkeit als einer der ersten theologisch aufgenommen und für eine Bestimmung der politischen Aufgaben der Kirche genutzt zu haben. Er hat überzeugend dargetan, dass die Kirche auch unabhängig von dem ihr in Deutschland zugestandenen öffentlich-rechtlichen Status eine eminent öffentliche Aufgabe hat, der sie im Interesse des Glaubens sowie mit Blick auf die Belange ihrer Mitglieder nachkommen muss. In eingehender Darstellung der Geschichte der nach-reformatorischen Kirche, in kundiger Auseinandersetzung mit der politischen Entwicklung im 20. Jahrhundert und in aufmerksamer Wahrnehmung der staatsrechtlichen und der soziologischen Debatten der Nachkriegszeit hat er in seiner 1973 veröffentlichten Habilitationsschrift *Kirche und Öffentlichkeit*[5] für den Anschluss der kirchenpolitischen Diskussion an die allgemeine Debatte über gesellschaftliches Handeln gesorgt.

Die 1991 erschienene zweite Auflage des Buches hat im Anschluss an die in der Zwischenzeit geführte und für die Stellung der Kirche zentrale Debatte das Thema der *Zivilgesellschaft* aufgenommen und damit zahlreiche Herausforderungen für das Handeln der Kirche abgeleitet. Der zwei Jahre später publizierte Aufsatz über *Öffentliche Kirchen in pluralen Öffentlichkeiten* liest sich nachträglich wie eine Programmschrift für das öffentliche Wirken des im selben Jahr zum Bischof der Berlin-Brandenburgischen Kirche gewähl-

---

4 Tonio Hölscher, Öffentliche Räume in frühen griechischen Städten, Heidelberg 1998.

5 Wolfgang Huber, Kirche und Öffentlichkeit, Stuttgart 1993. Von vor ihm mit dem Thema befassten Theologen erwähnt er H. Thielecke, F. Gogarten, G. Ebeling, T. Rendtorff, H. E. Tödt, J. Moltmann, H. Gollwitzer u. v. a.

ten Autors. Wo anders als in der Öffentlichkeit könnten die „Leuchttürme", die Huber als Ratsvorsitzender der EKD errichtet hat, sichtbar sein?

Wer Hubers Bemühungen um eine Kirchenreform, seine Beiträge zur Öffnung der Kirche für den gesellschaftlichen Diskurs im Allgemeinen sowie für das Gespräch mit anderen Religionsgemeinschaften und mit Minderheiten im Besonderen verfolgt, wird allemal auf Einsichten stoßen, die er sich in seinen wissenschaftlichen und politischen Erörterungen zum Problem der Öffentlichkeit erarbeitet hat. Das Konzept der „kommunikativen Freiheit" und deren praktische Fundierung in der Wahrnehmung einer auf Lebensdienlichkeit angelegten „verantworteten Freiheit" sind ohne die vorangehenden Studien zum Problem der Öffentlichkeit nicht zu verstehen. Huber, so ließe sich die historische Grenzziehung sowohl mit der Systematik wie mit der Praxis seiner Theologie verbinden, behandelt den *Zusammenhang von Öffentlichkeit und Reformation.*

3 Der Öffentlichkeitsauftrag der Kirche Jesu Christi

In der nicht nur theologisch, sondern auch politisch tragenden Verbindung von Öffentlichkeit und Reformation fällt Wolfgang Huber nicht unter das Verdikt, das man gegen Carl Schmitt und den frühen Habermas mitsamt ihren zahllosen Gefolgsleuten in der politischen Theorie und der auf Systemveränderung angelegten Soziologie richten muss. Huber spricht als reformatorischer Theologe. Ihm geht es primär um die Rolle der Kirche in der auf Luther folgenden Zeit. Damit ist er ohnehin auf die geschichtlichen Konditionen der Moderne konzentriert.

Gleichwohl vermag er allein dadurch für eine größere historische Tiefe zu sorgen, dass er der Bedeutung des römischen Begriffs der *res publica* Beachtung schenkt und sich überdies im Klaren ist, dass die frühe christliche Kirche spätestens mit der Aufhebung des kaiserlichen Verbots zu der ihr bereits von den Aposteln aufgetragenen öffentlichen Wirksamkeit übergegangen ist.

Die in den Sechzigerjahren vorherrschenden Öffentlichkeitskonzeptionen waren an antirepräsentativen und, wie Habermas später eingestanden hat, an längst überholten marxistischen Voraussetzungen orientiert.[6] Huber hingegen hat sich nicht von der selbstwidersprüchlichen Aufhebungsrhetorik der nur scheinbar beschreibenden Rede vom „Strukturwandel der Öffentlichkeit" beeindrucken lassen. Für ihn ist es „nicht revozierbar", dass die Öffentlichkeit „dazu bestimmt ist, das Ganze zu repräsentieren"; also müsse sie „an den Bedürfnissen aller orientiert sein".[7]

6 Vorwort zur Neuauflage des Strukturwandels der Öffentlichkeit, Frankfurt 1990, 21 ff. („drei Revisionen").

7 Ebd., 20.

Wenn mein Thema *Kirche und Öffentlichkeit* wäre, verdiente diese Einsicht samt ihren Folgen für die kirchliche Konzeption der Öffentlichkeit eine eingehende Betrachtung. Doch ich mache es mir leicht und spreche über *Glauben und Öffentlichkeit*, ohne zu wissen, ob es mir gelingt, die sachliche Eigenständigkeit dieses Titels unter Beweis zu stellen.

Immerhin kann ich mich für den Übergang zum eingeschränkten Thema auf Wolfgang Huber berufen, denn er erklärt, dass der „Öffentlichkeitsauftrag", den „die Kirche Jesu Christi", wie er sagt, „offenkundig" hat, bereits in der „biblischen Tradition breit verankert" ist. Man könne zum Beleg „an das öffentliche Wirken der Propheten ebenso denken wie an wichtige Beschreibungen der Kirche, die in der Öffentlichkeit der Welt von der in Christus geschehenen Versöhnung Zeugnis ablegt." „In eindrucksvoller Bündelung", so heißt es weiter, bringe „der neutestamentliche Missionsbefehl den öffentlichen Charakter kirchlichen Handelns zum Ausdruck".[8]

Und dann wird zitiert:

> Mir ist gegeben alle Gewalt im Himmel und auf Erden. Darum gehet hin und machtet zu Jüngern alle Völker: Taufet sie auf den Namen des Vaters, des Sohnes und des Heiligen Geistes und lehret sie halten alles, was ich euch befohlen habe. Und siehe, ich bin bei euch alle Tage bis an der Welt Ende.[9]

4 Glauben statt Kirche und Öffentlichkeit

Das Missionsgebot ist an die *Gemeinschaft* derer gerichtet, die sich bereits im Glauben an Gottes Sohn verständigen. Man muss den Befehl als eine Aufforderung an die, wie man früher sagte, „Christenheit" begreifen. Also ergeht er an die Gemeinschaft der Gläubigen. Folglich ist bereits hier die Kirche angesprochen, und es handelt sich um einen Auftrag, der unter das Thema Kirche und *Öffentlichkeit* fällt. Gleichwohl ist das Gebot an jeden Einzelnen und – nicht an die Kirche als Ganze – gerichtet.

Denn was könnte das Gebot der Gemeinschaft bedeuten, wenn es nicht jeden Einzelnen anspräche, der davon liest oder hört? Selbst wer dem Gebot einen klaren Auftrag für die Kirchenleitung entnimmt, wird nicht sagen können, dass es ihn selbst nicht betrifft. Man wird schwerlich annehmen können, dass erst die Institution geschaffen sein muss, ehe das Wort des Herrn zur Verpflichtung des Gläubigen werden kann. *Das Missionsgebot hat vielmehr gerade in seiner an alle gerichteten Aufforderung, Zeugnis für den*

---

8 2Kor 5, 19–20.

9 Mt 28, 18–20, Zitiert nach: Wolfgang Huber, Öffentliche Kirche in pluralen Öffentlichkeiten (1993), in: Wolfgang Huber, Von der Freiheit. Perspektiven für eine solidarische Welt, hg. v. Helga Kuhlmann u. Tobias Reitmeier, München 2012, 158–182, 160.

Glauben abzulegen, eine unabweisbare Verpflichtungskraft für jeden Einzelnen. Wäre sie nicht in jedem einzelnen Fall gegeben, könnte sie auch für die Gesamtheit der Christen nicht von Bedeutung sein.[10]

Also ist es nicht erst die Gemeinschaft, nicht erst die Kirche, an die der Auftrag zur öffentlichen Wirksamkeit ergeht. Vielmehr ist *jeder* Gläubige *in seinem Glauben* angesprochen, für den Glauben wirksam zu sein. Zu glauben betrifft offenkundig nicht allein das persönliche Heil, sondern es schließt die Sorge um das Wohl aller ein; und so ist man verpflichtet, das, was man selbst als frohe Botschaft erfahren hat, weiterzutragen und Zeugnis abzulegen für das, was für einen selbst die Erlösung verheißt.

5 Die Unverbindlichkeit des Subjektiven

Ich bin nicht Theologe genug, um zu erläutern, was dies vor dem Hintergrund des Evangeliums heißt. Aber mit den bescheidenen Mitteln meines Fachs kann ich mir klarmachen[11], dass man die im Missionsgebot – Huber sagt: im „Missions*befehl*" – ausgesprochene Erwartung nicht an einen Glauben richten kann, der sich bloß als „subjektiv" versteht.[12]

Die These von der Subjektvität des Glaubens liegt nahe, seit die Unmöglichkeit, die Existenz Gottes mit begrifflich zwingenden Mitteln zu erweisen, mit begrifflich zwingenden Mitten erwiesen ist. Kant, dem wir diese theoretische Leitung verdanken und der sich zu ihrer Veranschaulichung einer einzigartigen buchtechnischen Rhetorik bedient, hat selbst dieser Auffassung Vorschub geleistet, indem er den Glauben als eine Überzeugung bezeichnet, die lediglich auf einer „objectiv unzureichenden", wohl aber „subjectiv hinreichenden" Gewissheit basiert. Der „Ausdruck des Glaubens" ist für Kant ein „Ausdruck der Bescheidenheit in *objectiver* Absicht, aber doch zugleich der Festigkeit des Zutrauens in *subjectiver*".[13]

Wenn man das Adjektiv „subjektiv" so versteht, hat es seine *epistemologische Berechtigung*. Es soll sagen, dass man jemanden nicht mit den bewährten objektiven Beweismitteln der Wissenschaft von der Richtigkeit von Glaubenssätzen überzeugen kann. So gesehen schützt die „Subjektivität"

---

10 Dazu Wolfgang Huber, Mission im Alltag. Predigt zu Mt 28, 16–20, in: Gottes Wort halten, Liebe üben und demütig sein vor deinem Gott. Predigten, Frankfurt a. M. 2010, 187–192.

11 Gemeint ist die argumentationstechnisch notorisch unterschätzte Präsentationsform der Antinomien – in unserem Fall in der Kritik der reinen Vernunft, B 480 ff., AA 3, 314 ff.

12 Dazu des Näheren: Volker Gerhardt, Die Individualität des Glaubens. Ein Vorschlag im Anschluss an Schleiermacher, in: Wilhelm Gräb/Lars Charbonnier (Hg.), Individualität. Genese und Konzeption einer Leitkategorie humaner Selbstdeutung, Berlin 2012, 292–328.

13 Kant, Kritik der reinen Vernunft, B 855; AA 3, 535.

des Glaubens einen Menschen auch vor der Zudringlichkeit anderer. Selbst wenn sie beste Gründe haben, mit ihm über seinen Glauben oder seinen Unglauben zu sprechen, muss er sich das nicht gefallen lassen. Hier hat die Berufung auf die „Subjektivität" eine Schutzfunktion, die noch weitergeht als der Verweis auf den „privaten" Charakter des Glaubens.[14]

Es ist ja alles andere als unwahrscheinlich, dass im ohnehin schon privaten Kreis der Familie darüber gesprochen wird, wie man es mit dem Glauben hält. Eine meiner aufmerksamsten Teilnehmerinnen im Hauptseminar über Kants *Religionsphilosophie* hat mir im Gespräch über ihre Hausarbeit gestanden, die Lehre Kants überzeuge sie auch deshalb, weil sie sich so nachdrücklich auf die Freiheit gründe. Sie selbst sei als junge Frau von ihrem Vater, einem altkatholischen Priester im Banat, mit Gewalt zur Teilnahme am Gottesdienst gezwungen worden. Hier wäre der Anspruch auf „Privatheit" ohne argumentative Kraft gewesen, der auf „Subjektivität" aber sehr wohl – obgleich er der Herrschsucht des Vaters vermutlich auch keine Grenze gesetzt hätte.

Aber was wird aus dem „Missionsgebot", wenn die Subjektivität des Glaubens als Nonplusultra gilt? Darf es nach Kant überhaupt noch ernst genommen werden? Liegt nicht schon im Gebot, einem anderen Menschen den eigenen Glauben nahezubringen, eine epistemische Verletzung der Subjektivität des Glaubens? Was berechtigt mich zu der Erwartung, es sei erfolgsversprechend, das, was mich ohnehin nur subjektiv überzeugen kann, dem Anderen mit dem Anspruch nahezubringen, er könne es mit seiner mir *a priori* unzugänglichen Wahrnehmung ebenso auffassen wie ich? Besteht hier nicht ein doppeltes Missverständnis? Verbietet mir doch schon meine *eigene Subjektivität*, was angesichts der *Subjektivität des anderen* als gänzlich abwegig angesehen werden muss: nämlich ihn mit Gründen, die gar nicht anders als *allgemein* sein können, von etwas zu überzeugen, was schon bei mir nur „Privatgültigkeit" haben kann?[15]

6 Die Individualität des Glaubens

Die Gefahr von Missverständnissen unter dem Anspruch der Subjektivität ist nicht zwingend. Kant selbst gibt uns zahlreiche Beispiele für den Wortgebrauch des Adjektivs „subjektiv", die eine biologische, soziale und geschichtstheoretische Verwendung eröffnen. In seiner Ästhetik belässt es die Subjektivität der Einbildungskraft nicht dabei, nur dem Individuum das Gefühl des Schönen zu vermitteln. Vielmehr hat gerade das subjektive ästhe-

14 Schon Kant spricht von der „Privatgültigkeit" des Fürwahrhaltens im Glauben (KrV B 847; AA 3, 532).

15 Vgl. Kant, KrV B 849; AA 3, 532.

tische Gefühl einen so hohen Anteil an begrifflicher Allgemeinheit, dass es sich zur Mitteilung gedrängt sieht und anderen die Zustimmung „ansinnt". Das kann, wie wir aus den Debatten über Produktionen der Kunst wissen – der Streit um die *Documenta* führt das gerade wieder einmal vor –, durchaus auch etwas Missionarisches haben.

Im freien ästhetischen Urteil wirbt der Einzelne um die Zustimmung eines jeden, dem die gleiche Eigenständigkeit in seinem Zusammenspiel der höheren Erkenntniskräfte unterstellt werden kann. Wäre das nicht ein Modell für ein modernes Missionsgebot?

Die Parallele zur Ästhetik bietet nicht den schlechtesten Vergleich mit dem Glauben: Die Kunst hat schon immer in enger Verbindung mit der Religionsausübung gestanden; und tatsächlich scheint sie in einigen Bereichen der westlichen Zivilisation die Rolle einer Ersatzreligion zu übernehmen. Es gibt nicht wenige Gotteshäuser, die sich heute nur noch füllen, wenn Konzerte gegeben werden. Der Ernst, die Andacht und die Aufmerksamkeit sind dann nicht selten größer als im Gottesdienst.[16]

Aber etwas fehlt. Zwar geht es im Glauben an einen Gott immer auch um ein *Gefühl*. Doch selbst wenn wir dieses Gefühl als Versprechen des Glücks verstehen und das Glück als Vorschein des Heils; selbst wenn wir das Schöne als „Symbol des Sittlich-Guten"[17] und als Anzeichen dafür deuten, dass der Mensch in die Welt „passe",[18] reicht es an die Hoffnung und Zuversicht im Glauben an das Göttliche nicht heran. Denn so wie zumindest Kant in der *Postulatenlehre* und der *Religionsphilosophie* Gott versteht, ist der Glauben an es mit dem *Bewusstsein moralischer Verbindlichkeit* verknüpft.

Das kann zwar, wie wir wissen, mit einem *Gefühl*, namentlich mit dem Gefühl der Achtung, verbunden sein; aber es ist doch wesentlich von einem praktischen Wissen über die kategorialen *Gründe der Verpflichtung*, über den Status der exemplarisch für die *Menschheit handelnden Person* sowie am Ende auch von der durch die *Theorie erbrachten Fragwürdigkeit* des geglaubten Gottes geprägt.

Ja, das über das bloße Fühlen hinausgehende „für wahr haltende"

16 Es sind also nicht nur die wissenschaftlichen, die rechtlich-politischen und die moralischen Urteile, die auf das „freie und öffentliche" Urteil eines Publikums angewiesen sind; auch die schönen und die erhabenen Dinge zeigen an, dass der Mensch in der Welt nicht nur nicht allein ist, sondern zusammen mit anderen vernünftigen Wesen in die Welt passt. Doch im Unterschied zu den epistemischen und zu den ethischen Aussagen ist eine allgemein verbindliche Prüfung ausgeschlossen. Ob das Urteil überzeugt, bleibt der „subjektiven" Bewertung durch das einzelne Individuum überlassen. Das schließt, wie die kulturelle Praxis längst auch schon global vor Augen führt, die ästhetische Übereinstimmung nach Millionen zählender Öffentlichkeiten nicht aus. Nur selten bleibt einer mit seiner Auffassung vom Schönen, Erhabenen oder Tragischen allein.

17 KU § 59.

18 Kant, Reflexion 1820 (ca. 1771); Kant, Akad. Ausg. Bd. 16, 127.

Bewusstsein geht so weit, dass sich in den späten Texten zur Ethikotheologie und zur Religion die Rede von der Subjektivität des Glaubens beinahe gänzlich verliert. Kant behandelt die Subjektivität des Glaubens fast so, wie er über die Subjektivität der teleologischen Auffassung lebendiger Dinge spricht, nämlich als einen allgemein verbreiteten Tatbestand.

In den teleologischen Urteilen über die Zweckmäßigkeit der Organisation lebendiger Wesen kann ebenfalls unter dem subjektiven Vorbehalt geurteilt werden. Dennoch hat man den Eindruck, dass es eine alle Menschen umfassende Verbindlichkeit gibt. Zwar kann niemand mit objektiven Gründen darauf verpflichtet werden, die teleologische Verfassung eines Organs, eines Lebewesens insgesamt oder eines Gattungsgeschehens zu bestätigen; anderseits aber ist kaum jemand anzutreffen, der sich der natürlichen Zweckmäßigkeit einer reifen Frucht, einer Schwimmflosse oder eines Balzverhaltens entziehen kann. Selbst Biologen, die mit guten Gründen alles daransetzen, alle Vorgänge innerhalb und außerhalb des Organismus nach einer durchgängigen Mechanik zu erklären, schaffen es nicht, ihre Naturbeschreibung dem Stand ihrer theoretischen Modellansprüche anzupassen. Da „fliegen“ und „tanzen“ die Bienen, fast alle Vögel „füttern“ ihre Brut und die meisten Vierbeiner „markieren“ ihr Revier.

Hier ist die Subjektivität des Urteils von fast lückenloser Allgemeinheit. Würden wir die im Erleben der lebendigen Natur als selbstverständlich angenommene Universalität auf Urteile über den Glauben übertragen, dürfte es allenfalls religiöse Meinungsunterschiede geben; aber der Glauben an Gott wäre eine Implikation unseres zwangsläufig auf Sinn ausgerichteten Handelns und Sprechens.

Ins strenge methodologische Gebet genommen, müssten zwar alle die Ansicht vertreten, von einer Existenz Gottes könne letztlich keine Rede sein, *aber annehmen müsse man sie doch*. Denn die Rede von Gott wäre so natürlich wie die vom Sonnenauf- und Sonnenuntergang.

Doch diesen Status hat die Subjektivität der Rede über das Göttliche nicht erlangt. Wer sie in Anspruch nimmt, hat in der Regel das genaue Gegenteil im Blick: Er möchte den Einzelnen davon befreien, überhaupt von seinem Glauben zu sprechen. Da es keine Verbindlichkeit gibt, mit der jemand in seiner religiösen Überzeugung erreichbar ist, kommt es schon einer Zumutung gleich, ihn überhaupt auf seinen Glauben anzusprechen. Im „Missions*befehl*“ liegt eine Verkennung des Glaubens, und dem „Missionsgebot“ kann bestenfalls in der Form einer Werbung entsprochen werden, die nicht in den Verdacht gerät, bloße Reklame oder gar Manipulation zu sein.

Wie man diesem Dilemma entkommen kann, möchte ich nunmehr in einer systematisch auf die Öffentlichkeit des Glaubens führenden Überlegung zeigen.

7 Keine Gegeninstanz zum Wissen

Nichts verkennt den Glauben mehr als die verbreitete Neigung, ihn auf die *Gegenseite des Wissens* zu stellen. Natürlich ist es richtig, dass der Glauben dort benötigt wird, wo das Wissen an ein Ende kommt. Wo wir über kein sicheres Wissen mehr verfügen, da haben wir, wenn es denn nötig ist, auf den Glauben zu setzen. Gleichwohl darf er nicht als Gegeninstanz zum Wissen begriffen werden!

Im Gegenteil: *Der Glauben ist ein tragendes Moment im Funktionskreis des Wissens.* Nur weil er dem Wissen so nahesteht, kann er dort ansetzen, wo das Wissen an Grenzen stößt. Wo immer eine solche Grenze nicht nur das Verlangen, *mehr zu wissen*, freisetzt, sondern mit dem Bewusstsein verknüpft ist, *mehr wissen zu müssen* (um überhaupt handlungs- oder lebensfähig und darin auch für Hoffnung offen zu sein), da setzt der Glauben ein. In ihm sucht der Mensch, sich eine Gewissheit zu verschaffen, die ihm das Wissen nicht gewährt – entweder, weil es dazu (noch) nicht ausreicht, oder weil man (wie etwa in allen die Zukunft oder die Welt als ganze betreffenden Fällen) grundsätzlich kein sicheres Wissen erlangen kann.

Hier tritt der Glauben an die *Stelle des Wissens*, und zwar so, dass er, wann und wo immer dies möglich ist, durch exaktes Wissen ersetzt werden kann. Wo aber nicht, da ist der Glauben das durch nichts anderes zu ersetzende Substitut für das Wissen.

Diese *komplementäre Stellung von Wissen und Glauben* ist nur möglich, wenn beide in ihrer Leistung als enge Verwandte gelten können. Und dort, wo das Wissen prinzipiell begrenzt ist, obgleich wir nach einer Gewissheit (oder wenigstens nach einer Aussicht auf sie) suchen, da kann der Glauben als Statthalter des Wissens an dessen Stelle treten.

Die Verwandtschaft tritt allein darin hervor, dass sich der Glauben durch *dieselbe epistemische Verfassung* auszeichnet wie das Wissen. Er hat, so kann man auch sagen, die *gleiche propositionale Struktur* wie das Wissen. Im Wissen *weiß* ich, *dass etwas der Fall ist*, und im Glauben *glaube* ich, *dass es so ist.* Stets geht es um einen Sachverhalt, von dessen Vorkommen, Beschaffenheit oder Eigenart man entweder *weiß* oder die man für derart unverzichtbar, angemessen und möglich hält, dass man sie *glaubt.*

Wie nahe die Gegen- und die Zustände des Wissens und des Glaubens beieinander liegen, führt uns unsere Sprache vor, wenn sie uns zu sagen erlaubt, dass wir etwas *zu wissen glauben.* So glaube ich jetzt (ohne auf die Uhr zu schauen) zu wissen, dass ich mit meinem Vortrag, selbst wenn das Wichtigste noch gar nicht gesagt ist, in der vorgegebenen Zeit zum Ende komme. Diese Parataxe von Glauben und Wissen wäre nicht möglich, wenn ihre propositionale Struktur nicht dieselbe wäre.

Im alltäglichen Sprechen tritt die Korrespondenz von Glauben und Wissen auf Schritt und Tritt hervor. Im Deutschen ist das besonders auffällig, weil wir nicht zwingend zwischen „glauben“, „überzeugen“ und „für wahr halten“ unterscheiden. Zwar könnte man auch in unserer Sprache zwischen den Gegenständen des *Glaubens*, der *Überzeugung*, des *Zutrauens* und des *Vertrauens* auf der einen und denen des *Wissens* auf der anderen Seite eine Grenzlinie ziehen, die mit der zwischen Transzendenz und Immanenz zusammenfiele. Dann hätte man jeweils eine Priorität für die Übersetzung von *faith* (oder *trust*) auf der einen und *belief* auf der anderen Seite.[19]

8 Glauben als Einstellung zum Wissen

Wie oft kommt es vor, dass wir etwas zu wissen glauben, aber nicht sicher sind, ob es wirklich so ist oder so sein wird? Die Situationen dürften ziemlich zahlreich sein, so dass wir allen Grund haben, uns in Vorsicht zu üben. Was aber bewirkt die Vorsicht, wenn schon das im alltäglichen Verhalten zum Einsatz kommende *Wissen* von unendlich vielen für wahr gehaltenen *Annahmen* durchsetzt ist? Schon die naheliegende Überzeugung, dass die entlaufene Katze auf einen Baum klettern könnte (und von dort schwer herunter geholt werden kann), ist, wie Donald Davidson sagt, mit einer „Welt“ weiterer Annahmen verbunden: „Not only,“ so Davidson, „does each belief require a world of further beliefs to give it content and identity, but every other propositional attitude depends for its particularity of a similar world of beliefs.“[20]

Und wie, so frage ich, ist es mit dem Wissen selbst? Was bringt uns dazu, nicht nur irgendwelche Überzeugungen zum Verhalten von Katzen und zur Eigenschaft von Eichen zu haben, sondern auch und vor allem davon überzeugt zu sein, dass *Wissen selbst* etwas ist, auf das man sich durchschnitt-

19 Doch *erstens* ist es nicht in jedem Fall klar, was in welchen Bereich gehört (Darwin z. B. ersetzte *trust in God* durch *trust in philanthropy*), vgl. die 1881 noch einmal korrigierte autobiographische Notiz von Charles Darwin, Religious Belief, in: Autobiographies, Michael Neve/Sharon Messenger (Ed.), London/New York 2002, 49–55) und *zweitens* bleibt die epistemische Grundstruktur immer dieselbe – ganz gleich, ob es sich um faith, trust oder belief, *Glauben, Vertrauen* oder *Überzeugtsein* handelt. Das gilt übrigens auch für das sowohl emotional wie personal stärker akzentuierte *Vertrauen* oder *Zutrauen* wie auch für das auf die in ihrer Geltung deutlich auf einen begrenzten Sachverhalt zurückgenommene *Annahme.* Dazu in Kürze des Näheren: Volker Gerhardt, Der Sinn des Sinns. Versuch über das Göttliche, München 2014.

20 „Not only does each belief require a world of further beliefs to give it content and identity, but every other propositional attitude depends for its particularity of a similar world of beliefs. In order to belief the cat went up the oak tree I must have many true beliefs about cats and trees, this cat and this tree, the place and appearance of cats and trees, and so on; but the same holds if I wonder whether the cat went up the oak tree, fear that it did, hope that it did, wish that it had, or intend to make it do so.“ (Donald Davidson, Rational animals, in: Dialectica, Vol. 36, 4, 321).

lich verlassen kann? Reicht es aus, nur die Gemengelage aus Wissen und Überzeugungen zu konstatieren? Müssen wir nicht vielmehr auch und vor allem anderen der Tatsache Rechnung tragen, dass es *das Wissen selbst* ist, welches auf Überzeugungen aufruht?

Wir hätten gewiss keine Überzeugungen, wenn es kein Wissen gäbe, aus dessen Stoff die Überzeugungen bestehen. Aber was würde uns das Wissen bedeuten, wenn es nicht die Überzeugung wachsen ließe, dass man sich mit seiner Hilfe *exakt* verständigen und genau das tun kann, was zuvor beratschlagt und gemeinsam beschlossen worden ist?

Das Wissen, das sich in der sachhaltigen Verständigung mit seinesgleichen (im Grenzfall auch mit sich selbst) als überaus brauchbar erweist, mag, wie die wiederverwendbare und vom Erfinder unabhängig werdende Technik, eine originäre Schöpfung des Menschen sein. Der Gewinn mag sich im Laufe der Jahrtausende als so vielfältig, so vielversprechend, alle Grenzen sprengend, damit auch als nicht zu steuern und keineswegs erst seit Kurzem derart unbeherrschbar erwiesen haben, dass er uns längst als bedrohlich erscheint: Das Wissen genießt dennoch ein Vertrauen, das, wie sich spätestens bei seinen Kritikern zeigt, unerschütterlich ist.

Dieses Vertrauen ist die vorherrschende und allemal unverzichtbare *Einstellung zum Wissen.* Es mit dem Begriff der Überzeugung zu belegen, ist nur möglich, wenn wir von einem *tiefsitzenden, unerschütterlichen Urvertrauen* sprechen. Wollen wir es mit einem Wort bezeichnen, das der Reichweite und der Lebensbedeutsamkeit des *Wissens* entspricht, dann aber bleibt nur der Glaube übrig. *Denn wir können gar nicht anders als an das Wissen zu glauben.*

Setzen wir die schon vorher formulierte Einsicht hinzu, dass keinem Glauben je gegenwärtig sein könnte, worauf er sich zu richten hat, wenn es das Wissen nicht gäbe, welches ihm seinen Gegenstand vorgibt, haben wir von einer *zwingenden sachlichen Verschränkung* zwischen beiden auszugehen. *Man tut nicht nur dem Glauben, sondern auch dem Wissen unrecht, wenn man diese beiden grundlegenden Leistungen des Menschen gegeneinanderstellt.*

Gesetzt, die Einsicht lässt sich versichern, braucht der Rest meines Vortrags nur aus zwei auf der Hand liegenden Schlussfolgerungen zu bestehen, auf die ich mich mit Blick auf das Thema der Öffentlichkeit für heute beschränken kann.

9 Nur wo Wissen ist, kann Glauben sein

Eine gleichermaßen epistemologisch wie auch geschichtsphilosophisch bedeutsame Konsequenz aus der notwendigen Verschränkung von Wissen und Glauben besteht in der Einsicht, dass beide auch historisch zusammengehören. Die einst so beliebten Epochenschemata, wonach auf das Zeitalter des religiösen Glaubens das des wissenschaftlichen Wissens folgt,[21] verkennen, dass Glauben und Wissen sich wechselseitig fordern. Sie können nur gemeinsam und in gegenseitiger Verweisung aufgetreten sein. Nur wo Wissen ist, kann Glauben sein – und umgekehrt. Wo aber das eine nicht ist, hat das andere keinen Sinn.

Es ist nicht zu sehen, wie es gewesen sein könnte, dass dem Zeitalter des Wissens eine Epoche bloßen Glaubens vorausgelegen haben soll. Wenn es hier überhaupt eine nachträglich feststellbare Reihenfolge gegeben haben sollte, dann müsste es zunächst eine Vorstellung vom Wissen und seiner Wirksamkeit gegeben haben, ehe die damit verbundene erwartungsvolle Stimmung sich in der Form eines Glaubens kondensieren konnte. Wahrscheinlicher ist, dass die soziotechnische Selbsterziehung der Menschheit von Anfang an in einem Zusammenspiel von Wissen und Glauben erfolgte.

Da sich dies im Zeichen wachsender technischer Verfügung über die Natur – zu der die zivilisatorische Selbstverfügung des Menschen durch (immer auch) technisch organisierte Institutionen gehört haben dürfte – vollzieht, wird man dies als einen unter den Konditionen von Öffentlichkeit stattfindenden Prozess ansehen müssen. Diese Öffentlichkeit hat zunächst vermutlich nur die kleinen Gruppen der jeweils enger zusammenlebenden Menschen umfasst. Aber es ist nachweisbar, dass diese Gruppen aus ökonomischen und technischen Gründen zahlreiche Kontakte untereinander pflegten, über die auch das Wissen über Kenntnisse und Fertigkeiten ausgetauscht wurde.[22]

Wissen ist, wie wir vorerst nur recht notdürftig konstatieren können, mit der Ausbildung von intersubjektiven und intergenerativen Lernprozessen verbunden. Es hat sich – wie auch die technische Ausgestaltung von Institutionen zeigt – *öffentlich* gebildet. Die Etablierung von Religionen erfolgt unter ebendiesen Bedingungen. Deshalb nimmt man den Mund gewiss nicht zu voll, wenn man behauptet, dass sich Religionen im *öffentlichen Raum* gebildet haben. Nur die vorgegebene Öffentlichkeit macht verständlich, dass sich in der bemühten Auszeichnung des Verkehrs mit dem Göttlichen Mysterienkulte, Geheimlehren, Klöster und asketische Eremitagen gebildet haben.

---

21 Sie wurden von Thomas Paine und Auguste Comte populär gemacht und spielen im Hintergrund von Nietzsches Moral- und Theologiekritik eine noch nicht ausreichend gewürdigte Rolle.

22 Marlize Lombard und Miriam Haidle haben das erst kürzlich für die Produktion von Pfeil und Bogen schon vor etwa 65.000 Jahren im südlichen Afrika nachweisen können. Hier haben die kleinen Gruppen, die in der Regel wohl nicht mehr als 50 Menschen umfassten, hochspezialisiert Kontakte zur Lieferung von Materialien zur Produktion von Waffen unterhalten. Siehe: Marlize Lombart/Miriam Noel Haidle, Thinking a bow-and-arrow: cognitive implications of Middel Stone Age bow and stone-tipped arrow technology, in: Cambridge Archaeological Journal 22/2; 237–264. Dazu:

In allen diesen Fällen wurde *öffentlich* dargetan, dass der Verkehr mit den himmlischen und den unterweltlichen Mächten unter besonderen Voraussetzungen steht. Die geglaubten Götter konnten wohl von Anfang damit rechnen, dass von ihnen gesprochen wird, und sie verlangten, dass man ihnen kollektive Beachtung schenkt. Insofern drückt der „Missionsbefehl" eine alte religiöse Praxis aus, deren Bedeutung durch die *individuelle* Ansprache der Jünger und mit der weitergeführten individuellen Aneignung durch die Verbreitung der Schrift auf eine neue Stufe des öffentlichen Bewusstseins gehoben wird.

10 Die Öffentlichkeit von Wissen und Glauben

Das alles, so glaube ich, lässt sich historisch rekonstruieren. Was ich selbst aber als die noch ausstehende Pointe meiner Überlegungen angekündigt habe, liegt darin, dass aus der hier nur angedeuteten engen genetischen, epistemischen und kulturellen Verbindung von Wissen und Glauben eine Schlussfolgerung gezogen werden kann, die nicht nur die Öffentlichkeit der Religionsausübung, die von Wolfgang Huber so eindrucksvoll herausgearbeitete Beziehung von Kirche und Öffentlichkeit, betrifft, sondern (so unwahrscheinlich, ja abwegig dies auch erscheinen mag) die *Öffentlichkeit des Glaubens.*

Diese ergibt sich daraus, dass nicht nur alles politische Handeln auf Öffentlichkeit angelegt ist, auch nicht nur jede auf ihre Wirksamkeit bedachte ästhetische Produktion, sondern bereits das *Wissen* selbst! Sowenig es eine „Privatsprache" im strengen Sinne gibt, sowenig gibt es ein Privatbewusstsein, wann immer es sich den Bezug auf Sachverhalte zugutehält. *Wissen ist der im Modus der Mitteilung stehende begriffliche Bezug auf etwas, das als dieses Etwas wahrgenommen, erfasst und – zumindest in der Einstellung des Menschen – behandelt werden kann.* Einen Gegenstand als Gegenstand zu erfahren, heißt, um mich einer Formel des späten Kant zu bedienen, ihn „communicabel" zu machen. Das „Machen" der Erfahrungsgegenstände im transzendentalen Akt muss als ein „Mitteilbarmachen" begriffen werden.[23]

So gesehen ist alles Wissen nicht nur auf die Welt als dem Insgesamt von Gegenständen und Ereignissen bezogen. Sie ist in diesem Bezug primär an diejenigen gerichtet, die mit dem Wissen als mögliche Träger des Wissens angesprochen sind. Darin liegt, um mich ein letztes Mal einer For-

---

Volker Gerhardt, Kultur als Form der Natur, in: Mitteilungen der Gesellschaft für Urgeschichte, Jg. 21, Heft 12, 9–104.

23 Brief an Jacob Sigismund Beck vom 1. Juli 1794; AA 13, 514–516. – Die „Mittheilbarkeit" spielt im Abschnitt über Wissen, Meinen und Glauben in der Kritik der reinen Vernunft eine bemerkenswerte Rolle (KrV B 849; AA 3, 532).

mulierung Kants zu bedienen, nicht nur die *Freiheit* des auf Weltkenntnis setzenden Urteils, sondern auch dessen *Öffentlichkeit*. Folglich kann von der Wissenschaft nur gesprochen werden, wo sie „frei und öffentlich" verfährt.[24]

Gesetzt, Wissen und Glauben fügen sich so ineinander, dass man den Glauben als die unter allen Bedingungen benötigte Einstellung zum Wissen ansehen kann, gesetzt, der Glauben ist nicht nur das, was gegeben sein muss, damit wir dem Wissen Vertrauen entgegenbringen, sondern auch das, was aus der Sicht des unter Handlungs- und Erwartungsdruck stehenden Menschen notwendig folgen muss, wenn das Wissen an seine Grenzen stößt, dann muss auch für den Glauben gelten, was für das Wissen unabdingbar ist: Auch er ist nur in der Öffentlichkeit in seinem Element.

Überflüssig zu sagen, dass sich die dem Wissen durch die Ausrichtung auf die Mitteilung von Sachverhalten gleichsam logisch zugehörende öffentliche Geltung dort als fragwürdig erweisen kann, wo die Sachverhalte nicht mehr eindeutig bestimmbar sind. Das sind ja die Bedingungen, unter denen unser Wissen an Grenzen stößt. Hier fehlt die Selbstverständlichkeit des Bezugs auf die Sachverhalte der gemeinsamen Welt; hier ist das Defizit, das durch den Glauben kompensiert werden muss.

Also bewegt sich der Glauben nicht mit der gleichen Selbstverständlichkeit im öffentlichen Raum, der sich uns durch das Wissen eröffnet. Dennoch bleibt der Glauben allein dadurch, dass er auf Wissen zielt – und sei es eines, das wir erst unter anderen Bedingungen erlangen können –, auf den Raum gemeinsamer Verständigung angewiesen. In ihm soll etwas für alle als bedeutsam kenntlich werden, das durch bloßes Wissen nicht versichert werden kann.

Was also dem Glauben, der in seiner durch den impliziten Bezug auf das Wissen allemal auf Öffentlichkeit angelegt ist, an Sicherheit im Verweis auf gemeinsame Sachverhalte fehlt, das ist durch ein *existentielles Moment* zu ersetzen. Hier hat jeder durch sein Bespiel zu garantieren, was dem Wissen durch seinen Bezug auf die allen ohnehin gegenwärtige Welt abgenommen ist: nämlich dass hier etwas ist, dass *alle* angeht. Davon Zeugnis zu geben, ist der Glauben. Und darin ist er ursprünglich öffentlich.

In dieser Öffentlichkeit des Glaubens habe ich mich als *Individuum* zu präsentieren und – nötigenfalls – auch zu exponieren. Deshalb empfehle ich, die Rede von der *Subjektivität* durch die von der *Individualität* des Glaubens zu ersetzen. Da sich die *Individualität* nur unter den Konditionen der *Universalität* erfahren und erkennen kann, steht sie bereits begrifflich unter Bedingungen, die nur durch tätiges und Beispiel gebendes Handeln herzustellen sind. Also hat sich das Individuum im Interesse seiner eigenen Wirksamkeit um Öffentlichkeit zu bemühen.

---

24 Kant, Einleitung zur ersten Auflage der Kritik der reinen Vernunft, AA 4, 9.

Die Religion eröffnet dazu den denkbar größten Raum. Gott, dem man sich vertrauensvoll gleichsam von innen her zuwenden kann, ist die auch unter den ärgsten politischen Bedingungen wirkende Garantiemacht des Individuellen, und dies allein deshalb, weil er in seiner Universalität unüberbietbar ist. Das wird insbesondere unter dem Druck religiöser Verfolgung erfahren; das 20. Jahrhundert hat uns bewegende Zeugnisse dieser Ausweitung unter den Bedingungen größter Bedrängnis hinterlassen.[25]

Die Rede von der „Öffentlichkeit des Glaubens" ist also nicht auf eine bestimmte Form ausdrücklich gesellschaftlicher Leistungen beschränkt, sondern sie erhellt den personalen Akt der allein auf mich gegründeten und dennoch *alle* und *alles* betreffenden Öffnung für das Ganze.

25 Mit Blick auf eine wesentliche wissenschaftliche Lebensleistung Wolfgang Hubers sei hier nur der Name Dietrich Bonhoeffers genannt.

Die Öffentlichkeit des Glaubens

Ein kritischer Kommentar zu Volker Gerhardt

von Klaus von Stosch

Die Hauptthese des hochinteressanten und inspirierenden Beitrags von Volker Gerhardt besteht in der an Wolfgang Huber anschließenden These, dass religiöser Glaube öffentlich ist. Nimmt man die von Gerhardt und schon von Huber selbst gegebene Definition von Öffentlichkeit hinzu, bedeutet das, dass Glaube an den Bedürfnissen aller orientiert sein muss, nicht nur an den Bedürfnissen einer Gruppe und also auch nicht nur an den Bedürfnissen der Glaubenden. Glaube wäre dann eben nicht nur eine subjektive Bedürfnisbefriedigung, in der man einfach glaubt, was einem guttut, sondern Glaube hat sich als öffentliche Handlung an dem zu orientieren, „was alle angeht"[1]. Oder wie Huber das bereits in seiner Habilitation formuliert: „Der Begriff der Öffentlichkeit bezeichnet diejenige Dimension aller gesellschaftlichen Institutionen und Lebensvollzüge, in der die gemeinsamen Interessen und Bedürfnisse, Rechte und Pflichten der Glieder einer Gesellschaft betroffen sind."[2] Eben in dieser Dimension der gemeinsamen Interessen und Bedürfnisse aller hat auch der Glaube entscheidende Impulse zu geben, wie gerade das Lebenswerk von Wolfgang Huber zu zeigen vermag. Bereits in seiner Habilitation weist Huber geradezu prophetisch darauf hin, dass die „ökumenische Christenheit [...] zu den wenigen nicht-gouvernementalen transnationalen Organisationen [gehört], die an einer Bewusstseinsveränderung in der Weltöffentlichkeit mitwirken und in einzelnen Konfliktsituationen zu produktiven Lösungen beitragen können. Sie hat an den großen Konflikten der gegenwärtigen Welt teil und muss ihren Auftrag zum Dienst der Versöhnung in diesen Konflikten verwirklichen".[3] Eben dieser Dienst der Versöhnung aus dem Geist des Evangeliums heraus wäre es dann, der den öffentlichen Charakter des Glaubens erfahrbar werden lässt. Der öffentliche Charakter des Glaubens wird dann also da deutlich, wo Glaube diese Welt humanisiert und ihr Bedeutsames zu geben vermag.

In gewisser Weise nimmt Huber mit seinem Konzept einer öffentlichen Theologie damit vorweg, was Jürgen Habermas in seiner viel beachteten

---

1 Wolfgang Huber, Von der Freiheit. Perspektiven für eine solidarische Welt. Hrsg. von Helga Kuhlmann und Tobias Reitmeier, München 2012, 172; vgl. ebd., 166, wo Huber von dem konstitutiven Bezug des Öffentlichen auf das allen Gemeinsame spricht.

2 Wolfgang Huber, Kirche und Öffentlichkeit, Stuttgart 1973, 45.

3 Ebd., 616.

Verhältnisbestimmung von Glaube und Wissen eingefordert hat, wenn er eine rettende Übersetzung religiöser Gehalte fordert.[4] Dabei wird versucht – wie Christiane Tietz die dadurch entstehende Herausforderung umschreibt – „die Angemessenheit der ethischen und politischen Konsequenzen aus dem Weltbild (des Glaubens; Vf.) auch für andere transparent zu machen".[5] Es soll also verständlich für alle werden, dass der Glaube Impulse bietet, die im Interesse aller liegen. Zugleich hält Habermas allerdings auch fest, „dass es auch Elemente von Religion gibt, die nicht übersetzbar sind".[6] Nicht alles am Glauben wäre dieser Einschätzung nach öffentlich. Aber in seinem Kern enthält er etwas, das alle angeht und allen etwas zu sagen hat, und das auch in allgemein verständlicher Sprache sagbar ist. Und deswegen ist Glaube tatsächlich, wie auch Volker Gerhardt ausführlich herausgearbeitet hat, öffentlich, und auch Theologie hat immer auch öffentliche Theologie zu sein.[7]

Dieser Grundthese kann ich nur vorbehaltlos zustimmen, auch wenn sie an meiner Art ihrer Begründung vielleicht schon gemerkt haben, dass ich mir nicht ganz sicher bin, ob ich die Begründungsgestalt und die dadurch entstehenden Implikationen, die mir Volker Gerhardt anzuzielen scheint, teilen kann. Ich will in meinem kritischen Kommentar also nicht seine These hinterfragen, sondern seine Begründungsstruktur einer genaueren Untersuchung unterziehen.

Wenn ich Gerhardt richtig verstehe, bietet er zwei Argumentationsketten für seine These. Die erste nur kurz skizzierte Argumentationskette beruft sich einfach auf den Selbstanspruch des (christlichen) Glaubens vom Missionsauftrag her, der verdeutlicht, dass Kirche „eine eminent öffentliche Aufgabe" (68)[8] hat. Schon der Missionsbefehl – oder wie Gerhardt lieber sagt das Missionsgebot – bringt „den öffentlichen Charakter kirchlichen Handelns zum Ausdruck" (70) und bedeutet „eine unabweisbare Verpflichtungskraft für jeden Einzelnen" (71, im Original kursiv). Schon Wolfgang Huber hatte in diesem Sinne völlig zu Recht festgehalten: „In eindrucksvoller Bündelung bringt der neutestamentliche Missionsbefehl den öffentlichen Charakter kirchlichen Handelns zum Ausdruck."[9] Der Glaube – zumindest der christliche Glaube – geht also mit dem Anspruch einher, „dass

4 Vgl. Jürgen Habermas, Glaube und Wissen, Frankfurt a. M. 2001.

5 Christiane Tietz, … mit anderen Worten … Zur Übersetzbarkeit religiöser Überzeugungen in politischen Diskursen. In: EvTh 72 (2012) 86–100, hier 96.

6 Ebd., 96.

7 Anders als Robert C. Neville bin ich nicht der Meinung, dass diese Verpflichtung auf öffentliche Theologie die Preisgabe konfessioneller Theologie erfordert (gegen Robert C. Neville, The Tao and the Daimon. Segments of a religious inquiry, Albany, N.Y. 1982, 12).

8 Zitate aus dem Manuskript von Volker Gerhardt kennzeichne ich mit in Klammern gesetzten Seitenangaben im Fließtext.

9 Huber, Von der Freiheit, 160.

hier etwas ist, das *alle* angeht. Davon Zeugnis zu geben, ist der Glaube. Und darin ist er ursprünglich öffentlich" (80). Auch diese Argumentationskette ist zweifellos schlüssig, zugleich aber in der Moderne radikal fraglich geworden. Denn gerade der Missionsauftrag ist ja – wie Gerhardt zu Recht andeutet – eine der umstrittensten Gestalten christlichen Glaubens in der Gegenwart.[10] Von daher ist es gut nachvollziehbar, dass Gerhardt nach einem anderen Begründungsweg sucht.

Diesen meint er nun in der unauflöslichen Verschränkung von Wissen und Glaube zu finden. An dieser Stelle wird es nun hochspannend, aber auch fragwürdig und jedenfalls diskussionswürdig, so dass ich diesen Punkt in meiner Antwort auf Gerhardt in den Vordergrund stellen möchte.

Das Argument Gerhardts scheint mir folgende Struktur zu haben:

(1) Wissen ist öffentlich. Das Öffentlichsein gehört zur epistemischen Verfassung des Wissens.

(2) Wissen und Glaube haben dieselbe epistemische Verfassung bzw. propositionale Struktur.

Conclusio: Glaube ist öffentlich

Weder in der Conclusio noch in der ersten Prämisse sehe ich Probleme, so dass ich mich gleich auf Prämisse 2 konzentriere. Wie begründet Gerhardt seine Ansicht, dass Wissen und Glaube dieselbe epistemische Verfassung haben? Ich sehe in seinem Beitrag vier Punkte, die man hier als Argumente zur Stützung von Prämisse 2 verstehen könnte.

1. Das erste Argument könnte man vielleicht so formulieren: Glaube ist ein funktionales Äquivalent des Wissens an den Grenzen des Wissens; er tritt da für das Wissen ein, wo es an Grenzen stößt und gewährt da Gewissheit, wo das Wissen noch nicht hinreicht (75). Dieses Argument macht zwar zu Recht auf die Verwobenheit von Glaube und Wissen aufmerksam und damit auf eine weitere These, die Gerhardt wichtig ist. Es kann aber nicht die gemeinsame epistemische Verfassung begründen. Denn funktionale Äquivalenz zeigt keine Gemeinsamkeit in der epistemischen Verfassung an. So ist beispielsweise für Fans des 1. FC Köln das Maskottchen Hennes funktional äquivalent mit einem Fürbittgebet bei der Jungfrau Maria, ohne dass der Geißbock deshalb die propositionale Struktur eines Fürbittgebets hätte. Oder allgemeiner gesagt: Für alle Formen des Aberglaubens gilt auch, dass er an den Grenzen des Wissens ein funktionales Äquivalent des Wissens-

10 So kann man etwa fragen: „Liegt nicht schon im Gebot, einem anderen Menschen den eigenen Glauben nahezubringen, eine epistemische Verletzung der Subjektivität des Glaubens?" (72).

anbietet, ohne dass er in epistemischer Hinsicht auch nur mit dem Glauben – geschweige denn mit dem Wissen – verwandt wäre.

2. Das zweite Argument scheint mir darauf zu beruhen, dass Glaube als Voraussetzung und Grundlage allen Wissens behauptet wird (77 f.), oder noch pointierter ausgedrückt: Ohne Glaube kann es kein Wissen geben. Damit sagt Gerhardt zwar etwas, das zunächst einmal überraschend klingt, das aber bei näherer Betrachtung durchaus zustimmungswürdig ist. Denn Wissen kann in der Tat nur erreicht werden, wenn man bestimmte Voraussetzungen akzeptiert. So führt beispielsweise schon Ludwig Wittgenstein aus: „Man kann nicht experimentieren, wenn man nicht manches nicht bezweifelt. [...] Wenn ich experimentiere, so zweifle ich nicht an der Existenz des Apparates, den ich vor Augen habe."[11] Mein Zweifeln ist also immer nur *innerhalb* von Sprachspielen sinnvoll. Denn sinnvoller Zweifel ist ebenso wie Wissen immer nur auf der Grundlage von Gründen möglich. Und Gründe gibt es nur innerhalb eines Bezugssystems. Zweifel kann sich nicht universal auf meinen ganzen Bezugsrahmen beziehen. „Wer an allem zweifeln wollte, der würde auch nicht bis zum Zweifel kommen. Das Spiel des Zweifelns selbst setzt schon die Gewissheit voraus."[12] Ohne feststehendes Bezugssystem hätte der Zweifel gar keinen Angriffspunkt[13], d. h. ich muss irgendwo „anfangen zu trauen [...] (und; Vf.) mit dem Nichtzweifeln anfangen", weil sonst das Urteilen unmöglich wird.[14]

Mit diesen Überlegungen wendet sich Wittgenstein bewusst gegen das weitverbreitete cartesianische Vorurteil, dass der Zweifel der Gewissheit vorausgeht.[15] Und in der Tat kann man aus derartigen Gedankengängen ableiten, dass Wissen ohne Glaube unmöglich ist. Allerdings hat die hier von Wittgenstein angezielte Form von Gewissheit eine völlig andere epistemische Struktur als das Wissen. Denn sie gründet und zeigt sich in eingefleischten Handlungsweisen und ist auch nur schwer mit religiösem Glauben zu verbinden – zumindest nicht mit den propositionalen Gehalten des Glaubens, die Gerhardt ins Feld führt, um die epistemische Gemeinsamkeit von Glaube und Wissen sicherzustellen.[16]

---

11 LUDWIG WITTGENSTEIN, Über Gewißheit. Hrsg. v. GERTRUDE ELIZABETH MARGARET ANSCOMBE u. GEORG HENRIK V. WRIGHT. In: DERS., Werkausgabe Bd. 8. Neu durchges. v. J. Schulte, Frankfurt a. M. [5]1992, 113–257 (zitiert wird die jeweilige Nummer), 337; vgl. ebd., 88.

12 Ebd., 115. „D. h. die *Fragen*, die wir stellen, und unsre *Zweifel* beruhen darauf, daß gewisse Sätze vom Zweifel ausgenommen sind, gleichsam die Angeln, in welchen jene sich bewegen" (ebd., 341; vgl. ebd., 392, 450, 625 sowie ebd. 232).

13 Vgl. ebd., 356.

14 Ebd., 150.

15 Vgl. GEORGE A. LINDBECK, Christliche Lehre als Grammatik des Glaubens. Religion und Theologie im postliberalen Zeitalter, Gütersloh 1994 (Theologische Bücherei; 90: Systematische Theologie), 151 f.

16 Um an dieser Stelle besser verstehen zu können, worauf Gerhardt mit dieser Beobachtung

3. Ein weiteres Argument Gerhardts will ich nur ganz kurz nennen: Wie das Wissen habe sich auch der Glaube in öffentlichen Prozessen gebildet (78). Die Möglichkeit einer solchen genetischen Verbindung von Wissen und Glaube will ich gar nicht bestreiten. Allerdings kann man aus einer gemeinsamen Genese nicht auf eine gemeinsame Struktur schließen, so dass dieses Argument nicht überzeugend für die gemeinsame epistemische und propositionale Struktur ins Feld geführt werden kann.

4. Das vielleicht stärkste Argument Gerhardts besteht in seinem Hinweis, dass sowohl der Glaube als auch das Wissen auf Wahrheit abzielen. In seinem Beitrag in diesem Band drückt Gerhardt das etwas missverständlich so aus, dass Glaube immer auf Wissen abzielt – und sei es erst im Jenseits (80). In einem anderen Text wendet Gerhardt das Argument folgendermaßen: „Wissen und Glaube [sind] spezifische Leistungen des menschlichen Bewusstseins […], die beide – wenn auch jeweils auf ihre Weise – von der Erwartung getragen sind, dass sie sich auf eine *Wahrheit* beziehen."[17] Damit nennt Gerhardt in der Tat einen wichtigen Punkt. Glaube zielt wie das Wissen auf Wahrheit ab. Allerdings tut er das – wie Gerhardt ja selber zugibt – in

hinauswill, ziehe ich noch einen anderen seiner Vorträge heran, wo er diesen Punkt noch ausführlicher begründet: VOLKER GERHARDT, Das Wissen braucht den Glauben. Über die Stellung des Glaubens in der modernen Gesellschaft. Textvorlage für den Vortrag in der Katholischen Akademie Bayerns in München 13. Oktober 2011, auszugsweise veröffentlicht in: Zur Debatte. Themen der Katholischen Akademie in Bayern, 4/12, Juli 2012, 18–20. Vgl. ausführlich hierzu VOLKER GERHARDT, Der Sinn des Sinns. Versuch über das Göttliche, München 2014, Kap.4. Zu Recht macht er in diesem Text darauf aufmerksam, dass alle Formen alltäglichen Wissens auf einem grundlegenden Selbst- und Weltvertrauen basieren (9 Seitenzahlen zitiert nach dem unveröffentlichten Manuskript). Auch der Kritiker des Glaubens hat den Glauben an das Wissen nötig (12). Gerhardt wörtlich: „Die basalen Elemente eines jeden Wissens aber: das *Vertrauen* in die zum Gegenstand gemachte *Welt*, in die *Verständlichkeit* innerhalb der menschlichen *Gemeinschaft* sowie in den Wissenden *selbst*, sind in allen Fällen gegeben" (13). Natürlich weiß auch Gerhardt selbst, dass dieses grundlegende Vertrauen in die Welt und die menschliche Fähigkeit, sich zu verstehen und zu Erkenntnissen zu kommen, noch kein spezifisch religiöser Glaube ist. Diesen sieht auch er erst in der Entscheidung erreicht, „das Ganze, dem man im Wissen ohnehin verbunden und verpflichtet ist, als das persönlich gesuchte Gegenüber anzusehen" (15). Und er fügt hinzu: „Wir müssten unser emotionales Selbst- und Weltverhältnis als voluntaristische Willkür empfinden, wenn es auf nichts anderes als auf den Zufall gegründet wäre" (20). Hier erreichen seine Überlegungen tatsächlich eine theologisch interessante Fragestellung, die etwas damit zu tun hat, wie weit man dem Satz vom zureichenden Grund traut. Hier scheint Gerhardt stärkere Begründungsansprüche zu vertreten als mir in meiner eigenen von Wittgenstein geprägten Herangehensweise möglich zu sein scheinen. Vgl. zur Rechtfertigung dieser Zurückhaltung KLAUS VON STOSCH, Glaubensverantwortung in doppelter Kontingenz. Untersuchungen zur Verortung fundamentaler Theologie nach Wittgenstein, Regensburg 2001 (ratio fidei; 7), 299–320.

17 Vgl. VOLKER GERHARDT, Das Wissen braucht den Glauben, 5.

anderer Weise als das Wissen. Das Vertrauen, in die liebende Gemeinschaft Gottes hineinzusterben beispielsweise, bezieht sich zwar auf eine externe, den Menschen tragende Realität und erhebt insofern einen Wahrheitsanspruch. Aber die hier angezielte Realität ist nur analog[18] aussagbar und das hier zur Sprache kommende Vertrauen hat mehr mit einer Haltung zu tun als mit einem propositional strukturierten Überzeugtsein. Ich spreche in solchen Zusammenhängen gerne davon, dass religiöse Überzeugungen eben nicht auf ihre kognitiv-propositionale Rolle reduziert werden dürfen, sondern auch in ihren regulativ-expressiven Gehalten zu würdigen sind.[19] Nimmt man das ernst, wird die Brücke zwischen Wissen und Glauben brüchig.

Insgesamt bin ich also etwas skeptisch, ob man wirklich von einer gemeinsamen epistemischen Verfassung von Glaube und Wissen sprechen sollte – auch weil mir so die Mannigfaltigkeit der Gestalten des Glaubens aus dem Blick zu geraten droht. Vielleicht lassen sich meine Bedenken aber auch klären, wenn ich besser verstehe, was genau mit der Behauptung dieser Gemeinsamkeit gemeint ist und wie Gerhardt das Verhältnis zwischen seinem grundlegenden Vertrauen ins Wissen und dem religiösen Glauben genauer fassen will. Dazu müsste er seine Gedanken aber noch einmal in einer ausführlicheren Fassung entwickeln.

---

18 Zur Erläuterung des hier verwendeten Analogiebegriffs vgl. Klaus von Stosch, Gott – Macht – Geschichte. Versuch einer theodizeesensiblen Rede von Gottes Handeln in der Welt, Freiburg i. Br./Basel/Wien 2006, 39 f.

19 Vgl. zuletzt Klaus von Stosch, Komparative Theologie als Wegweiser in der Welt der Religionen, Paderborn u. a. 2012 (Beiträge zur Komparativen Theologie; 6), 171–175.

Eine Theologie der Befreiung?

Wolfgang Hubers „kommunikative Freiheit" und die Freiheitskonzeptionen der Sozialtheorie

von Hans Joas

Wolfgang Huber ist ohne Zweifel der profilierteste öffentliche Intellektuelle des deutschen Protestantismus in unserer Zeit. Er hat diese einflussreiche Stellung mit ihren vielfältigen Anforderungen nicht – wie andere es versuchen – durch demonstrative Distanz zur Institution Kirche errungen, sondern in bewundernswerter Weise über viele Jahre die Wahrnehmung kirchlicher Ämter bis hin zu dem des Bischofs und des Ratsvorsitzenden der EKD mit scharfsinnigen Einlassungen zu vielfältigen Themen der öffentlichen politischen und moralischen Debatten verknüpft. Darüber hinaus ist es ihm gelungen, in den Jahrzehnten seines akademischen Wirkens insbesondere auf dem Gebiet der Ethik einen eigenen theologischen Denkansatz zu entwickeln, der seine öffentlichen Interventionen fundiert und seinem kirchenpolitischen Handeln einen über das bloß Pragmatische hinausreichenden Anspruch verleiht. Wenn die evangelische Kirche in Deutschland sich heute als „Kirche der Freiheit" darstellt, ist Wolfgang Hubers in zahlreichen Veröffentlichungen entfaltetes Verständnis der Kirche als „Raum und Anwalt der Freiheit" daran gewiss nicht unbeteiligt. „Freiheit" ist nämlich der zentrale Begriff seiner Theologie und auch der Titelbegriff eines Buches, das Aufsätze und Reden aus mehr als drei Jahrzehnten zu einem Ganzen komponiert.

„Freiheit" kann natürlich auch eine Leerformel sein, gut klingend und leichten Beifall auf sich ziehend, aber zu nichts Bestimmtem verpflichtend. Zu prüfen ist deshalb, wie Huber seinem Zentralbegriff genauere Konturen gibt, wie sich seine Bestimmungen zu konkurrierenden verhalten und ob der Freiheitsbegriff die Last wirklich tragen kann, die ihm hier aufgeladen wird. Da ich kein Theologe bin, soll diese Prüfung hier nicht in Hinsicht auf konkurrierende *theologische* Denkansätze vorgenommen werden. Stattdessen soll hier der Bedeutung von Hubers Freiheitsdenken in einem Kontext nachgegangen werden, der ihm auch keineswegs fremd ist, nämlich dem der *sozialphilosophischen* und *sozialwissenschaftlichen* Debatten. Dabei darf aber auch ein Blick geworfen werden auf den Anspruch Wolfgang Hubers, mit seiner Freiheitskonzeption den Kern der christlichen Botschaft und des reformatorischen Glaubens auszudrücken.

Insofern meine Überlegungen auch immer wieder zu freundschaftlichen Fragen und Infragestellungen führen werden, ist es angebracht, ihnen noch eine emphatische Bekundung unserer grundsätzlichen Einigkeit vorauszuschicken. Wolfgang Huber tritt energisch dafür ein, dass der christliche Glaube auch im 21. Jahrhundert eine – wie er schreibt – „plausible Lebensform" (11)[1] darstellt in der „Vielfalt heutiger Optionen". Damit stellt er sich gegen alle die, für die nur die säkulare Option verblieben ist, die deshalb den christlichen Glauben nur als endlich zu überwindendes Relikt vergangener Zeiten betrachten oder vielleicht, etwas wohlwollender, als kulturelle Quelle moderner Errungenschaften, welche sich dennoch von ihrem Ausgangspunkt lösen müssen. Da diese Zukunftsorientierung bei Wolfgang Huber nicht in der einfachen Fortschreibung von Traditionen besteht, sondern jede Zeile seiner Schriften grundiert ist von einem Bewusstsein der schrecklichen Verbrechen gerade in der deutschen Geschichte, an denen auch die Christen nicht unschuldig sind, und von hellster Aufmerksamkeit auf die Gefahren der Gegenwart, stellt er für mich ein Musterbeispiel dessen dar, was ich als „post-totalitäres Christentum" bezeichne. Damit ziele ich auf Christen, die wissen, wie sehr in dieser Geschichte die Überwindung des Christentums zum Modernitätspathos von Totalitarismen gehört hat. Gerade weil das Christentum eine Zukunft hat und Säkularisierungstrends nicht einfach fortgeschrieben werden dürfen, sieht er richtig, ist die Frage des Verhältnisses von Religion und Freiheit eines der Schlüsselthemen unserer Zeit, dann zumindest, wenn die große Bedeutung der Wertes Freiheit in unserer Zeit anerkannt wird und die Fusion des „Freiheitlichen" mit dem Anti-Christlichen, dem „Freidenkerischen", aufgelöst wird. Wie wenige andere hat Wolfgang Huber, exemplarisch in seinem wichtigen Buch „Kirche in der Zeitenwende"[2], einen Beitrag dazu geleistet, dass sich die Kirche(n) nicht nur im „vereinfachenden Dual Kirche/Staat" (161) verorten, sondern als ein – allerdings sehr besonderer – Akteur in der Zivilgesellschaft. Auf all dies gehe ich nicht weiter ein, da es zwischen uns gerade nicht kontrovers ist.

Wolfgang Huber hat den für sein Denken zentralen Begriff der Freiheit seit Ende der 1970er Jahre näher bestimmt als „kommunikative Freiheit". Dabei stützt er sich auf das Denken des Philosophen Michael Theunissen, von dem dieser Begriff im Rahmen seiner Hegel-Interpretation geprägt wurde.[3] Sich auf ihn zu stützen, war eine gute Wahl, und dies mindestens aus drei Gründen. Erstens hat Theunissen in seiner großartigen Berliner Habilitationsschrift von 1964[4], die unter dem Titel „Der Andere" im

---

1 Wolfgang Huber, Von der Freiheit. Perspektiven für eine solidarische Welt, München 2012. (Alle Seitenangaben im Text beziehen sich im Folgenden auf diese Ausgabe.)

2 Wolfgang Huber, Kirche in der Zeitenwende. Gesellschaftlicher Wandel und Erneuerung der Kirche, Gütersloh 1998.

3 Michael Theunissen, Sein und Schein. Die kritische Funktion der Hegelschen Logik, Frankfurt a. M. 1978.

4 Michael Theunissen, Der Andere. Studien zur Sozialontologie der Gegenwart, Berlin ²1981.

Druck erschien, die Grundzüge einer Philosophie der Intersubjektivität entwickelt, deren Schlüsselgedanke es ist, dass wir unser Selbst nur finden und entwickeln können in der Begegnung mit dem Anderen und in der Hingabe an diesen. Dieses Buch nahm Motive vor allem aus der jüdisch inspirierten Dialogik Martin Bubers auf, entwickelte aus dieser aber vor allem eine unerhört scharfsinnige Kritik der Unzulänglichkeiten des Intersubjektivitätsverständnisses von Husserl, Heidegger und Sartre. Bei Theunissen werden die Buberschen Motive zudem weiterentwickelt zu einer christlichen Deutung des „Zwischen" – des Raums, den die Subjekte miteinander teilen, der aber keinem von ihnen wie sein Eigentum zugeschrieben werden kann – als des Reiches Gottes, das mitten unter uns ist. Man kann bei allen wichtigen Denkern der Intersubjektivität in der westlichen Geistesgeschichte, auch bei Ludwig Feuerbach, George Herbert Mead und Jürgen Habermas, ohne Zweifel eine religiöse Inspiration in ihrer Sensibilität für die Strukturen der Intersubjektivität feststellen; ihre Intention zielte jeweils aber gerade auf die Überwindung des Glaubens im Sinne seiner rationalen Beerbung. Anders bei Theunissen, und das ist der zweite Grund für seine Eignung, Hubers Theologie mitzuformen. An Kierkegaard anschließend, denkt Theunissen die Möglichkeit der Selbstwerdung nicht nur in den Strukturen menschlicher Intersubjektivität, sondern viel radikaler als angewiesen auf die Einsicht, dass sich das Selbst als ursprünglich gesetzt von einem ganz Anderen, Gott, erkennt.[5] Der in der menschlichen Kommunikation erlebbaren Freiheit liegt so immer schon eine Befreiung zugrunde, die durch Hingabe ergriffen werden oder durch Trotz ausgeschlagen werden kann. Und drittens bleibt Theunissens Denken nicht auf die Sphäre des Einzelnen und seiner Kommunikation mit den Mitmenschen und Gott beschränkt, sondern stellt sich den Problemen einer Gesellschaftstheorie, indem er sich mit Marx und mit Hegels Institutionentheorie auseinandersetzt.

In allen drei genannten Hinsichten finden sich Spuren oder von vornherein vorhandene Affinitäten in Hubers Theologie. Wenn man berücksichtigt, wie bescheiden Theunissen selbst über seinen Begriff der „kommunikativen Freiheit" spricht, dass nämlich durchaus noch genauer zu klären sei, wie eigentlich Freiheit und Kommunikation sich zueinander verhalten,[6] dann ist es natürlich noch attraktiver, Hubers Theologie als Weiterentwicklung und nicht nur als Anwendung der Philosophie kommunikativer Freiheit zu

---

5 U. a. in MICHAEL THEUNISSEN, Der Begriff Verzweiflung. Korrekturen an Kierkegaard. Frankfurt a. M. 1993.

6 MICHAEL THEUNISSEN, Freiheit und Schuld – Freiheit und Sünde, in: HANS-RICHARD REUTER u. a. (Hg.), Freiheit verantworten. Festschrift für Wolfgang Huber zum 60. Geburtstag, Gütersloh 2002, 343–356, hier 354. Sehr lesenswert ist das Porträt Theunissens bei JÜRGEN HABERMAS, Kommunikative Freiheit und negative Theologie. Fragen an MICHAEL THEUNISSEN, in: DERS., Vom sinnlichen Eindruck zum symbolischen Ausdruck, Frankfurt a. M. 1997, 112–135.

sehen. In der erstgenannten Hinsicht ist ganz deutlich, dass für Wolfgang Huber Freiheit dort herrscht, wo „der andere nicht mehr Schranke meiner Selbstverwirklichung, auch nicht bloß Anlass oder Material meiner sittlichen Bewährung" (63) ist, sondern „der eine den anderen als Bereicherung seiner selbst und als Aufgabe des eigenen Lebens erfährt" (ebd.). Freiheit und Nächstenliebe rücken damit eng zusammen; es ist ein vom Liebesethos durchtränktes Freiheitsverständnis, das hier leitend wird. Der Dienst am Nächsten wird ausdrücklich (119) „nicht als Verleugnung, sondern als Verwirklichung des eigenen Selbst" verstanden. Mit Bezug auf Luther heißt es, dass Freiheit nicht „persönlicher Besitz" sein könne, sondern „auf Auswirkungen im Verhältnis zu anderen" dränge (26). Grundsätzlich denkt Huber in Kategorien einer relationalen Anthropologie, für die der wichtigste historische Bezug neben Buber-Theunissen wohl bei ihm in der Linie H. Richard Niebuhr/George Herbert Mead liegt.

Der zweite Punkt betraf die Relation zu Gott als Voraussetzung der Selbstwerdung. An dieser Stelle ist zunächst auffallend, wie häufig diese Relation in der heutigen Philosophie und Sozialtheorie stillschweigend gekappt wird, etwa in Habermas' Unterscheidung der drei Weltbezüge des Menschen (materielle, soziale und subjektive Welt) in seiner „Theorie des kommunikativen Handelns" oder in anderen als Theunissens Hegel-Interpretationen. Gekappt wird sie nicht nur im Selbstverständnis der Denker, die einen Gottesbezug für eine Illusion halten, sondern sogar in ihrem Gegenstandsbezug, in Hinsicht also auf den möglichen Gottesbezug der Menschen, über die sie sprechen. Bei Wolfgang Huber dagegen wird gerade dieser Gedanke sehr schön und emphatisch entwickelt. Wenn er davon spricht, dass für das christliche Freiheitsverständnis die Erinnerung an eine Befreiung konstitutiv ist, „kraft deren Menschen sich als begrenzt wahrnehmen und auf Allmachtsphantasien verzichten können" (25), dass christliche Freiheit ganz wesentlich eine „Befreiung vom Zwang zur Selbstrechtfertigung" (26) sei, wie aus dieser Befreiung „existentielle Kraft" (42) erwachse, Freiheit „vom Ballast der Selbstbestätigung", ein tiefes Gefühl der Dankbarkeit (105), die Gewissheit des Neu-Anfangen-Könnens (120) – dann ist in all diesen Passagen ein stilistischer Aufschwung zu spüren, der darauf hindeutet, dass hier eine persönliche Kernüberzeugung artikuliert wird.

Und drittens lässt sich Hubers Versuch, der Teil II des neuen Buches dominiert, zu einer Ethik der Institutionen zu kommen, das Recht in den Mittelpunkt zu stellen, aber doch nicht seine Fundierung in weniger festgelegten, alltäglich gelebten Praktiken zu übersehen, als eine Ausführung des gesellschaftstheoretischen Anspruchs Theunissens betrachten, in einer Form allerdings, die weniger auf Marx und die Kritische Theorie fixiert ist, als dies bei Theunissen der Fall war. Zentral ist hier der auf Romano Guardini zurückgehende Gedanke einer notwendigen Steigerung der Macht des Menschen über seine eigene Macht, d. h. gesteigerter Verantwortung.

Der Begriff der „kommunikativen Freiheit" ist nun ganz offensichtlich nicht identisch mit den verschiedenen Varianten gängigen Freiheitsverständnisses. Er wird von Huber ja auch in durchaus scharfer Abgrenzung gegen andere Freiheitsverständnisse entwickelt. Ich möchte zwei Linien solcher Abgrenzung voneinander unterscheiden. Einerseits geht es um die Bestimmung von Freiheit überhaupt, als kommunikativer nämlich gegenüber bloß negativer oder in falscher Weise verstandener positiver Freiheit. Zum anderen geht es um die Frage der Konstitution der kommunikativen Freiheit, ihrer über die Immanenz hinausreichenden „Verdanktheit".

Am deutlichsten ist Hubers „kommunikative Freiheit" von einem bloß negativen Verständnis der Freiheit unterschieden, einem Verständnis, das seine klassische Fassung in der frühen Neuzeit durch Thomas Hobbes erhielt. Diesem zufolge ist derjenige frei, den „man nicht hindert, zu tun, was im Bereich seiner Kräfte liegt"[7]. Dieses Verständnis hat, durchaus gegen Hobbes' eigene Intention, eine enorme Wirkungsgeschichte derart entwickelt, dass es weithin zu einer kulturellen Selbstverständlichkeit geworden ist, Freiheit für die Verfolgung auch der idiosynkratischsten Ziele zu fordern und sogar die Kritik an solchen Zielen schon als Einschränkung der Freiheit zu empfinden. Wolfgang Huber weiß, dass es ungerecht wäre, den negativen Freiheitsbegriff ganz auf solche beliebige Willkürfreiheit zu reduzieren. Was als negative Freiheit völlig inhaltslos erscheinen mag, ist oft faktisch durchaus als bestimmte Verneinung zu verstehen: „Ihre inhaltliche Bestimmtheit erlangen Freiheitsforderungen in aller Regel aus der Erfahrung verweigerter Entfaltung, erfahrenen Zwangs, auferlegter Ungleichheit" (102). Während nach dem bisher Gesagten vor allem die Verfolgung eines beliebigen Nutzens als zu eng für das Freiheitsverständnis attackiert wird, gilt Hubers Abgrenzung nicht nur einem solchen utilitaristischen, sondern auch einem expressivistischen Individualismus, auch der Idee also, Freiheit bestehe einfach im Raum der Selbstverwirklichung, in der uneingeschränkten Chance also, das eingebaute Telos des Individuums je für sich entdecken, artikulieren und verwirklichen zu können. Dies ergibt ja nur – wie Robert Bellah und seine Mitarbeiter 1985 in ihrer amerikanischen Kulturdiagnose „Habits of the Heart"[8] überzeugend dargelegt haben – einen anderen Typus von Egozentrik, nicht so sehr den „manageriellen" als den „therapeutischen", was nicht heißen soll, dass nicht beide Typen heute oft in einer Person kombiniert auftreten. Das vom Liebesethos durchtränkte Freiheitsverständnis Hubers lässt ihn ein solches selbstzentriertes Verständnis von Selbstverwirklichung, dem die Anderen auch nur zum Mittel werden, weil keine wirkliche Dezentrierung

7 Thomas Hobbes, Leviathan, Reinbek 1969, 165.

8 Robert Bellah u. a., Habits of the Heart. Individualism and Commitment in American Life. Chicago 1985. Zur Kombination von beidem in einer Person vgl. auch Hans Joas, Die Kreativität des Handelns. Frankfurt a. M. 1992, 374 ff.

des Selbst stattfindet, als defizitär erkennen. Am wenigsten ausgeprägt ist Hubers Abgrenzung der Idee „kommunikativer Freiheit" von einem kantischen Begriff von Freiheit im Sinne der moralischen Autonomie des einzelnen und einer darauf fußenden sozialen Ordnung. Vom christlichen Liebesethos aus stellen sich hier ja zwei, meines Erachtens klar zu trennende, in der Ideengeschichte vielfältig erörterte Fragen. Zum einen führt die Einsicht, dass Liebe nicht befohlen werden kann, zu der Frage, ob die Nächstenliebe als moralische Pflicht überhaupt sinnvoll gedacht werden könne.[9] Zum anderen ist die Frage, wie der Übergang von einer normativ gehaltvollen Idee der Selbstbestimmung zur Einsicht in die Verdanktheit der menschlichen Freiheit genau gedacht werden muss und welche moralischen Konsequenzen sich aus diesem Übergang ergeben.

Zu beiden Fragen wünsche ich mir von Wolfgang Huber noch explizitere Klärungen im Sinne seiner Grundidee der kommunikativen Freiheit. Die erste Frage zielt dabei auf das genaue Verhältnis zwischen rational einsehbarer moralischer Pflicht und dem im Liebesethos enthaltenen Enthusiasmus der Hingabe an Andere. Paul Ricoeur etwa hat in seinen Überlegungen zu Liebe und Gerechtigkeit darauf hingewiesen, dass beim Evangelisten Lukas das Gebot der Feindesliebe und die Goldene Regel im engsten Zusammenhang miteinander auftreten (6,27 bzw. 6,31).[10] Er will mit diesem Hinweis plausibel machen, dass in das Christentum eine subtile Dialektik von Liebesethos und Gerechtigkeitspathos eingelassen ist, die in keiner der beiden Richtungen, weder im Sinne einer „akosmistischen Brüderlichkeitsethik" (Max Weber) einerseits noch einer universalistischen Moralphilosophie andererseits, aufgelöst werden darf. Bezogen auf Wolfgang Hubers „kommunikative Freiheit" heißt das aber, dass das Verhältnis des überschwänglichen Freiheitsverständnisses der Selbstverwirklichung durch Hingabe zu dem rechtlich und moralisch disziplinierten Verständnis einer gleichen Freiheit aller in gerechten Institutionen weiterer Klärung bedarf.

Das gilt auch für den zweiten Komplex, Freiheit und „Verdanktheit". Der fundamentale christliche Gedanke, dass wir unsere Freiheit als Gabe zu sehen haben, aus der – wie bei jeder Gabe – Reziprozitätsverpflichtungen folgen, muss heute sowohl im Dialog mit Ungläubigen wie im Gespräch unter Gläubigen deutlich artikuliert werden. Im Dialog mit Ungläubigen kommt es darauf an, diesen Gedanken der Freiheit als Gabe nicht so zu präsentieren, als sei es klar, dass er ohne vorgängigen christlichen Glauben

---

9 Dazu wichtige Überlegungen v. a. bei Max Scheler, Der Formalismus in der Ethik und die materiale Wertethik (1913–16), in: Ders., Gesammelte Werke, Bd. 2. Bonn 2000 (7. Auflage), v. a. das Kapitel „Wertethik und imperative Ethik", 173–245; Franz Rosenzweig, Der Stern der Erlösung (1921). Frankfurt a. M. 1988. Vgl. auch Hans Joas, Liebe, Gabe, Gerechtigkeit, in: Ders. (Hg.), Die Zehn Gebote. Ein widersprüchliches Erbe? Köln 2006, 175–183.

10 Paul Ricoeur, Liebe und Gerechtigkeit. Tübingen 1990, 43.

nicht zugänglich sei. Das habe ich als das Vorbildliche an Michael Sandels Werk zur Bioethik „Plädoyer gegen die Perfektion“[11] empfunden. So verstehe ich auch Wolfgang Hubers Arbeiten auf diesem Feld[12] als Versuche, gerade auch an die Adresse von säkularen Geistern gerichtet aufzuzeigen, welche Sensibilität für Unverfügbarkeit in diesen Gedanken eingelassen ist und welche Gefahren ein Verlust dieser Gedanken herbeiführt.[13] Im Gespräch unter Gläubigen muss das bedeuten, den Verdünnungen entgegenzutreten, die im Zeichen einer „Selbstsäkularisierung“ (Wolfgang Huber) unter deutschen protestantischen Intellektuellen gar nicht so selten sind, für die deshalb, etwa wenn es um Sterbehilfe oder Selbstmord geht, der Gedanke des Lebens als Gabe unverständlich geworden ist und von denen wie bei säkularen Denkern ein höherer Wert als der der freien Selbstbestimmung deshalb als unvernünftig disqualifiziert wird.[14]

Noch wichtiger als diese beiden Fragen aber scheint mir, dass das Verhältnis des Begriffs kommunikativer Freiheit zu den als defizitär behaupteten konkurrierenden Freiheitskonzeptionen in einem weiteren Sinn geklärt wird. Auch wenn die hobbesianische negative Freiheit den Sinn des Freiheitsverständnisses nicht ausschöpft, bleibt an ihr doch in unserer Intuition etwas Verteidigenswertes. So plausibel es ist, wahre Freiheit an unserer Hingabe in Liebesbeziehungen zu illustrieren, bleiben doch viele soziale Beziehungen übrig – sagen wir: beim Kauf einer Fahrkarte am Schalter – die durch solches Liebesethos überfordert würden. Und dasselbe gilt für die anderen Varianten des Freiheitsbegriffs, etwas den des expressiven Individualismus. Daraus folgt, dass zwar ein höherer Begriff sehr wohl den defizitären entgegengehalten werden darf und soll, aber spätestens beim Übergang zu einer Institutionenethik erörtert werden muss, in welcher gesellschaftlichen Sphäre nun welche Variante des Werts Freiheit aus guten Gründen institutionalisiert werden soll. Es wird nicht immer die Institutionalisierung kommunikativer Freiheit sein. Den Versuch Axel Honneths in seinem aufsehenerregenden Buch „Das Recht der Freiheit“[15] von 2011 verstehe ich so als Entwurf einer komplexen Architektonik der Institutionen rechtlicher, moralischer und sozialer Freiheit. Etwas Ähnliches braucht Wolfgang Huber, folgt man der Logik seiner Überlegungen. Es kann allerdings nicht die Honnethsche Architektonik selbst sein, da in dieser ja

11 Michael Sandel, Plädoyer gegen die Perfektion. Ethik im Zeitalter der genetischen Technik, Berlin 2008.

12 Etwa Wolfgang Huber, Der gemachte Mensch. Christlicher Glaube und Biotechnik, Berlin 2002.

13 Vgl. Hans Joas, Die Sakralität der Person. Eine neue Genealogie der Menschenrechte, Berlin 2011, 210 ff.

14 Ebd., 232 ff.

15 Axel Honneth, Das Recht der Freiheit. Grundriss einer demokratischen Sittlichkeit, Frankfurt a. M. 2011.

wie auch schon bei John Deweys Konzeption von Öffentlichkeit und demokratischer Kultur, die von großem Einfluss auf Honneth ist, *die* Institution in geradezu spektakulärem Ausmaß ignoriert wird, die für Wolfgang Huber zentral ist: die Kirche.

In den Debatten über den Islam wird in Europa oft mit Staunen vermerkt, dass der Islam keine Kirche kennt, was alle Regelungen im Verhältnis zum Staat schwierig mache. Auch Wolfgang Huber kommt darauf immer wieder zu sprechen. Doch der Islam ist hier nicht die Ausnahme unter den Religionen, sondern die Regel. Es gibt schließlich auch keine jüdische, buddhistische, konfuzianische, daoistische oder hinduistische Kirche. Ich denke manchmal, dass wir alle das Staunen wieder lernen sollten über die Fähigkeit des Christentums, ein ganz unerhört neues soziales Gebilde namens Kirche hervorgebracht zu haben. Vielleicht ist manchen dieses Staunen vergangen, weil sich diese Kirche immer wieder zu sehr an andere Gebilde wie den Staat angelehnt oder angeglichen hat; es hat sich aber auch immer wieder davon gelöst und das Potential gezeigt, über jede Bindung an Familie, Volk, Staat und einzelne Kultur hinauszuweisen.

Den stärksten Ansatz für eine differenzierte, d. h. nicht funktional notwendige Unterscheidungen durch einen zu emphatischen Freiheitsbegriff verdeckende, aber eben auch nicht kirchenvergessene Institutionenethik sehe ich bei Wolfgang Huber in seinen Überlegungen über „öffentliche Kirche in pluralen Öffentlichkeiten" (158 ff.). Dort nämlich unterscheidet er vier „Referenzbereiche" von Öffentlichkeit: „die Ausübung und Kontrolle staatlicher Herrschaft, die durch den Markt vermittelte Befriedigung von Bedürfnissen und Verfolgung von Interessen, die Gestaltung der für alle Bürgerinnen und Bürger gemeinsamen Verhältnisse und schließlich die Herstellung von Publizität durch kulturelle Kommunikation" (166 f.). Aus dieser Unterscheidung müsste sich eine Theorie unterschiedlicher Freiheitssphären, d. h. Sphären unterschiedlicher Freiheit, entwickeln lassen.

Die Notwendigkeit, die konkurrierenden Freiheitskonzeptionen nicht einfach in einem überlegenen Konzept der kommunikativen Freiheit aufzuheben, sondern ihnen auch ihr jeweiliges Recht im sozialen Leben zuzusprechen, kann gewiss auch Zweifel nähren, ob wir wirklich mit dem Wert Freiheit den obersten Orientierungspunkt in unseren Wertedebatten ins Auge gefasst haben. Ich sehe bei Wolfgang Huber eine Tendenz zu einem Wertemonismus der Freiheit. „Freiheit – Gleichheit – Brüderlichkeit" war die berühmte Parole der Französischen Revolution – drei Werte, also nicht nur der der Freiheit, wurden proklamiert. „Denkbar war das nur" – schreibt Huber (150) – „weil Freiheit als Selbstverfügung gedacht war, die nun in der Brüderlichkeit ein an Gemeinschaft orientiertes Gegengewicht bekommen musste. Den christlichen Begriff der Freiheit durch den der Brüderlichkeit zu ergänzen, muss dagegen als sinnlos erscheinen." (150) Aber erneut muss ich fragen, ob wir uns wirklich ein gesellschaftliches Leben vorstellen können, in dem nicht nur als oberster Bezugspunkt aller Sphären, sondern auch innerhalb dieser Sphären der Wirtschaft oder der Politik etwa undifferenziert diese hochgespannte normative Erwartung an uns gerichtet wird, nicht unsere Selbstverfügung im Auge zu haben, sondern die Unverfügbarkeit des Anderen. Alle Werte außer dem der Freiheit rücken damit in eine dienende Rolle, Sicherheit etwa wird erklärt zur „politischen Voraussetzung der Freiheit" (146). Noch massiver finde ich diese Tendenz übrigens im genannten Buch von Honneth. Dort heißt es schon im Vorwort, dass in den modernen liberaldemokratischen Gesellschaften alle Werte auf einen einzigen zusammengeschmolzen seien, und zwar auf den der individuellen Freiheit[16], und später im Buch heißt es sogar: „Wie durch magische Anziehung sind alle ethischen Ideale der Moderne in den Bannkreis der einen Vorstellung der Freiheit geraten, vertiefen sie bisweilen, verleihen ihr neue Akzente, aber setzen ihr nicht mehr eine selbständige Alternative entgegen."[17] Der Preis, der für diese Aussage zu zahlen ist, wird freilich in denselben Passagen sofort deutlich. Wo nämlich diese Erwartung sich empirisch nicht bestätigt, werden die entsprechenden Ideale einfach als „rückständig"[18] klassifiziert, und wo teleologische Behauptungen von der Irreversibilität einer Wertgeltung aufgestellt werden, werden entgegengesetzte historische Tendenzen als „kognitive Barbarisierung"[19] abgetan. Das ist seit je der Preis eines normativ aufgeladenen Moderne-Begriffs. Auch bei Honneth wird ein Wert wie der der Gleichheit, den man als in Spannung zu dem der Freiheit auffassen könnte, nicht als eigener Wert verstanden, mit dem Argument, es handle sich bei ihm um eine bloße „Erläuterung des Werts der individuellen Freiheit [...]: dass deren Vollzug allen Mitgliedern moderner Gesellschaften gleichermaßen zusteht."[20] Aber sowohl bei Huber wie bei Honneth, finde ich, werden hier reale Wertkonflikte oder -spannungen lediglich verbal aufgelöst. Wenn wir Gleichheit nur als gleiche Freiheit wollen können, heißt dies dennoch nicht, dass wir im konkreten Fall nicht zwischen relativem Freiheits- oder Gleichheitsverzicht wählen müssten. Analog im Fall der Spannung zwischen Freiheit und Sicherheit. Wie ist es überhaupt mit Werten, die einst so wichtig waren wie Gehorsam, Opferbereitschaft, Demut? Es ist mir zwar nachvollziehbar, wenn auch diese aus Freiheit begründet werden, aber der in ihnen steckende freiwillige Freiheitsverzicht muss doch auch noch erkennbar bleiben. Nötig ist doch gerade eine Sensibilität für echte Dilemmata, auch schon im Konflikt konkurrierender Freiheitsverständnisse mit ihrem jeweiligen relativen Recht und weiterhin im Konflikt von Freiheit mit anderen Werten.

---

16 Ebd., 9.
17 Ebd., 36.
18 Ebd., 26.
19 Ebd., 40.
20 Ebd., 35, Anm. 1.

Der Satz, dass der Sinn von Freiheit immer umkämpft sei, und der andere Satz, dass es heute nur den einen obersten Wert Freiheit gebe, erzeugen selbst eine Spannung.

Gegen einen „Wertemonismus" der Freiheit würde ich deshalb einen „Wertepluralismus" stellen wollen, nicht im Sinn der bloßen Akzeptanz einer Pluralität gesellschaftlich vorfindbarer Werte, sondern im Sinn eines der wichtigsten Philosophen, die sich zum Freiheitsbegriff geäußert haben, nämlich Isaiah Berlins. Wertepluralismus bedeutet für ihn, dass „menschliche Werte in einer irreduziblen Weise unterschiedlich sind, deshalb miteinander in Konflikt geraten und oft nicht miteinander verträglich sind, ja sich im Konfliktfall als miteinander inkommensurabel erweisen können"[21]. Aus einem so verstandenen Wertepluralismus folgte für Berlin, dass es keine perfekte Gesellschaft geben könne, in der alle echten Ideale zugleich verwirklicht werden, und dies nicht deshalb nicht, weil ein solches Ziel utopisch, sondern weil es bereits in sich inkohärent sei. Berlin war konsequent genug, um daraus die Folgerung zu ziehen, dass sogar ein Liberalismus, der sich als politisches Heilsversprechen versteht, gefährlich sei. In Berlins Philosophie war deshalb anders als bei John Rawls der Wert der Gerechtigkeit nicht ohne Zweifel der höchste Wert bei der Einrichtung eines Gemeinwesens, sondern ein Wert, der in ständigem Konflikt steht mit anderen Werten wie Freiheit, Gleichheit, Gemeinschaft und Frieden. Ein solcher Wertepluralismus hat eine Wahlverwandtschaft zu einem tragischen Geschichtsverständnis – tragisch zumindest in dem Sinn, dass kein politischer Fortschritt denkbar ist, der Tragik definitiv überwindet, so dass eben auch unsere vernünftigsten Entscheidungen dazu führen werden, dass etwas in der Welt, was bewahrenswerte Züge hat, zum Untergang verdammt wird.[22]

Der Wertepluralismus ist außerdem darauf angewiesen, der Entscheidungssituation der Handelnden die größte Aufmerksamkeit zu widmen. Wenn es nämlich nicht damit getan ist, einem Wert ein für allemal die oberste Stellung in einer Hierarchie von Werten zu sichern, dann gibt es reale riskante Abwägungssituationen, einmalige Konstellationen, in denen einmal dem einen, einmal dem anderen Wert der Vorzug gegeben werden muss. Dann befinden wir uns regelmäßig in Situationen, an die Max Weber dachte, wenn er von Verantwortungsethik sprach.

---

21 Hier und im folgenden Satz in Anlehnung an eine Formulierung von John Gray, Isaiah Berlin. Princeton 1996, 1.

22 Vgl. Hans Joas, Combining Value Pluralism and Moral Universalism: Isaiah Berlin and Beyond, in: The Responsive Community 9 (1999), 17–29, sowie meinen Nachruf auf Isaiah Berlin, in: Die Zeit, 14.11.1997. Ich lese übrigens eine Passage bei Charles Taylor, die Axel Honneth (ebd., 36, Anm. 2) als Bestätigung für seinen Wertemonismus nimmt, ganz anders: im Sinne des Wertepluralismus von Taylors Lehrer Berlin. Vgl. Charles Taylor, Quellen des Selbst. Die Entstehung der neuzeitlichen Identität, Frankfurt a. M. 1994, 868.

Verantwortung und Verantwortungsethik sind auch für Wolfgang Huber ganz zentrale Kategorien. In seinem Freiheits-Buch benennt er (93) „eine Reihe von substanziellen Kriterien für verantwortliches Handeln [...]: Vorsorge für einen gemeinsamen natürlichen, sozialen und kulturellen Raum des Zusammenlebens; Fairness gegenüber den Schwächeren [...]; Selbstbegrenzung mit Rücksicht auf die Rechte zukünftiger Generationen und auf die Würde der Natur; Respekt vor der Gewissensfreiheit anderer [...]". Das leuchtet mir völlig ein; mein Punkt ist aber, dass wir hier – manchmal auch tragische – Abwägungen vornehmen müssen und dass uns eine Anthropologie der Freiheit zwar lehrt, dass sich uns solche Abwägungssituationen stellen, dass uns der Wert der Freiheit aber keine eindeutigen Maßstäbe dafür in die Hand gibt, wie wir die Abwägung jeweils treffen sollen.

Aus meiner damit zumindest angedeuteten Skepsis gegenüber der Zentralstellung des Freiheitsmotivs nährt sich nun auch ein gewisser Vorbehalt, den ich gegenüber der Kennzeichnung des Christentums im Allgemeinen und des Protestantismus im Besonderen als Religion der Freiheit habe. Zum einen, davon war die Rede, stellt sich eben die Frage, ob das Christentum, das ja auch eine Religion der Liebe und der Gerechtigkeit und des Gehorsams gegenüber Gott sein will, dies alles und zugleich eine Religion der Freiheit sein kann. Es liegt mir völlig fern, die zentrale Rolle des Freiheitsbotschaft spätestens seit dem Galaterbrief des Paulus in Zweifel zu ziehen; aber mir lösen sich die Spannungen zwischen Freiheit, Liebe, Gerechtigkeit und Gottesfurcht nicht so eindeutig auf, wie es die Pointierung auf Freiheit anzielt.

Zum anderen öffnet sich hier natürlich das weite Feld einer redlichen empirisch-historischen Bilanzierung der freiheitsfördernden oder freiheitsverhindernden Rolle des Christentums. Wolfgang Huber weiß gut Bescheid über die Schattenseiten dieser Geschichte und eröffnet sein Buch sogar mit dem Hinweis, dass der Begriff Obrigkeit in der deutschen Sprache durch Martin Luther heimisch geworden sei (13). Noch Max Weber hat ja – was vielen, die seine „Protestantische Ethik" heute apologetisch im Munde führen, entgeht – das Luthertum vornehmlich und sicher auch einseitig hauptsächlich als Quelle eines quietistischen deutschen Untertanengeistes gesehen und es deshalb – in einem Brief an Adolf von Harnack[23] – als „schrecklichsten der Schrecken" bezeichnet. Aber nicht völlig integriert mit solchen Distanzierungen finden sich bei Wolfgang Huber auch viele Passagen, in denen doch etwas rasch Affinitäten speziell des Protestantismus zu Demokratie (35), Aufklärung (192) und anderen guten Dingen behauptet werden. Die Gefahr dabei ist jeweils, dass eine selektiv verfahrende Vergangenheitsrekonstruktion der Betonung der Überlegenheit eigener

23 Max Weber an Adolf von Harnack, 5.2.1906 (abgedruckt in MWGA II/5, 32 f.).

Traditionen dient, die mich immer an Distinktionskämpfe erinnert, in denen das eigene Ansehen durch Bekundungen der Herkunft aus guter Familie, angesehener akademischer Schule oder was immer gemehrt werden soll. Dürfen Christen das in Hinsicht auf ihr Christentum? Selbst wenn wir diese moralische Frage beiseitelassen: Werden wir damit der Geschichte gerecht? Der große Frühneuzeithistoriker Wolfgang Reinhard hat in brillanter Weise herausgearbeitet, wie etwa das neuere Widerstandsrecht und damit ein Element moderner Freiheit zwar Mitte des 16. Jahrhunderts von Lutheranern „erfunden" und zuerst propagiert wurde,

> bis sie es dank des Rechtschutzes durch den Augsburger Religionsfrieden nicht mehr benötigten. Inzwischen war es zu den Calvinisten „gewandert", die sich in der Bedrängnis der Hugenottenkriege, vor allem nach der Bartholomäusnacht, als „Monarchomachen" profilierten, obwohl doch Johannes Calvins politische Doktrin kaum weniger autoritär war als diejenige Luthers und er liebend gern sein Evangelium mit der Hilfe gekrönter Häupter im staatskirchlichen Stil durchgesetzt hätte. Als freilich der von Haus aus calvinistische Heinrich von Navarra zum aussichtsreichsten Bewerber um die französische Krone wurde, da entwickelten sich auf einmal die Katholiken zu Gegnern der Monarchie, bis hin zur Lehre und Praxis des Tyrannenmordes, während die Calvinisten im Schutze des Edikts von Nantes ganz ähnlich wie früher die deutschen Lutheraner einen Wandel zu Absolutisten durchliefen, bis sich im 17. Jahrhundert im Zeichen des Widerrufs des Toleranzedikts das Blatt wiederum wendete. Kann man unter diesen Umständen noch von einer Gruppe behaupten, sie sei auf dem Weg zur Modernität, oder gilt dies von allen oder von niemand?[24]

Ganz ähnlich ist es bei der Geschichte der Menschenrechte. Ich bin wie Wolfgang Huber der Ansicht, dass der Kampf um Glaubens- und Gewissensfreiheit eine wichtige erste Stufe ihrer Durchsetzung war, aber wenn wir zentrale Figuren dieser Geschichte wie Roger Williams in Nordamerika ins Auge fassen, sehen wir, dass ihre protestantischen Motive sie in diesem Fall zu Außenseitern im Protestantismus machten und sie sich gegen die –in diesem Fall calvinistische – Mehrheit praktisch nicht wehren konnten.[25]

Um etwas in der Gegenwart befürworten zu können, muss man nicht behaupten, dass die eigene Glaubenstradition dieses immer schon befürwortet oder wesentlich herbeigeführt habe. Wolfgang Huber will auch gar nicht zur Idealisierung des Protestantismus beitragen, so mein Eindruck. Es geht ihm, wenn er schreibt, „dass man das Erbe der Reformation heute als eine ‚Theologie der Befreiung' entfalten muss" (17) gerade nicht um die Förderung kulturprotestantischer Selbstzufriedenheit, sondern darum, aus dem Erbe der Reformation den darin steckenden prophetischen Kern erneut herauszuschälen. „Wer das Christentum nur als Kultur versteht, sieht seine Aufgabe

---

24 Wolfgang Reinhard, „Modernisierung" und Modernisierung. Erfahrungen mit dem Konzept „Modernisierung" in der neueren Geschichte, in: Walter Haug/Burghart Wachinger (Hg.), Innovation und Originalität, Tübingen 1993, 53–69, hier 68.

25 Hans Joas, Die Sakralität der Person, a. a. O., 49 ff.

vor allem darin, eine ‚Tradition' zu bewahren und ein ‚Erbe' zu verwalten. Wer sich auf die Quelle dieser kulturellen Wirkungen besinnt, fragt nach der lebendigen Kraft, die das eigene Leben ergreift und deren kulturelle Folgen sich deshalb auch zu erneuern vermögen." (43 f.)

So ist es; dem will ich gewiss nicht widersprechen.

„Christliche Freiheit" und neuzeitliche Autonomie

Genealogische und systematische Rückfragen

von Bernd Oberdorfer

Die folgenden Überlegungen sind keine „Response" im strengen Sinne. Sie reagieren nicht direkt auf Hans Joas' Beitrag. Ich greife vielmehr eine Fragestellung auf, die mir in Wolfgang Hubers Buch „Von der Freiheit"[1] aufgefallen ist, und behandle diese Fragestellung im Problemhorizont der „affirmativen Genealogie" der neuzeitlichen Freiheitsrechte, die Hans Joas in seinem Buch „Die Sakralität der Person"[2] entwickelt hat. Ich suche – so könnte man auch sagen – das Gespräch mit Wolfgang Huber als von Hans Joas inspirierter Leser seines Freiheit-Buchs.

Die Frage, um die es geht, – sie hat eine historische und eine systematische Dimension –, ist die folgende: Wolfgang Huber will einerseits den Protestantismus einzeichnen in die Entstehungsgeschichte des modernen Freiheitsverständnisses. Die Reformation charakterisiert er entsprechend als „Wiederentdeckung der christlichen Freiheit"[3]. Andererseits grenzt er aber das christliche Freiheitsverständnis auch ab gegen ein neuzeitliches Freiheitsverständnis, das er durch Selbstbestimmung, Selbstdurchsetzung, Selbsterhaltung, Autonomie, Konkurrenz etc. gekennzeichnet sieht.[4]

---

1 Wolfgang Huber, Von der Freiheit. Perspektiven für eine solidarische Welt. Hg. von Helga Kuhlmann u. Tobias Reitmeier, München 2012.

2 Hans Joas, Die Sakralität der Person. Eine neue Genealogie der Menschenrechte, Berlin 2011.

3 Huber, 17: „Reformation heißt nichts anderes als die Wiederentdeckung der christlichen Freiheit". Vgl. zu Hubers Reformationsdeutung den ganzen Abschnitt 13–56.

4 Vgl. etwa Huber, 25: „In der Neuzeit streitet die reformatorische Theologie der Befreiung mit einem anderen Freiheitsprojekt, das die menschliche Freiheit als selbstgemachte, selbst hergestellte Freiheit begreift. [...] Einem Freiheitsverständnis, das an Selbstverwirklichung und Selbstdurchsetzung gebunden ist, tritt im christlichen Glauben die Erinnerung an eine Befreiung entgegen, kraft deren Menschen sich als begrenzt wahrnehmen und auf Allmachtsphantasien verzichten können. Diese Erinnerung ist den verschiedenen konfessionellen Traditionen gemeinsam. In Assisi ist sie ebenso präsent wie in Wittenberg; der heilige Franz ist ebenso ihr Zeuge wie Martin Luther." Vgl., noch pointierter, 27 f.: „[...] der Widerspruch zwischen christlichem Freiheitsverständnis und der Freiheitsauffassung des neuzeitlichen Besitzindividualismus [...]. Nach der besitzindividualistischen Konzeption nämlich realisiert sich Freiheit in der Konkurrenz, in der Selbstdurchsetzung, im eigenen Fortkommen. [...] Dem tritt eine andere Vision gegenüber, nach der Freiheit und Liebe zusammengehören. [...] *Freiheit verwirklicht sich in der Solidarität, nicht in der Konkurrenz.*"

Offensichtlich entsteht hier ein Dilemma: Natürlich kann man das reformatorische Freiheitsverständnis so bestimmen, dass es sich unterscheidet vom „neuzeitlichen Freiheitsverständnis". Dann hat man aber Schwierigkeiten, die Reformation zur (Vor-)Geschichte der neuzeitlichen Freiheit zu rechnen. Mindestens muss man dann ein durch Selbstbestimmung und Autonomie charakterisiertes Freiheitsverständnis als Missverständnis des reformatorischen Impulses, gar als Abweichung davon deuten. Dann ist man aber sehr schnell im Lager eines christlichen Antimodernismus, der die Entwicklungen der Moderne primär negativ wahrnimmt als Entwurzelung, Herauslösung aus Gemeinschaftsbindungen, Selbstermächtigung des Menschen, Subjektivismus, Individualismus, Egoismus – etwa in dem Sinn, in dem Karl Barth im großen Einleitungskapitel seiner Geschichte der „Protestantischen Theologie im 19. Jahrhundert" die ganze Kultur der Neuzeit (von der Politik über die Philosophie bis hin zur Gartenkunst) als „Zeitalter des Absolutismus" (nämlich im Wortsinn der „Loslösung") bezeichnet hat.[5] Dass Wolfgang Huber das so nicht will, liegt auf der Hand und geht auch aus seinem Buch deutlich genug hervor.

Nun ist aber – das kann man u. a. bei Hans Joas lernen – die Genealogie der neuzeitlichen Freiheit hochkomplex. Das Konzept von Freiheit als „Selbstbestimmung" und „Autonomie" ist nicht (oder jedenfalls nicht durchgängig und nicht primär) aus antichristlichen Motiven entstanden. Die Aufklärung in Deutschland war ja eine ziemlich protestantische Angelegenheit (und Hans Joas hat gezeigt, dass selbst noch die Französische Revolution in ihrer frühen Phase, in die auch die Erklärung der Menschenrechte fällt, zwar anti-klerikal, aber nicht anti-christlich war)[6], und der Gedanke der „Selbstbestimmung" musste keineswegs mit der Ablehnung religiöser Bindungen und der Geringschätzung sozialer Verantwortung verbunden werden. Kants Konzept der „Autonomie" etwa hat mit erratischem Individualismus eher wenig zu tun. Es meint ja im strengen Sinne eine „Selbst-Gesetzgebung", genauer: eine Bejahung der Gebote der Vernunft, die so freiwillig erfolgt, dass das Individuum sie sich als eigene Leistung zurechnen kann; aber es geht dabei natürlich nicht um die Selbst-Durchsetzung partikularer Interessen, sondern um die individuelle Übernahme der universalistischen Perspektive der Vernunft.[7] Kant war im Übrigen auch weit davon entfernt, die Orientierung am Gemeinwohl im Namen der „Autonomie"

---

5 Karl Barth, Die protestantische Theologie im 19. Jahrhundert. Ihre Vorgeschichte und ihre Geschichte (1947), Zürich ^{4}1981, 16–59: „Der Mensch im 18. Jahrhundert". Zur Entschränkung des Absolutismus-Begriffs vgl. 19: „‚Absolutismus' kann offenbar allgemein bedeuten: ein Lebenssystem, das gegründet ist auf die gläubige Voraussetzung der Allmacht des menschlichen Vermögens." Instruktiv ist die folgende Skizze des „absolutistische(n) Mensch(en)".

6 Vgl. Joas, 26–39.

7 So im Übrigen auch Huber, 57.

zu desavouieren. Um nur ein besonders drastisches Beispiel zu nennen: In der Schrift „Was ist Aufklärung?", aus der gemeinhin nur der Satz „Sapere aude! Habe Mut, dich deines *eigenen* Verstandes zu bedienen" zitiert wird,[8] nennt Kant Friedrich den Großen als Inbegriff des Aufklärers und nimmt positiv dessen Diktum auf: *„räsonniert,* so viel ihr wollt, und worüber ihr wollt; *aber gehorcht*!"[9] In der Semantik lutherischer Berufsethik könnte man sagen, Kant erkläre hier die Übernahme von sozialer Verantwortung in der funktionsadäquaten Erfüllung der Berufspflichten zum Gebot der Vernunft, mit anderen Worten: zu einem Implikat der Autonomie.

Kurz gesagt: Ich plädiere also dafür, aus der Genealogie des modernen Verständnisses von Freiheit als Autonomie und Selbstbestimmung christliche Motive nicht auszuschließen und umgekehrt ein christliches Freiheitsverständnis nicht gegen das Konzept von Freiheit und Selbstbestimmung zu profilieren.

Darüber hinaus plädiere ich aber auch dafür, dem *Individualismus* die ihm zustehende theologische Ehre zu erweisen. Es gehört zu den entscheidenden Impulsen der Aufklärung, das Individuum jedenfalls prinzipiell aus der Determination durch die Herkunftsbindung herausgelöst zu haben. Wir können uns heute wahrscheinlich kaum mehr vorstellen, welche Befreiung der frühliberale Gedanke bedeutet haben muss, dass gesellschaftliche Stellung, Zugang zu Bildung und Beruf und ökonomischer Wohlstand nicht durch Herkunft, Stand, Religion etc. bestimmt sein dürfen, sondern allein durch individuelle Begabung und Leistung. Es ist in diesem Zusammenhang kein Zufall, dass gegen Ende des 18. Jahrhunderts begonnen wurde, über die Aufhebung der Restriktionen gegen Juden und ihre Einbürgerung zu diskutieren.[10] Man könnte unter Verwendung von Kategorien Hans Joas' sagen, dass diese Individualisierung eine Dynamik der „Inklusion"[11] initiierte, die zunehmend auf andere Menschengruppen ausgriff. In der Frühromantik gab es erste – provokatorische, aber noch nicht sehr nachhaltige – Versuche, auch Frauen in diese Überlegungen einzubeziehen.[12] Hans Joas hat auf die Bewegungen zur Abschaffung der Sklaverei hingewiesen.[13] Aufs Ganze ge-

---

8 Immanuel Kant, Beantwortung der Frage: Was ist Aufklärung? (1785), in: Ders., Werke, hg. von Wilhelm Weischedel, Bd. 9, Darmstadt 1983, 53–61, hier: 53.

9 A. a. O, 55 (leicht variiert auch 61).

10 Vgl. dazu meinen Beitrag: Sind nur Christen gute Bürger? Ein Streit um die Einbürge rung der Juden am Ende des 18. Jahrhunderts: Verheißungsvoller Ansatz für ein friedliches Zusammenleben oder erster Schritt zu den Nürnberger Gesetzen?, in: KuD 44 (1998), 290–310.

11 Vgl. Joas, 79 u. ö.

12 Vgl. exemplarisch Friedrich Schleiermachers „Idee zu einem Katechismus der Vernunft für edle Frauen", in: ders: Kritische Gesamtausgabe I/2, Berlin/New York 1984, 153 f.

13 In bestimmter Hinsicht gehört auch die gleichzeitig entstandene Tierschutzbewegung in diesen Kontext, indem sie das Tier in die Gemeinschaft der leidensfähigen Lebewesen

sehen hat die Dynamik der Relativierung der Herkunftsbindung und der Fokussierung auf das Individuum, die die Moderne bis in die Gegenwart durchzieht, so hohe Freiheitsgewinne für selbstgestaltete Lebensführung erzeugt, dass es nicht empfehlenswert ist, diese Entwicklung als Ausdruck eines fehlgeleiteten Individualismus pauschal zu denunzieren und ihr zu unterstellen, es folge daraus mit Notwendigkeit Egoismus, Vereinsamung, Vernachlässigung des Gemeinwohls etc. Im Gegenteil haben sich vielfältige neue Vergemeinschaftungsformen entwickelt, und Lebensformen, die bisher als deviant unterdrückt wurden, sind lebbar geworden, und das nicht etwa wegen einer vermeintlich liberalistischen Werte-Indifferenz, sondern im Gegenteil, weil das in ihnen obwaltende Ethos *als Werthaltung* erkennbar werden, grundsätzliche Anerkennung finden und sich daraufhin auch lebensweltlich stabilisieren und weiter entfalten konnte.[14] Dies setzt natürlich gesellschaftlich die Bereitschaft zu Devianztoleranz voraus, und möglicherweise ist es ja ein Kriterium für eine „Kirche der Freiheit" und ihre Glaubwürdigkeit „als Raum und als Anwalt der Freiheit"[15], ob sie nach innen und außen zu solcher Devianztoleranz fähig ist.

Natürlich genügt es nicht, abstrakt das Loblied des freien Individuums zu singen. Schon frühe Kritiker Kants, unter ihnen der junge Friedrich Schleiermacher, haben den Blick auf die Realisierungsbedingungen von Freiheit gelenkt und darauf aufmerksam gemacht, dass Freiheit eines fördernden sozialen Umfelds bedarf.[16] Das heißt im Umkehrschluss, dass Freiheit ein fragiles Gut ist. In diesem Sinn verstehe ich auch Wolfgang Hubers Überlegungen zu den Gefährdungen der Freiheit, etwa angesichts ungleicher Partizipationschancen, ja zu den Gefährdungen *durch* Freiheit, etwa im Blick auf die Einschränkungen der Lebenschancen zukünftiger Generationen

---

inkludierte. Vgl. dazu MARTIN H. JUNG, „Der Gerechte erbarmt sich seines Viehs". Der Tierschutzgedanke im Pietismus, in: BERND JANOWSKI/PETER RIEDE (Hg.), Die Zukunft der Tiere. Theologische, ethische und naturwissenschaftliche Perspektiven, Stuttgart 1999, 128–154.

14 Prägnantes Beispiel ist die Anerkennung gleichgeschlechtlicher Partnerschaften. Vgl. dazu meinen Beitrag: Homosexualität als ökumenische Herausforderung, in: Ökumenische Rundschau 60 (2011), 471–481. – Auch Hans Joas betont, „wie wenig die moralische Lage der Gegenwart mit Begriffen wie ‚Liberalisierung' oder ‚Wertverlust' gekennzeichnet werden kann, stehen doch Lockerungen der Normen in einzelnen Bereichen oft deutlich gesteigerte Sensibilitäten in anderen gegenüber" (Joas, 97).

15 HUBER, 152.

16 Vgl. dazu BERND OBERDORFER, Geselligkeit und Realisierung von Sittlichkeit. Die Theorieentwicklung Friedrich Schleiermachers bis 1799, Berlin/New York 1995 sowie kürzer DERS., Von der Freundschaft zur Geselligkeit. Leitkonfigurationen der Theorieentwicklung des jungen Schleiermacher bis zu den „Reden", in: EvTh 56 (1996), 415–434. Vgl. auch MICHAEL WELKER, Schleiermachers geniale früheste Ethik, in: DERS., Theologische Profile. Schleiermacher – Barth – Bonhoeffer – Moltmann, Frankfurt a. M. 2009, 13–31.

durch gegenwärtige Naturzerstörung und Ressourcenverschwendung.[17] Es geht ihm hier, wenn ich recht sehe, um die Entwicklung eines *realistischen* Freiheitsverständnisses. Ich würde nur sagen, dass dies nicht als spezifisch *christliches* Freiheitsverständnis einem neuzeitlichen Freiheitsverständnis *gegenübergestellt* werden muss, sondern in bestimmter Hinsicht als reflexive Selbstanwendung und Weiterführung eines aus christlichen und säkular-humanistischen Motiven amalgamierten neuzeitlichen Freiheitsverständnisses begriffen werden kann. Konzeptionelle Berührungen etwa mit dem neoaristotelischen „Sozialdemokratismus" Martha Nussbaums sind bei Huber ja auch unverkennbar.[18]

Im Übrigen muss ein „Individualismus" gar nicht notwendig mit einer Geringschätzung des Sozialen einhergehen. Bei Wolfgang Huber finden sich eingehende Ausführungen über die Bedeutung von Institutionen für die Realisierung von individueller Freiheit; und in Auseinandersetzung mit Arnold Gehlen arbeitet er heraus, dass die Institutionen dem Individuum nicht einfach als eherne Größe gegenüberstehen, sondern in der kritischen Reflexion und dem Diskurs der Kommunikationsgemeinschaft der Gestaltung offenstehen müssen, wenn sie als Institutionen der Freiheit gelten sollen und Anerkennung finden können.[19] Man könnte dies auch mit Schleiermacherschen Kategorien so formulieren, dass Selbst-Bildung sich im Vollzug der subjektiven Aneignung kommunikativ vermittelter objektiver semantischer Gehalte realisiert, wobei im Zuge dieser subjektiven Aneignung auch die objektiven semantischen Gehalte näherbestimmt und weitergebildet werden. Deshalb – und nur deshalb! – kann die individuelle Partizipation an institutionell geprägten Kommunikationsprozessen dann auch als Ausdruck gelebter Freiheit wahrgenommen werden und führt nicht in die Heteronomie.

Was hat dies mit reformatorischer Freiheit zu tun? Man tritt den Reformatoren sicher nicht zu nahe, wenn man sagt, sie seien nicht sonder-

---

17 Vgl. z. B. Huber, 7 f.

18 Vgl. Martha C. Nussbaum, Der aristotelische Sozialdemokratismus, in: Dies., Gerechtigkeit oder Das gute Leben, Frankfurt a. M. 1998, 24–85.

19 Vgl. Huber 57–63. Vgl. dort übrigens 57 eine *positive* Bezugnahme auf den „neuzeitlichen Freiheitsbegriff": „Der Übergang von Fremdzwang zu Selbstzwang oder Selbstbestimmung ist […] ein spezifisches Moment am neuzeitlichen Freiheitsbegriff: Freiheit wird gerade darin wirklich, dass das Subjekt sich aus eigenem Willen dem allgemeinen Gesetz unterwirft. Das ist aber nur möglich, wenn geprüft werden kann, ob dieses Gesetz wirklich als ein allgemeines, als ein für jedermann geltendes Gesetz Anerkennung verdient. Gegen eine sich an Hegel anlehnende Deutung der Institutionen muss man an dieser Einsicht Kants festhalten. Die Freiheit ist der Geltungsgrund der Institutionen; die kritische Reflexion muss prüfen, ob die Institutionen als allgemein verbindlich gelten können; denn nur so können sie zu Bedingungen realer Freiheit werden."

lich devianztolerant gewesen. Sie wollten dezidiert keinen Pluralismus von nebeneinander existierenden unterschiedlichen Kirchen, sondern sie wollten die eine Kirche gemäß ihrem Verständnis des Wortes Gottes reformieren. Sie wollten dezidiert auch keinen innerkirchlichen Pluralismus: Noch der Augsburger Religionsfriede von 1555 war von dem Interesse gekennzeichnet, konfessionshomogene Gebiete zu erzeugen („cuius regio, eius religio"); dass es auf Reichsebene nun zwei erlaubte „Religionsparteien" geben sollte, hatten auch die Protestanten nur zähneknirschend akzeptiert, und die konfessionelle Koexistenz in den Reichsstädten war deutlich als Ausnahme ausgeflaggt. Und institutionell sind auch protestantische Kirchenvertreter häufig als heftige Gegner liberaler Freiheitsrechte aufgetreten. Dennoch gehört die Reformation in der Tat in die Vorgeschichte des modernen Freiheitsverständnisses. Auch hierfür finden sich bei Wolfgang Huber erhellende Passagen.[20] Ich nenne nur stichpunktartig einige Aspekte:

- Zumindest prinzipiell tritt der Einzelne in der Reformation der Institution gegenüber: Der Gehorsam gegen die geistliche und – etwas weniger deutlich – auch gegen die weltliche Obrigkeit wird relativiert, die „Freiheit eines Christenmenschen" gegenüber kirchlichen Regeln (Fasten, Wallfahrt etc.) geltend gemacht.
- Die Urteilsfähigkeit der Getauften im Blick auf kirchliche Lehre wird hervorgehoben („allgemeines Priestertum" aller Gläubigen bzw. Getauften).
- Der emphatisch betonte Zusammenhang von Glauben und Verstehen impliziert ein Bildungsprogramm, das auf selbstverantworteten Glauben hinzielt.
- Zumindest im Blick auf die „traditiones humanae" (CA 7) wird ein Pluralismus der Regelungen in den verschiedenen Ortskirchen erlaubt.

Man kann dann getrost einräumen, dass diese Impulse lange nicht oder nur partiell wirksam wurden. Sie blieben aber zumindest latent präsent und konnten unter veränderten Umständen Wirksamkeit entfalten. Man konnte in historischen Lernprozessen darauf zurückgreifen. So hat der deutsche Protestantismus nach den Erfahrungen des nationalsozialistischen Totalitarismus die Idee unveräußerlicher Menschenrechte, die er lange bekämpft hatte, aus eigenen Gründen zu bejahen gelernt, und er hat im Sinne einer „affirmativen Genealogie" sich selbst in deren Entstehungsgeschichte eingezeichnet, statt sich von ihr weiterhin als einer Ausgeburt des Säkularismus zu distanzieren. Man kann bedauern, dass es dazu der Schreckenserfahrungen bedurfte, man kann sich aber gleichwohl freuen, dass es dazu gekommen ist.[21]

---

20 Vgl. Huber 13–56.

21 Vgl. dazu auch meinen Beitrag: Reformation und Emanzipation, in: Texte aus der VELKD 165 (November 2012), 40–44 (auch im Internet veröffentlicht).

Theologisch-politische Handlungsfelder

Recht und kommunikative Freiheit

Überlegungen zur Rechtsethik Wolfgang Hubers

von Michael Moxter

Die jüdisch-christliche Tradition beschreibt Freiheit als Bewegung. Sie umfasst den Abschied vom Verfügen und den Aufbruch zum Leben. Das biblische Urbild dieser Bewegung ist Abraham [...]. Die Bewegung, die [ihm] zugemutet wird, wiederholt sich im Auszug Israels aus Ägypten.[1]

Mit diesen Hinweisen auf biblische Erzählungen stimmte Wolfgang Huber vor einigen Jahren die evangelische Kirche darauf ein, sich als ‚Anwalt der Freiheit' zu begreifen und darum selbst zu neuen Gestaltungsformen aufzubrechen. Dass Freiheitstheorie auf diese Weise als Bewegungslehre präsentiert wird, ist nicht nur sportlichem Geist geschuldet. Es verrät einen signifikanten Einfluss Hegels, bei dem das Verhältnis von Recht und Freiheit jener Selbstbewegung des Denkens bedarf, die man Dialektik nennt und in der allein der freie Begriff den Begriff der Freiheit begründen kann.[2] Der Bedeutung der Hegelschen Rechtsphilosophie für den von Huber explizierten Zusammenhang von Recht und kommunikativer Freiheit soll im Folgenden nachgegangen werden und zwar mit Hinweisen auf drei elementare Bewegungen. Sie erhalten die Überschriften:

1 Von Kant zu Hegel und zurück
2 Vom Rechtspositivismus zur Rechtsethik und zurück
3 Von der Freiheit zur Gerechtigkeit und zurück

Dabei wird im ersten und ausführlichsten Teil auf wesentliche Anliegen Hubers eingegangen, während die kürzer geratenen folgenden Abschnitte die eingeschlagene Richtung in eigener Verantwortung fortführen. Zustimmung zur Sache seitens des mit diesem Symposium Geehrten darf also nur für die ersten Anfänge erwartet oder erhofft werden. Der weitere Gang der Überlegungen gerät eher hetero- als orthodox. Das scheint insbesondere für das zweimal wiederholte ‚und zurück' zuzutreffen, das unmittelbar Bedenken auf sich zieht. Denn was sollte man von Aufbruchbewegungen halten, die zu ihrem Ausgangspunkt zurückführen? Ein Exodus, der unter dem Titel ‚Von Ägypten in die Wüste und zurück' zusammenzufassen wäre,

---

1 Wolfgang Huber, Von der Freiheit. Perspektiven für eine solidarische Welt, München 2012, 151.

2 Vgl. Georg Wilhelm Friedrich Hegel, Wissenschaft der Logik II, in: Ders., Werke in zwanzig Bänden, Bd. 6, 251.

spräche eher für ein Scheitern des Aufbruchs an den Befreiten, deren rückwärtsgewandte Wünsche und Nostalgien ja in der Tat durch lange währende Wüstenwanderungen abgearbeitet werden mussten. Auszug aus selbstverschuldetem Frondienst verträgt sich nicht mit Bewegung im Rückwärtsgang. Allerdings ist die Formulierung ‚und zurück' hier nicht unter den Verdacht der Regression zu stellen, sondern als Hinweis auf einen unverzichtbaren Fortschritt gemeint. Sie steht nämlich für das jeweilige Wahrheitsmoment, das auf dem Weg von Kant zu Hegel, vom Rechtspositivismus zur Rechtsethik und von der Freiheit zur Gerechtigkeit im Blick zu halten ist, um Aufbrüche vor Einseitigkeiten zu bewahren. Denn Sinn fürs Gegensteuern zur rechten Zeit ist bekanntlich nicht nur für kirchenleitendes Handeln unverzichtbar, sondern auch eine systematisch-theologische Kompetenz und noch dazu ebenfalls biblisch begründet. Denn zielt der Exodus aufs gelobte Land, so kann Aufbruch nur Abschied von Knechtschaft, nicht aber eine prinzipielle Absage ans Kulturland meinen.

1 Von Kant zu Hegel und zurück

Der Weg von Kant zu Hegel interessiert im Folgenden nicht als philosophiehistorische Etappe, sondern unter einem systematischen Gesichtspunkt. Für diesen gilt Hegels kritische Auseinandersetzung mit Kants Moralphilosophie als entscheidendes Motiv der Ausbildung seines eigenen Freiheitsverständnisses. Beiseite gelassen wird hier also alles, was sich an dieser Weichenstellung der Philosophiegeschichte über den Gegensatz von Kritik und Dialektik bzw. von Reflexion und Spekulation, über das Verhältnis von Kantischer Transzendentalphilosophie und Hegelscher Logik oder über die Ablösung der republikanisch-pragmatischen Denkungsart Kants durch eine etatistisch orientierte Geschichtsphilosophie sagen ließe. Es kommt hier einzig auf dasjenige Motiv an, das Hegels Rechtsphilosophie mit Kant gegen Kant und insofern über bloße Moral hinausführt (a) – und das Hubers Theologie des Rechts entscheidend prägt. Diese nimmt nämlich zur Konkurrenz und Alternative zwischen Kantischer Moralität und Hegelscher Sittlichkeit in spezifischer Weise Stellung, woran hier ebenfalls kurz zu erinnern ist (b).

a) Kant denkt ‚Freiheit im transzendentalen Sinne' als Vermögen eines Willens, eine Reihe von Veränderungen von selbst anzufangen.[3] Alle Anstrengungen seiner komplexen und – wie er im Rückblick eingestand – „etwas tief angelegt[en] […] Betrachtung"[4] dienen dem einen Zweck, Freiheit wenigstens als denkmöglich zu begreifen, so wenig sie auch mit den Mitteln empirischer Wissenschaften bewiesen werden kann. Gerade die kritische

3 Vgl. KdrV A 448.
4 KdrV A XVI.

Beschränkung der Erkenntnisansprüche ermöglicht es aber, dass Freiheit sozusagen für sich selbst spricht und sich als Faktum erweist, sobald nämlich das humane Subjekt den unabweisbaren Anspruch des Sollens anerkennt.[5] ‚Moralität' ist dann die Bestimmtheit eines Willens, der alle Anreize, die aus der Ausführung einer Handlung resultieren oder mit den Objekten des Wollens verbunden sind, beiseite setzt und einklammert, um allein an einem formalen Gesichtspunkt festzuhalten: nämlich an der Frage, ob eine subjektive Willensbildung deshalb und nur deshalb gewählt wird, weil sie mit dem Grundprinzip der Universalisierbarkeit übereinstimmt. Nur wo aus Pflicht und d. h. um des allgemeinen Gesetzes willen über eigene Regeln entschieden wird, hat subjektive Willensbildung einen moralischen Wert. Erfolgen entsprechende Entscheidungen dagegen ausschließlich im Interesse konkreter Triebfedern, äußerer Reize und Absichten, so ist das Höchste, was man von ihnen normativ erwarten darf, dass sie ‚legal', d. h. in bloß faktischer Übereinstimmung mit den geltenden Regeln und in diesem Sinne ‚pflichtgemäß' erfolgen.[6] Der Wille ist folglich moralisch, wenn er sich, allein durch sich selbst bestimmt, zu einem allgemeinen Wille läutert, und er ist rein, wenn er sämtliche Inhalte, für die er sich interessieren könnte, unter den Schleier des Nichtdarumwissenwollens bringt. ‚Moralisches' und ‚Rechtliches' lassen sich dann aufgrund der unterschiedlichen Art der jeweiligen Verpflichtung unterscheiden: Das Recht verpflichtet allein zu äußeren Handlungen und kann diese, weil sie äußerlich sind, notfalls auch erzwingen. Die Ethik regelt dagegen alle Pflichten überhaupt unter dem Gesichtspunkt, sie aus Gründen freier rationaler Zustimmung zum Universalisierungsgrundsatz zu erfüllen.

Kants Unterscheidung zwischen Legalität und Moralität ist für die Sicherung von Freiheit unverzichtbar, führt aber auch zu Defiziten in Kants Freiheitsbegriff. Unverzichtbar ist sie, weil sie die humane Rechtsordnung darauf beschränkt, äußere Handlungen zu koordinieren, also das Zusammen-Bestehen-Können subjektiver Freiheit zu gewährleisten und so das Innere, das Subjektive bzw. das je eigene Gewissen freizulassen. Dem Recht und seinen Zwangsmitteln sind damit konstitutive Grenzen gezogen, bei deren Überschreitung Freiheit gerade nicht gestärkt und gleichsam innerlich aufgepolstert, sondern ganz und gar verspielt wird. Im Sinne dieses Gewinns durch Beschränkung greift Wolfgang Huber – wenn auch nicht ohne historische Vorbehalte gegenüber einer monokausalen Herleitung – Jellineks These auf, die modernen Grund- und Freiheitsrechte hätten den neuralgischen Punkt ihrer Entwicklung im Bereich der Religion erhalten:[7] Zum ersten Mal prägnant wird die Beschränkung des Rechts auf die äußere Ordnung im

5 Vgl. KdpV A 55f; A 72–74.

6 Vgl. KdpV A 144.

7 Georg Jellinek, Die Erklärung der Menschen- und Bürgerrechte, Leipzig, 1904; vgl. Huber, Gerechtigkeit und Recht, 230, insb. Anm 28; 255 f.

Anschluss an die reformatorische Grundeinsicht, den je eigenen Glauben und die je eigene Gewissheit nicht dem Diktat anderer und ihrer Ordnungen zu unterwerfen. Glauben lässt sich – weder beim anderen noch bei uns selbst – erzwingen. Auch darin unterscheidet er sich von allen Werken, auf die das soziale Leben Anspruch erhebt, und schafft so Raum für Subjektivität und Individualität.

Aber die mit der Unterscheidung zwischen *äußerer* Legalität und *innerer* Moralität gezogene Grenze wird zum Problem, sobald man nach Realisierung von Freiheit, sozusagen nach ihrer Darstellung fragt. Hängt das ‚Faktum der Freiheit' allein am Sollen, so bleibt Freiheit *jenseits des Seins*, gänzlich erfahrungstranszendent und also ein Begriff, der durch keine Anschauung erfüllt werden kann. Kant begnügt sich aus guten Gründen mit einem Minimalismus, der die höchste Idee für undarstellbar hält und sie darum allein als Verbot des Übergriffs, als strikte Grenze zwischen Mein und Dein,[8] und folglich als Basis eines elementaren Abwehrrechts denkt.

Hegels Kritik der kantischen Moralität richtet sich gegen den auf diese Weise erzeugten Abgrund zwischen Sein und Sollen und also gegen die auf Dauer gestellte Diastase von Vernunft und Wirklichkeit.[9] Vor allem in der ‚Phänomenologie des Geistes' interpretiert Hegel deshalb die sog. ‚Postulate der praktischen Vernunft' als Platzhalter eines Überschusses, an dem sich zeigt, dass auch die Kantische Philosophie über das bloße Sollen hinausgreift und der Moralität ein Moment des Wirklichwerdens verschaffen muss, so sehr sie das nur im Modus kontrafaktischer Unterstellung und Hoffnung einzuräumen bereit ist.[10] Dass es nicht für immer beim Hiat und Abgrund zwischen Tugend und Glück, zwischen moralischer Würde und menschlicher Erfahrung bleibt, erlaubt es Kant zwar, autonome Moral und christliche Religion perspektivenreich zu verbinden, aber die in Anspruch genommene Hoffnung beweise nur, dass der immer wieder beschworene Kontrast zwischen Sein und Sollen nicht das letzte Wort behalte – und auch nicht behalten könne und dürfe. Denn solange es dem Subjekt wirklich ums *Handeln* geht, baut und betritt es bereits Brücken zwischen Normativem und Faktischem.[11] Dieser theoriearchitektonischen Analyse entspricht präzise die Kritik des kantischen Moralitätsgedankens als Ausdruck einer bloßen Gesinnungsethik. Denn ‚rein' könne sich der gute Wille nur bewahren, indem er auf Realisierung ganz und gar verzichtete. Hegels Phänomenologie des handelnden Bewusstseins zeigt im Gegenzug

8 Vgl. Metaphysik der Sitten. Rechtslehre § 1 ff., A 55 ff.

9 Odo Marquard, Hegel und das Sollen, in: PhJ 72, 1964/65, 103–119.

10 Vgl. Wolfgang Huber, Unsterblichkeit und Würde. Kant zu Ehren, in: Kant lebt. Sieben Reden und ein Kolloquium zum 200. Todestag des Aufklärers, hg. v. Birgit Recki, e. al, Paderborn 2006, 146–165.

11 Georg Wilhelm Friedrich Hegel, Phänomenologie des Geistes, in: Werke in zwanzig Bänden, Bd. 3, Frankfurt a. M., 1970, 442 ff.; 455.

die Risiken des Schuldigwerdens und der Selbstverfehlung, die dann entstehen, deutlich auf. Aber sie hält diese Krisen für unverzichtbar. Der (nicht länger antik gedachten, sozusagen post-tragischen) Tragödie des Sittlichen[12] darf man nicht entgehen wollen. An die Stelle der Reinheit der moralischen Gesinnung tritt deshalb eine endliche Freiheit, die Selbstgewissheit eines handelnden Subjekts, dessen Bewusstsein der Freiheit auf Versöhnung angewiesen ist. Lässt sich das Subjekt auf diese Endlichkeit und Abhängigkeit nicht ein, will es sich an absoluter Freiheit delektieren, so schlägt die kantische Moralität in ihr Gegenteil um.[13]

Den ‚Weg von Kant zu Hegel' darf man deshalb mit der Einsicht zusammenfassen, dass sich das moralische Bewusstsein um der Wirklichkeit der Freiheit willen auf den langen Marsch durch die Institutionen machen muss. Die sozialen Formen, in denen wir handeln, die Gepflogenheiten, an die wir dabei anknüpfen, und die Institutionen, an denen wir partizipieren, bleiben Ordnungen im Zwielicht[14], aber sie sind immerhin Gestalten erfahrbarer Freiheit. In ihnen zu handeln, heißt den Gebrauch der Freiheit zu lernen – und zwar auch dann, wenn der Konflikt zwischen Subjektivität und Institution sich verhärtet, so dass manchmal Freiheit nur im Protest gegen ihre Entstellungen zu Klarheit und einigem Selbstbewusstsein findet.

b) Wolfgang Hubers Kritik neuzeitlicher Autonomie folgt unverkennbar diesen Perspektiven Hegels. Das bestätigt jetzt noch einmal das auf diesem Symposium vorgestellte Buch[15]. Kant müsse, so heißt es in ihm, die Freiheit „von allen konkreten Handlungszusammenhängen" lösen und die „Institutionen des gemeinsamen Lebens" aus der Reflexion ausblenden, um an der Reinheit der Selbstbestimmung festzuhalten.[16] Freiheit werde folglich in prinzipieller Negativität gedacht, sie erscheine immer nur als ‚Freiheit von', so dass Kantianer dazu neigten, schon die Rede von gelebter Freiheit, von ‚Freiheit zu', als Verrat an der Idee der Freiheit zu denunzieren. Aufgrund dieser Einseitigkeit trete radikale Autonomie in Konkurrenz zum Gottesglauben, erscheine doch letzterer nur noch als Fremdbestimmung und also nicht länger als biblisch-reformatorischer Glaube an den Gott, der zur Freiheit ruft und befreit. Solche Unterbestimmungen im Freiheitsbegriff machten das Recht zum Inbegriff von Regeln, die nur deshalb nötig werden, weil unter der Bedingung der Raumknappheit die subjektive Willkür des einen Subjekts auf die des Anderen stößt. Wie der neuzeitliche Freiheitsbegriff solipsistisch

12 Vgl. Thomas M. Schmidt, Die Feindschaft von Religion und Recht. Die Tragödie im Sittlichen und ihre Überwindung, in: Feindschaft, hg. v. Markus Firchow/Michael Moxter, Leipzig 2013, 83–97.

13 Cf. Hegel, a. a. O. 486 ff.

14 Vgl. Bernhard Waldenfels, Ordnung im Zwielicht, Frankfurt a. M., 1987.

15 Wolfgang Huber, Von der Freiheit, 151.

16 Vgl. a. a. O. 58.

und besitzindividualistisch geprägt sei, so gelte das Recht ausschließlich als eine Form der Beschränkung von Freiheit. Das Maß der Freiheit erscheine dann umso größer, je weniger diese durch das Mitdasein fremder Freiheit kontaminiert wird.

Die systematische Gegenthese, aus der Hegel unter dem Titel ‚Geist' anerkennungstheoretische und sozialphilosophische Konsequenzen zieht, ist dagegen in der Formel zusammenfassbar: „ein Mensch allein kann nicht frei sein"[17]. Freiheit wird dann nicht unter dem Paradigma einer Verfügungsmacht über Gegenstände (Descartes' *maître et possesseur de la nature*) gedacht, die das Mitdasein der Anderen nur als Präsenz von Konkurrenten erscheinen lässt, denen man den eigenen Willen – so gut es eben geht – oktroyieren muss. Realisiert sich Freiheit allererst im Zusammensein mit anderen und kommt sie allein in Formen gemeinsamen Handelns zu sich selbst, dann überschreitet sie den Bereich des technisch herstellenden bzw. interventionistischen Handelns. Kommunikatives Handeln ist Zugewinn von Handlungsmöglichkeiten in gelingender (versöhnter) Intersubjektivität. Angesichts der Alternative ‚Kant oder Hegel?' ist es also bezeichnend, dass Wolfgang Huber seinen Grundbegriff der kommunikativen Freiheit aus der Hegelinterpretation Michael Theunissens[18] übernimmt und dann auf eigene Weise theologisch konturiert.

Zu dieser theologischen Konturierung noch einige Hinweise: Kommunikativ ist die Freiheit als geteilte Wirklichkeit, die – wie im biblischen Brotwunder – sich vermehrt, wenn viele an ihr partizipieren. Freilich ist das Verhältnis von Gottesglaube und sozialer Wirklichkeit hier nicht als wunderbares Eingreifen einer höheren Macht gedacht, sondern eben als Freisetzung der im Handeln selbst gegebenen Möglichkeit, mit der die humane Sozialität dem trinitarischen Gott entspricht. Nicht die Durchsetzung von Herrschaft und Subordination, sondern die Gemeinschaft sich wechselseitig anerkennender Personen zeichnet das Leben in Freiheit aus – bei Gott wie unter den Menschen. Demokratie tritt also in dieser theologischen Perspektive nicht erst dort in den Blick, wo es um Verfahren geht, Handlungsziele einvernehmlich zu koordinieren, oder um Entscheidungen über Staatsformen, vielmehr gründet sie bereits in der Eigenart der Freiheit. Diese ist an ihr selbst geteilte und mitgeteilte, Partizipation gewährende Freiheit.

Diese kategorialen Voraussetzungen erklären sich aus Hubers Anlehnung an Luthers Freiheitsbegriff. Rechtfertigungsglauben ist Freiheitsgewissheit, wenn anders es für diesen darauf ankommt, dass Gott seine Gerechtigkeit

17 Hermann Krings, System und Freiheit, Freiburg i. Br./München, 1980, 125. Vgl. ders., Die systematische Struktur der Normenbegründung, in: Dieter Henrich, Kant oder Hegel? Über Formen der Begründung in der Philosophie, Stuttgart 1983, 625–640.

18 Cf. Michael Theunissen, Hegels Lehre vom absoluten Geist als theologisch-politischer Traktat, Berlin/New York, 1970.

darin zum Zuge bringt, dass er den Menschen freispricht und also frei macht. Die Herrschaft Gottes (βασιλεία τού ϑευῦ) besteht daher nicht darin, sich Knechte zu machen, sondern den Menschen, der sich selbst verknechtet und andere tyrannisiert, Freiheit zu eröffnen. Die erste These von Luthers Freiheitstraktat, „Eyn Christen mensch ist eyn freyer herr über alle ding und niemandt unterthan"[19], ist insofern der Grundsatz kommunikativer Freiheit in evangelischer Perspektive. Wie das christologische Verhältnis von göttlicher und menschlicher Natur in der Person Christi als Kommunikation von Wesenseigenschaften gedacht wird, und wie die Gerechtigkeit in der Rechtfertigung den gottlosen Menschen mitgeteilt wird, so setzt sich auch die Freiheit in Zuwendung zum Anderen durch. Der Christenmensch wird zum „dienstpar[en] knecht"[20], so dass Freiheit zu zirkulieren beginnt.

Insofern ist kommunikative Freiheit als zentrale Kategorie der Rechtslehre zugleich ein strikt theologischer Begriff. Die christliche Sozialethik und mit ihr das protestantische Verständnis des Rechts ist deshalb kein bloßer Anwendungsfall christlichen Handelns, sondern identifiziert die charakteristische Signatur des Christlichen, das Dasein Gottes als Geist, der Freiheit gegen die Logik menschlicher Selbstbehauptung glaubwürdig macht.

So weit, also bis hinein in den trinitarischen Gottesgedanken und der diesem entsprechenden Christologie und Pneumatologie, greift der Versuch, die Freiheit von der Spitze der Selbstverfügung auf den Boden ihrer kommunikativen Wirklichkeit zurückzuführen. Dass rechtliche Institutionen nicht nur einschränkende Bedingungen subjektiver Willkür, sondern Gestalten konkreter Freiheit sind, ist daher kein beiläufiger Hegeleinfluss, sondern Ausdruck einer Unterströmung, aus der sich Hubers Theologie insgesamt speist.

c) Ich folgere aus dieser Beobachtung, dass der – zunächst hinter vorgehaltener Hand und zuletzt auch öffentlich geäußerte[21] – Eindruck, der Sozialethiker Huber sei als Bischof und Ratsvorsitzender nachgedunkelt, insofern ein Missverständnis darstellt, als der systematische Ort, an dem solche Farbeffekte erzeugt werden, seit Langem gewählt war: mit dem Schritt von Kant zu Hegel war über die Perspektiven entschieden, die den steilen Anspruch der Moral in die Verantwortung konkreter Sittlichkeit übersetzen.

Markanterweise geschieht dies bei Huber freilich so, dass der Vorsprung der sittlichen Formen gelebter Freiheit gerade nicht als schlichte Affirmation der Institutionen oder als Apologie des Bestehenden zur Geltung gebracht wird. Zwar gilt die Grundüberzeugung, die sozialen, politischen und rechtlichen Institutionen eines demokratischen Gemeinwesens seien der Ort, an

---

19 Martin Luther, WA 7, 21, 1 f.

20 Gemäß der zweiten These: A. a. O. 3 f.

21 Vgl. das Interview von Matthias Kamann in: *Die Welt* vom 6. August 2012: „Es gab ein Gefühl der Enttäuschung" (www.wolfganghuber.info/images/wh_pdf/welt-huber.pdf).

dem Freiheit wirklich werde, aber erstere ist alles andere als eine selbstgefällige Bespiegelung der gegebenen Verhältnisse. Gerade die Wirklichkeit der Freiheit ist der bürgerlichen Gesellschaft alles andere als selbstverständlich. Das Licht, in dem sie steht, hat – um es in Anlehnung an eine neutestamentliche Formulierung zu sagen – die Welt noch nicht begriffen. Sie muss deshalb an die Wirklichkeit als an ihre eigene Möglichkeit zuallererst erinnert werden. Denn die handelnden Subjekte neigen permanent dazu, ihre eigene Grundlage zu unterbieten und darum Wirklichkeit zu verstellen. Statt die Spielräume der Freiheit zu erweitern, schotten sich Institutionen (also nicht nur einzelne Amtsinhaber) gegen eine kritische Reflexion ab, die die Güte der Institutionen nicht an ihrem bloßen *Dasein*, sondern daran misst, ob und wieviel Freiheit sie konkret zu gebrauchen herausfordern. Die Beharrungskraft der Institution präsentiert sich gern im Licht *realisierter* Freiheit, um der Zumutung der Realisierung von *Freiheit* zu entgehen. Darum muss sie an ihre eigenen Möglichkeiten erinnert werden.

Insofern kommt Hubers Schritt von Kant zu Hegel in einem entschiedenen ‚und zurück' zur Geltung. Gegen die Neigung zur Affirmation der sittlichen Welt betrachtet die Sozialethik Hubers die gegebene Ordnung strikt funktional: Die Güte der Institutionen zeigt sich an der Kritik, die sie ertragen und um der Freiheit willen verdienen. Die Zeit eines demokratischen Gemeinwesens in Gedanken gefasst, ist und bleibt insofern die Zeit der Kritik. Nicht Stabilisierung durch Religion entspricht der Einsicht in die realisierte Freiheit, sondern Labilisierung des Bestehenden durch Erinnerung ans Unabgegoltene. Aufgrund dieser Einsicht kulminiert Hubers Weg von der Kantischen Moral zur Hegelschen Freiheit in der Feststellung: „Gegen eine sich an Hegel anlehnende Deutung der Institutionen muss man an dieser [sc. kritischen] Einsicht Kants festhalten."[22]

Die sich auf diese Weise ergebende Spannung zwischen Freiheit und Institution ist nun im Horizont des Rechts genauer zu betrachten.

2 Vom Rechtspositivismus zur Rechtsethik und zurück

a) ‚Positivisten' werden in der Regel beargwöhnt, weil sie ein unverzichtbares Wahrheitsmoment isolieren und zum alleinigen Ausgangspunkt aller methodischen Operationen machen. Verarmung der Perspektiven ist daher der Preis für ihre Beschwörung methodischer Gradlinigkeit. Oder um es mit Blumenberg zu sagen: „Wer den Positivismus bevorzugt, lebt ärmlich, wer sich von ihm entfernt, lebt gefährlich."[23]

---

22 Huber, Von der Freiheit, 67.

23 Vgl. Hans Blumenberg, Beschreibung des Menschen, Frankfurt a. M. 2006, 481.

Im Fall des Rechtspositivismus liegt das einschlägige Wahrheitsmoment in der Positivität des Rechts, also in dem Umstand, dass Recht als geltendes, als in öffentlich erkennbaren Verfahren in Kraft gesetztes und also als gegebenes Recht zu begreifen ist. An Erbstreitigkeiten kann man studieren, wohin es führt, wenn Menschen sich von ihrem Gefühl, was rechtens sei, leiten lassen und sich nicht am positiven Recht orientieren. Rechtskompetenz entsteht zuallererst durch das Studium von Gesetzestexten, Gerichtsurteilen und Verfahren. Wer dagegen das Handeln an seiner Vorstellung ausrichtet, wie das Recht sein *sollte*, erleidet Schiffbruch an den Klippen, die zum Recht gehören, *wie es nun einmal ist*.

Ähnlich wie die Unterscheidung von Legalität und Moralität ist der Rechtspositivismus jedoch unverzichtbar *und* problematisch. Ersteres ist der Fall, weil sich rechtliche Regeln überhaupt erst dann von anderen Handlungsregeln unterscheiden lassen, wenn man ihre Eigentümlichkeit erkennt, öffentlich verkündet zu sein und aufgrund spezifischer Verfahren auch durchgesetzt werden zu können. Freilich verpflichtet die Einsicht in diesen elementaren Ausgangspunkt noch nicht dazu, auch diejenige Vereinseitigung mitzuvollziehen, zu der Rechtspositivisten neigen, wenn sie die unverzichtbare Bestimmung unmittelbar zum allein maßgeblichen Gesichtspunkt machen. Probleme bereitet daher die zusätzliche Behauptung, das positive Recht sei von allen anderen normativen Regeln und insbesondere von Fragen der Moral isoliert bzw. getrennt zu betrachten. Während die Eigentümlichkeit der Positivität unstrittig ist, konstituiert die Trennungsthese den Rechtspositivismus als Selbstbezeichnung einer Schulrichtung. Diese transformiert den methodischen Ausgangspunkt in einen vollständigen bzw. in den allein maßgeblichen Gesichtspunkt des Rechtsbegriffs. Die Autonomie des Rechts wird dann als dessen Reinheit verstanden und durch Aussonderung aller Bestandteile und Ansprüche hergestellt, die als ‚überpositiv' gelten oder gelten könnten. Wer die unaufgebbare Positivität des Rechts im Sinne der Trennungsthese auslegt, betont nicht nur Eigenart und Autonomie des Rechts (schließt es also nicht nur aus, dass sich Verbindlichkeitsansprüche am Gesetzgeber vorbei als rechtsverbindlich einschleichen), sondern zielt auf eine Immanenz des Rechts, die Transzendenz nur als Referenz auf externe Quellen behandelt. Ob das Verhältnis von Innen und Außen im ausschließlichen Sinne einer externen Relation bestimmt werden kann oder ob es nicht immanente Transzendenz und Übergänge zwischen Innen und Außen geben könnte, wird gar nicht erst gefragt.

Insoweit der Rechtspositivismus den Geltungsgrund des Rechts allein an ordnungsgemäße interne Verfahren knüpft, hatte Gustav Radbruch ihm nachgesagt, die ‚Wehrkraft' gegenüber dem Phänomen ‚gesetzlichen Unrechts' zu schwächen.[24] Weil er sich jede Möglichkeit versage, bestehen-

24 Gustav Radbruch, Gesetzliches Unrecht und übergesetzliches Recht, in: Ders.,

des Recht ,ungerecht' zu nennen, müsse er auch solche Gesetze anerkennen, deren Ungerechtigkeit ein „so unerträgliches Maß erreicht", dass sie nichts anderes als ,Schandgesetze' darstellen. Obwohl die historische Tiefenschärfe von Radbruchs Diagnose relativiert werden muss – übrigens nicht zuletzt aufgrund der Kontinuität der Positivismuskritik bei Radbruch selbst, die er also nicht erst aufgrund der Erfahrungen im Dritten Reich entwickelt hatte, vor allem aber, weil die nationalsozialistische Aushöhlung des Rechts darin bestand, die Positivität des Rechts beliebig außer Kraft zu setzen[25] –, hat sie zur sog. Renaissance des Naturrechts in der deutschen Nachkriegszeit einen wichtigen Anstoß gegeben.

b) Vor der Folie dieser Rechtspositivismuskritik ist der Titel der Rechtsethik Wolfgang Hubers unverkennbar programmatisch gemeint: *Gerechtigkeit und Recht* (zedaqah und mischpat). Der Buchtitel markiert schon mit der Reihenfolge der beiden Begriffe den Abstand gegenüber einer Rechtstheorie, die alles, was überhaupt Recht ist, schon deshalb als ,richtiges Recht' begreift, weil es ordnungsgemäß gesetzt ist. Weil Legalität nicht nur Lösung ist, sondern auch zu einem Problem werden kann, sobald sie Legitimitäts- und also Gerechtigkeitsfragen stillstellt, öffnet sich die Rechtslehre zur Rechts*ethik*. Wie in der theologischen Grundlegung Hubers der Begriff der kommunikativen Freiheit die Schlüsselstellung einnimmt, so entwickelt Huber in Anknüpfung an den biblischen Sinn der Gerechtigkeit Gottes einen Begriff, der Rechtstheorie, Ethik und Theologie verbindet: Gerechtigkeit als Dasein für den Anderen, als Engagement zugunsten des Bedrückten bzw. als Option für den Schlechtergestellten ist die normative Kategorie, die gleichsam als Unruhe der rechtlichen Ordnung dient. Mit der Metapher der Unruhe will ich andeuten, dass Hubers Rekurs auf den Begriff der Gerechtigkeit noch keine Vorentscheidung darüber einschließt, ob solche Gerechtigkeit als ein das Recht überbietendes Ideal, als oberste materiale Norm oder als Korrekturbegriff[26] zu interpretieren wäre – entscheidend ist zunächst nur, dass das Recht überhaupt in innerer Spannung zur Gerechtigkeit begriffen wird.

Der Schritt ,vom Rechtspositivismus zur Rechtsethik' ist für die Bewegung der Theologie Wolfgang Hubers so charakteristisch, dass der Zusatz

---

Gesamtausgabe Bd 3: Rechtsphilosophie, hg. v. Winfried Hassemer, Heidelberg 1990, 83–93.

25 Wie auch Wolfgang Huber betont, vgl. Gerechtigkeit und Recht, 82.

26 Nicht nur die aristotelische Billigkeit (vgl. Nikomachische Ethik V/14; vgl. Michael Moxter, Anrufung einer stummen Gottheit. Gerechtigkeit und Billigkeit in theologischer Perspektive, in: Gerechtigkeit – eine Illusion? Interdisziplinäre Ringvorlesung Saarbrücken, hg. v. Michael Hüttenhoff/Heinz Koriath, Münster 2004, 89–102) ist ein solcher Korrekturbegriff, sondern auch die altorientalische Gerechtigkeit (vgl. dazu Ulrich Berges, Göttliches Gesetz, in: Gewohnheit, Gebot, Gesetz, hg. v. Nils Jansen u. Peter Oestmann, Tübingen 2011, 9).

‚und zurück' der Erläuterung bedarf. Zunächst ist festzuhalten, dass das Verhältnis zwischen Rechtsethik und Rechtspositivismus sich ändert, sobald man gegenüber den bisher beschriebenen Grundzügen eine andere Form des Rechtspositivismus abhebt, die man als reflektierten Rechtspositivismus bezeichnen darf. Dieser denkt die Positivität des Rechts reichhaltiger und insofern raffinierter als es die Orientierung am bloßen Faktum gegebener und zwangsbewehrter Gesetze erlaubt und reduziert sich daher nicht auf die Behauptung, Recht sei nichts anderes als das, was der jeweilige Machthaber gesetzt habe.[27]

Gegenüber der abstrakten Trennungsthese kann ein reflektierter Rechtspositivismus durchaus zulassen, dass ein Gesetzgeber aus moralischen Gründen oder im Anschluss an ethische Überzeugungsbildung in einer deliberativen Demokratie Normen verrechtlicht. Er verlangt nicht Isolation des Rechts gegenüber Moral und Ethik, sondern kann sich mit Durchlässigkeit arrangieren. Allerdings betont er, dass auch in diesem Fall eine Rechtsregel nicht deshalb gilt, weil die Moral gilt, sondern aufgrund spezifisch rechtlicher Verfahren, durch die sie eingeführt und sozusagen umgeprägt wird. Im Blick ist hier also vor allem die spezifische Prägnanz der rechtlichen Form. Der alte theologische Grundsatz ‚Unterscheiden heißt nicht Trennen' ist folglich auch im gegenwärtigen Kontext einschlägig und zwar insofern, als das Insistieren auf der Prägnanz der Form von der Trennungsthese einseitig interpretiert wird. Die rechtspositivistische Konzeption verkürzt die Perspektive, wenn sie sich auf die metaethische These festlegt, Moral und Recht, Sollen und Sein, seien prinzipiell unabhängig voneinander.

Dagegen wird der Rechtspositivismus reflektierter, wenn man ihn mit anderen metaethischen Vorstellungen kombiniert und wenn man die Pflicht der Rechtsbefolgung im Horizont der Verfahren denkt, in denen Recht geändert werden kann. Bestreitet man nämlich die vollständige Trennbarkeit von Fakten und Normen, dann erkennt man in Rechtssätzen nicht nur ein Sollen, sondern auch einen Ausdruck eines Selbstverständnisses der sich selbst ein Recht gebenden Gemeinschaft, und denkt man das gegebene Recht im Horizont seiner Veränderbarkeit, dann unterscheidet man die Befolgung von Rechtsregeln vom bloßen Anschmiegen ans Bestehende. Ein reflektierter Rechtspositivismus bezieht sich nicht allein auf Rechtstatsachen, sondern auf den Sinn der Rechtsregel und also auf die Selbstdeutung des Rechts. Darauf ist noch zurückzukommen. Festzuhalten ist zunächst, dass das Recht als Ausdruck und Garant endlicher Freiheit seine eigene Bestimmtheit nicht einfach dem gegebenen Rechtssatz, sondern einem Zusammenhang der Rechtsgeltung verdankt.

27 Vgl. Hermann Weinkauffs Kritik dieser Formulierung in JZ 25, 1970, zit. bei HUBER, Gerechtigkeit und Recht, 97.

Es kennzeichnet ein solches Verständnis, dass es zum positiven Recht nicht nur einfache Normen zählt, die Tatbestände mit Rechtsfolgen verbinden, sondern auch Regeln, die Änderungen operationalisieren. Das Recht besteht nicht nur aus einer Summe einzelner Rechtstatsachen, sondern bildet ein Geflecht aus Normen und Prinzipien.[28] Zu ihm zählen Prinzipien, die ihrerseits gesetzt sind (wie etwa das Gleichbehandlungsgebot), aber auch solche Prinzipien, die sich zuallererst aus dem Verhältnis zwischen Normen oder aus der Beziehung zwischen Normen und Prinzipien ergeben. Letztere sind dann sozusagen mitgesetzt (sie sind nicht positiv, aber auch nicht überpositiv). Außerdem gehört zum Aufbau der modernen Rechtsordnung auch die Implementierung systematischer Sperren, die unterscheiden, was geändert werden kann und was erhalten bleiben muss, damit rechtliche Änderungen möglich sind.

Die Form des Rechts kann darum nicht als bloß äußere Form verstanden werden. Sie verbindet faktisch gesetzte Normen mit Prinzipien, auf die wir rekurrieren, wenn wir zu erklären suchen, warum das Recht Anerkennung verdient. Insofern bleibt es kurzschlüssig, den Geltungsgrund des Rechts allein auf den Zwang zu beziehen, mit dem es spezifischen Normen Geltung verschafft. Gehört es bereits zum Eigensinn des Rechts, seine Veränderbarkeit zu rationalisieren, so geht die Annahme fehl, Kritik des Rechts sei nur unter Berufung auf ein höheres Recht oder auf Höheres als das Recht legitim.[29]

c) Wenn dem so ist, kann die evangelische Theologie ihre Wahrnehmung des Rechts und die Perspektiven ihrer rechtsethischen Disziplin nicht länger mit dem Bild eines Rechtspositivismus motivieren, das auf eine krude und unterbestimmte Selbstbeschreibung reduziert ist. Sie muss auf ihrem Weg zur Rechtsethik mit raffinierteren Formen des Rechtspositivismus rechnen und sich zu ihnen verhalten. An Wolfgang Hubers Rechtsethik kann man – so meine ich – exemplarisch studieren, welche Wege sich dabei eröffnen.

Huber hält zunächst in wünschenswerter Deutlichkeit fest, dass sich der Rechtspositivismus, wie ihn Hans Kelsen und Herbert L. A. Hart[30] entfalteten, gegenüber Positionen des 19. Jahrhunderts, etwa derjenigen John Austins[31], grundsätzlich geändert hat. Denn Kelsens *Reine Rechtslehre* reduziert das Recht nicht auf Befehl oder Zwang, sondern zielt auf eine Rekonstruktion des diesem „gleichsam innewohnende[n] oder anhaftende[n] Sinn[s]“[32]. Die Rechtswissenschaft ist für Kelsen Sinntheorie, also eine

---

28 Vgl. Ronald Dworkin, Bürgerrechte ernstgenommen, Frankfurt a. M. 1984, 58 ff.

29 Vgl. Luhmann, Das Recht der Gesellschaft, 220.

30 Vgl. Herbert Lionel Adolphus Hart, The Concept of Law, Oxford, 1961.

31 Vgl. John Austin, Lectures on Jurisprudence or the Philosophy of Positive Law, London, 1863.

32 Hans Kelsen, Reine Rechtslehre, Nachdruck der 1. Auflage (1934) der Studienausgabe, hg. v. Matthias Jestaedt, Tübingen 2008, 16.

geisteswissenschaftliche Unternehmung, die sich von Rechtssoziologie oder empirischer (Rechts-)Wissenschaft klar unterscheidet. Sie will das Recht *als Recht* begreifen und ist darum an dessen „Selbstdeutung" orientiert, an dem ihm zugrundeliegenden „Deutungsschema"[33]. Wer nach Sinn fragt, ist bekanntlich mit dem Verweis auf Macht nicht zufriedenzustellen. Kelsen sucht deshalb Sinn und Einheit des Rechts in einer für das Recht eigentümlichen Erzeugungsregel. Diese heißt ‚Grundnorm', worunter Kelsen also nicht eine inhaltliche Norm versteht, aus der Rechtsregeln abgeleitet werden könnten, sondern eine formale, (quasi-)transzendentale Bestimmung: Als Recht kann nur gelten, was rechtmäßig erzeugt wurde. Ohne diese Bestimmung hier weiter erläutern zu können, sollte ihre Einschlägigkeit für unseren Zusammenhang deutlich sein. Sie markiert nämlich prägnant, dass das Recht den Sinn hat, beliebiger Willkür ein Ende zu setzen. Weil diese Unterstellung und Erwartung das Recht kennzeichnet, lässt es sich weder auf bloße Macht reduzieren noch gegenüber Rückfragen immunisieren.

Wie reagiert nun Huber auf diese Weiterentwicklung des Rechtspositivismus? Wie schon erwähnt, nimmt Hubers Rechtsethik den Rechtspositivismus gegenüber Radbruchs Analyse einer Mitverantwortung für nationalsozialistisches Willkürrecht in Schutz und befürwortet daher nicht etwa eine Rehabilitierung des Naturrechts („nicht ein[en] Abschied vom positivistischen Rechtsbegriffs, sondern dessen *reflektierte* und bedachte Beibehaltung"[34]). Diese besonnene Variante ergibt sich aus der Einsicht in die innere Reflektiertheit des Rechts, die es ausschließt, dass „ein Gesetz und seine Anwendung jede Verbindung zur inhaltlichen Geltungsgrundlage des Rechts"[35] aufgeben. Diese Auskunft Hubers lässt sich so lesen bzw. interpretieren, dass sie innerhalb der Grenzen der von Kelsen skizzierten Rechtslehre verbleibt. Huber spricht denn auch von einem „nach-positivistische[n] Verständnis des Rechts"[36], das als kritische Theorie des Rechts dieses weder auf bloße Legalität reduziert (wie ein naiver Rechtspositivismus) noch eine Moralisierung des Rechts an deren Stelle setzt (wie das Naturrecht), sondern als selbstkritische Reflexion des Rechts an der Legitimitätsfrage festhält.[37] Letztere kann in der Gestalt einer Erinnerung an das positive Recht aufgeworfen werden, jedenfalls dann, wenn mit dem internen Verhältnis zwischen einfacher Gesetzgebung und Verfassung sich das Verständnis der Positivität des Rechts grundlegend wandelt. Die Kritik des Rechts durch eine aufgeklärte Öffentlichkeit, in der auch Kirche und Theologie ihre Stimmen erheben, überbietet daher nicht die Rationalität des Rechts durch überpo-

33 A. a. O., 17.
34 HUBER, Gerechtigkeit und Recht, 82. Hervorhebung von mir.
35 A. a. O., 83.
36 A. a. O., 84.
37 Vgl. HUBER, Gerechtigkeit und Recht, 99.

sitive Einsichten. Vielmehr mobilisiert sie immer auch interne Differenzen im Recht und übersetzt daher vor- und außerrechtliche Ansinnen in die Sprache des öffentlichen Streits um das Recht. Wenn es bei Huber heißt, man müsse an der „Unterscheidung zwischen Moralität und Legalität fest[zu] halten, ohne sie zu einer Trennung zu steigern"[38], so ist dies der Sache nach eine Bestätigung der Forderung, über den Gegensatz von Rechtspositivismus und Naturrecht hinauszukommen.

Vor diesem Hintergrund lässt sich die für Huber zentrale Bedeutung der Barmer Theologischen Erklärung verdeutlichen. Nach ihrer V. These ist es die Aufgabe der Kirche, „an Gottes Reich, an Gottes Gebot und an seine Gerechtigkeit und damit an die Verantwortung der Regierenden und Regierten"[39] zu erinnern. Insofern letztere nur als selbsteigene Verantwortung gedacht sein kann, ist eine heteronome Inanspruchnahme des Politischen ausgeschlossen. Die Einmischung von Kirche und Theologie in die öffentlichen Angelegenheiten kommt demnach darin zu ihrem Ziel, dass sie den Freiheitsspielraum der politischen Vernunft erhöht und der rechtlichen Ordnung zumutet, die Prinzipien des demokratischen Verfassungsstaates ernster zu nehmen und die noch unausgeschöpften Möglichkeiten einer Rationalisierung des Rechts zu realisieren. Hubers Interpretation der Barmer Theologischen Erklärung ist denn auch nicht auf die alte Streitfrage fixiert, ob man eher auf Barmen II (Durchgriff der Heiligung auf alle Bereiche) oder auf Barmen V (Unterscheidung der Aufgaben von Kirche und Staat) setzt, sondern vor allem von der Überzeugung geleitet, der Barmer Theologischen Erklärung fehle noch ein Bewusstsein für das Phänomen einer räsonnierenden Öffentlichkeit, für eine Gesellschaft politischer Bürgerinnen und Bürger, die ihre Angelegenheiten deliberativ regeln.

So weit einmal zu denjenigen Linien der Gedankenführung, die mit Kelsen kompatibel sind. Andererseits aber artikuliert Huber eine grundsätzliche Kritik an dessen Rechtspositivismus. Deren Diagnose zielt auf Kelsens Grundnorm und attestiert ihr eine Zwickmühle: nämlich entweder einen logischen Zirkel, der das schon in Anspruch nimmt, was allererst begründet werden soll, oder aber die Abhängigkeit von der historischen Fiktion einer ersten Verfassung, aus der sich Recht dann rechtmäßig entwickelt bzw. kontinuierlich erzeugt habe. Da weder das eine noch das andere in Frage kommt und durch Mischung beider auch kein rationaler Gewinn zu erreichen ist, behandelt Huber den reflektierten Rechtspositivismus schließlich auch nicht anders als den naiven. Huber attestiert ihm ein Begründungsdefizit, lässt ihn an diesem scheitern und ersetzt deshalb Kelsens Grundnorm durch „eine moralische Grundnorm": „die Geltung der ‚Erkenntnisregel' muß auf

---

38 Huber, Gerechtigkeit und Recht, 85.

39 Die Barmer Theologische Erklärung, hg. v. Alfred Burgsmüller u. Rudolf Weth, Neukirchen, 1983, 38.

Prinzipien zurückbezogen werden können, die *in sich selbst* – und das heißt: aus moralischen Gründen – Anerkennung fordern"[40]. Darin liegt unverkennbar der Dreh- und Angelpunkt, mit dem die geöffnete Tür zum reflektierten Rechtspositivismus in das traditionelle Schloss zurückschnappt. Weil das, was in sich selbst Anerkennung fordert, zugleich das sein soll, was aus moralischen Gründen Anerkennung verdient, bleibt es auch gegenüber Kelsens Rechtslehre bei der programmatischen Bewegung vom Rechtspositivismus zur Ethik. Das Recht muss auf eine Quelle der Legitimation bezogen werden, die ihre Funktion nur erfüllen kann, wenn sie von diesem selbst unterschieden bleibt. Der bedeutendste Kandidat für diese Legitimation ist bekanntlich die Kategorie der Menschenwürde, die selbst nicht allein rechtlich, sondern von Haus aus ethisch gedacht sein muss. Man darf Hubers Grundüberzeugung trotz ihres klaren Blicks für die Weiterentwicklung des Rechtspositivismus daher in Anlehnung an eine Formel Radbruchs zusammenfassen: Das Recht hat den Sinn, der Gerechtigkeit zu dienen.

d) Es sollte daher deutlich sein, dass das Ansinnen einer Rückkehr zu einer reflektierten Gestalt des Rechtspositivismus den Überzeugungen der Rechtsethik Wolfgang Hubers zuwiderläuft bzw. ihnen widerspricht. Man kann also nur auf eigene Rechnung für ein anderes Verständnis plädieren. Dieses müsste zeigen, dass Legitimität des Rechts gedacht werden kann, ohne den Eigensinn der symbolischen Form des Rechts aus rechtsexternen Quellen zu begründen. Ob das gelingen kann und was eine solche Perspektive für den Dialog von Theologie und Rechtswissenschaft besagt, kann hier nicht diskutiert werden. Jedoch sei zumindest ein zurückhaltendes Urteil hinsichtlich der Frage angedeutet, ob sich Kelsens Position mit genau dem Einwand abwehren lässt, der schon gegen den Rechtspositivismus des 19. Jahrhunderts zur Geltung gebracht wurde. Wird man auf diese Weise der Weiterentwicklung der Position gerecht oder müsste man nicht weitere Runden im Streit um die Grundlagen des Rechts einläuten, wenn man – wie Huber – die Fortentwicklung der Position anerkennt? Diese Frage verstärkt sich, wenn man der Auffassung ist, dass sich die Eigenart transzendentaler Begründungen mit dem Vorwurf formal-logischer Zirkularität (Hubers erster Einwand) nicht entkräften lässt. Reflexive Selbstbezüglichkeit transzendentaler oder quasi-transzendentaler Argumente lässt sich nach Maßgabe des sog. Münchhausen-Trilemmas nicht zurückweisen – wie die Debatte zwischen H. Albert und K.-O. Apel gezeigt hat.[41] Zumindest bedürfte das entscheidende gegen Kelsen gerichtete Argument Hubers weiterer Klärung. Auch könnte man Kelsens Verständnis der Grundnorm stärker im Licht

40 Huber, Gerechtigkeit und Recht, 79.

41 Vgl. Karl-Otto Apel, Das Problem einer philosophischen Theorie der Rationalitätstypen, in: Rationalität. Philosophische Beiträge, hg. v. Herbert Schnädelbach, Frankfurt a. M. 1984, 15–31.

des neukantianischen Verständnisses der Hypothesis lesen und dann den Satz: ‚Wenn es Recht gibt, kann es legitimerweise nur rechtlich geändert werden' nicht umstandslos als petitio principii erweisen, wie Huber es möchte. Kurzum: Es könnte gute Gründe geben, Hubers partielle Würdigung Kelsens gegen seine Kelsenkritik noch einmal aufzunehmen.

Sie werden deutlicher, wenn man sich noch einmal das Folgende klarmacht: Der Weg von der (kantischen) Moralität zur (hegelschen) Sittlichkeit und der Weg vom bloßen Dasein zur kritischen Selbstreflexion des Rechts haben jedenfalls einen gemeinsamen Fluchtpunkt. Sie bringen das systematische Gewicht der Institutionen und rechtlichen Ordnungen zur Geltung, verstehen diese aber nicht als gegebene und vorgegebene fixe Größen, sondern als Güter, die sich mit der Qualität der Handlungen verändern. Solche Institutionen sind selbst veränderliche Gestalten der Freiheit, deren Aneignung und Anerkennung sich gerade in ihrer Transformierung und Umgestaltung vollziehen. Ihre Güte zeigt sich an den unausgeschöpften Möglichkeiten ihrer Reformierbarkeit. Insofern gehört zum Begriff der kommunikativen Freiheit wesentlich die Überzeugung, dass Institutionen sich in öffentlichen Diskursen über ihre Verbindlichkeit, Legitimität und Grenzen *wandeln*[42]. Oder knapp formuliert: Was die Institution taugt, erkennt man an der Reform, zu der sie fähig ist. – Diese Grundüberzeugung bildet einen zentralen Konvergenzpunkt Hubers und Kelsens, der weitere Aufmerksamkeit verdient.

3 Von der Freiheit zur Gerechtigkeit und zurück

Zu den Grundüberzeugungen des philosophischen Liberalismus gehört die Auffassung, dass der rechtlichen Sicherung der Prinzipien der Freiheit ein systematischer Vorrang vor der Behandlung von Fragen der Gerechtigkeit gebührt. Der sog. Wirtschaftsliberalismus stellt demgegenüber eine Schwundstufe dar, insofern er die These über die Rangfolge der Prinzipien als Marginalisierung des Gerechtigkeitsbegriffs versteht. Letzterer zu widersprechen und also den Übergang von der Freiheit zur Gerechtigkeit als einen notwendigen Ergänzungsschritt zu denken, war die Pointe bei John Rawls[43].

Wolfgang Hubers Weg von der Freiheit zur Gerechtigkeit verläuft – wenn ich recht sehe – insofern anders als in der liberalen Gesellschaftstheorie, als Huber ihn nicht als Übergang zwischen zwei Prinzipien und also nicht als Schritt von der Sicherung des gleichen Rechts Aller zur Fürsorge für die Benachteiligten bzw. zur Solidarität mit Anderen versteht, sondern als Darlegung eines einheitlichen Sachverhalts. Kommunikative Freiheit ist –

42 Vgl. Huber, Von der Freiheit, 67 f.

43 John Rawls, Eine Theorie der Gerechtigkeit (deutsch), Frankfurt a. M. 1979.

wie wir sahen – Vervollständigung bzw. Erfüllung des Freiheitsbegriffs, in dem Subjektivität als Sein für den Anderen gedacht wird und sich darum Freiheit in Gerechtigkeit sozusagen vertieft. Gerechtigkeit steht daher nicht in einem Ergänzungsverhältnis zur Freiheit. Der Weg ‚von der Freiheit zur Gerechtigkeit' führt nur von der abstrakten (kantischen) Freiheit zum konkreten Begriff kommunikativer Freiheit, die an ihr selbst Gerechtigkeit ist, weil Individualität und Sozialität gleichursprünglich zusammengehören.

Die Frage ist jedoch, ob sich der Rechtsbegriff entfalten lässt, ohne dass man ihn zunächst und zuerst als Sicherung von Rechten gleicher Freiheit versteht. Ihnen gegenüber reagieren dann Forderungen nach sozialer Gerechtigkeit auf dennoch bestehende Ungleichheit, so dass sie sekundär hinzutreten. Das Recht, ein Rechtssubjekt zu sein, als Abwehrrecht, erscheint dann ursprünglicher als der über das Recht der Teilnahme bzw. der Chancengleichheit eingeführte Begriff der Gerechtigkeit. Dieser wird aufgrund der faktischen Verteilung von Handlungsmöglichkeiten nötig, sobald der Schleier des Nichtwissens gelüftet wird. Dann wäre die Rangordnung beider Begriffe ihrem Prinzipienstatus immanent.[44]

Meine abschließende Unterstellung lautet daher, dass die Pointe des Begriffs der kommunikativen Freiheit, verstanden als Einheit und Zusammengehörigkeit von Freiheit und Gerechtigkeit, in der Friedensethik, in der Sozial- und Wirtschaftsethik und in der Ethik des Politischen ihren legitimen und prägnanten Ort verdient. Die Rechtsethik jedoch – so scheint mir – hat die Eigentümlichkeit, dass man in ihr dem *Dasein* der Freiheit einen Vorrang vor ihrer Qualifikation belassen muss – ohne dass wir auf Letztere verzichten können.

---

44 Martha Nussbaum hat gegen diese Strukturierung eines Prinzipiengefälles innerhalb der Rawlsschen Gerechtigkeitstheorie eingewandt, dass die Interessen von Menschen mit schweren geistigen Beeinträchtigungen nicht erst auf einer späteren Stufe des Argumentes (in welcher fürsorglichen Form auch immer) berücksichtigt werden dürften, sondern bereits ein Problem der Gleichheitsunterstellung auf Stufe 1 bildeten. Die Konstruktion der Gleichheit der Rechtssubjekte beruhe im Kontraktualismus auf eingeschränkter Reziprozität, insofern nur zum Vertragsabschluss fähige Subjekte Berücksichtigung fänden, für die der gegenseitige Nutzen von Kooperation die Einsicht leitet (Martha C. Nussbaum, Die Grenzen der Gerechtigkeit. Behinderung, Nationalität und Spezieszugehörigkeit, Berlin 2010, 56–58; 88–91; 95–97 u. 130). Einzuwenden ist, dass das sympathische Bild der Fürsorge und Solidarität zwar ein, auch nach meinem Verständnis, angemessenes Bild menschlichen Lebens zeichnet, aber denjenigen Minimalismus nicht ernst nimmt, den Rawls aus guten Gründen zum Ausgangspunkt wählt, weil sich nur so die Skepsis gegenüber Gerechtigkeit überwinden lässt. Der Wunsch nach reichhaltigeren und vollständigeren Grundlagen führt bei Nussbaum denn auch in Intuitionen und ins moralische Sollen (vgl. a. a. O., 104 f.). Die Option, mehr erreichen zu wollen, verspielt dasjenige Minimum, auf das Rawls setzt.

Kommunikative Freiheit und Beteiligung an Bildung

Zur Herausforderung kirchlicher Schulen durch das Paradigma „Inklusion"

von Marianne Heimbach-Steins

> Alle Bildung des Menschen beginnt mit dem Schöpfungsakt Gottes.
> Die Bildungsanstrengungen der Menschen können als Mitwirkung
> an Gottes creatio continua verstanden werden, für die eines charakteristisch ist:
> Sie gilt der ganzen Schöpfung und damit auch allen Menschen.[1]

Soll das christlich geprägte Freiheitsverständnis, wie es in Wolfgang Hubers theologisch-ethischem Konzept *kommunikativer Freiheit* formuliert ist,[2] mit dem Anspruch auf *Beteiligung an Bildung* zusammengedacht werden – diese Aufgabe wurde mir für meinen Beitrag gestellt –, so bietet sich *Gerechtigkeit* als Konjunktion an. Es geht um die Dreiecksbeziehung *Freiheit – Gerechtigkeit – Bildung*. Die Reihenfolge ist variabel, aber keineswegs beliebig: Jede Variation setzt einen eigenen ethisch gewichtigen Akzent. Die Perspektive einer *für alle* zu ermöglichenden Verwirklichung personaler Freiheit stellt die Gerechtigkeit zentral; eben dies zeichnet einen genuin *sozialethischen* Zugang zu Bildung aus.[3]

Mit dem Begriff *Beteiligung* wird in der neueren christlich-sozialethischen Debatte eine, wenn nicht die zentrale, Dimension gesellschaftlicher (sozialer) Gerechtigkeit aufgerufen.[4] Sie repräsentiert ethische wie rechtlich-politische Voraussetzungen und Erfordernisse gesellschaftlicher Partizipation als zu ermöglichende und zu verwirklichende menschliche Fähigkeit. Reale Beteiligung als Verwirklichung personal verantwortlicher Freiheit für alle

---

1 Heinrich Bedford-Strohm, Bildung und Gerechtigkeit, in: Lars Bednorz/Olaf Kühl-Freudenstein/Magdalena Munzert (Hg.), Religion braucht Bildung – Bildung braucht Religion, Würzburg 2009, 39–52 (wiederabgedruckt – und danach hier zitiert – in: „Niemand darf verloren gehen!" Evangelisches Plädoyer für mehr Bildungsgerechtigkeit. Lesebuch zum Schwerpunktthema der 3. Tagung der 11. Synode der Evangelischen Kirche in Deutschland [EKD] vom 7. bis 10. November 2010 in Hannover, 14–22, 22).

2 Vgl. Wolfgang Huber, Von der Freiheit. Perspektiven für eine solidarische Welt, München 2012.

3 Vgl. dazu u. a. Marianne Heimbach-Steins/Gerhard Kruip, Wir brauchen eine „Sozialethik der Bildung"! Einführung in Thema und Struktur des Bandes, in: Dies. (Hg.), Bildung und Beteiligungsgerechtigkeit. Sozialethische Sondierungen, Bielefeld 2003, 9–22.

4 Vgl. hierzu schon Wolfgang Huber, Gerechtigkeit und Recht. Grundlinien christlicher Rechtsethik, Gütersloh 1996, 194 f.

setzt die *Befähigung* der Einzelnen i. S. des Weckens und kontinuierlichen Förderns menschlicher Potentiale voraus; sie ist auf die Herstellung und die dauerhafte Sicherung institutioneller Rahmenbedingungen angewiesen, welche tatsächliche Partizipation an Bildungsangeboten und *in* Bildungsprozessen sowie die weitere gesellschaftliche Partizipation *durch* den Erwerb von Bildungsgütern ermöglichen und unterstützen. Insofern müssen *Befähigungs- und Beteiligungsgerechtigkeit* Hand in Hand gehen.[5]

Den komplexen Zusammenhang, der mit der Trias Freiheit – Gerechtigkeit – Bildung aufgerufen ist, möchte ich im Folgenden in vier Schritten skizzenhaft entwickeln und an einem derzeit bildungspolitisch hochaktuellen und umstrittenen Anwendungsfeld exemplarisch diskutieren.

1 Kommunikative Freiheit ist *Gabe, Recht und Aufgabe* – in dieser Reihenfolge

„Kommunikative Freiheit"[6] als theologisch-ethisches Konzept versteht Freiheit von der biblischen Freiheits- oder präziser: Befreiungsbotschaft her. Freiheit wird zuerst als Gabe, als Frucht wohlwollender Zuwendung und bleibender Beziehung, gedeutet. Darin konvergieren das alttestamentliche

---

5 Um die Zuordnung beider Gerechtigkeitsbegriffe zueinander und zu der unerlässlichen Verteilungsgerechtigkeit wird in der sozialethischen Literatur auf evangelischer wie auf katholischer Seite gestritten (leider immer noch zu selten auch die konfessionellen Grenzen überschreitend). In der evangelischen Sozialethik hat dazu u. a. die sog. Armutsdenkschrift der EKD „Gerechte Teilhabe" (2006), die mit beiden Gerechtigkeitsbegriffen arbeitet, Anlass gegeben (vgl. Huber, Von der Freiheit, 115–129). Eine sachliche Auseinandersetzung muss davon ausgehen, dass keiner der beiden Begriffe aus sich heraus semantisch von vornherein so festgelegt ist, dass nur *eine einzige* Lesart und Verortung im Feld der Gerechtigkeitsdiskurse möglich ist; die Debatte kann hier nicht im Einzelnen geführt werden. Eine hilfreiche Rekonstruktion des Begriffs der Beteiligungsgerechtigkeit im Horizont der katholisch-sozialethischen Tradition bietet der katholische Sozialethiker Alexander Filipovic in seiner Monographie: Öffentliche Kommunikation in der Wissensgesellschaft, Bielefeld 2007, 170–242; weiterführend außerdem: der Diskussionsband Beteiligung – Inklusion – Integration. Sozialethische Konzepte für die moderne Gesellschaft (Forum Sozialethik 5), hg. v. Christiane Eckstein/Alexander Filipovic/Klaus Oostenryck, Münster 2007; Marianne Heimbach-Steins, Gerechtigkeitstheorien und Zielvorstellungen von Gesellschaft, in: Martin Dabrowski/Judith Wolf (Hg.), Gleichheit, Ungleichheit, Gerechtigkeit, Paderborn 2011, 85–110; Begriff und Konzeption der Befähigungsgerechtigkeit reflektiert u. a. die umfangreiche Studie von Peter Dabrock, Befähigungsgerechtigkeit. Ein Grundkonzept konkreter Ethik in fundamentaltheologischer Perspektive, Gütersloh 2012.

6 Huber, Von der Freiheit, 57–73, 64. Wolfgang Huber verweist auf Michael Theunissen als den Impulsgeber, dem er dieses Stichwort verdanke; vgl. dazu auch den Beitrag von Theunissen in der Festschrift zu Hubers 60. Geburtstag: Freiheit und Schuld – Freiheit

Bekenntnis zu dem Gott, der den Menschen als „seine Statue" (Gen 1,26) in die Verantwortung für die Schöpfung einsetzt und das Volk Israel aus der Knechtschaft Ägyptens befreit (Ex 20,2; Dtn 5,6), die heilende Praxis Jesu, der sich insbesondere den Kranken und Marginalisierten zuwendet, und die christologische Zuspitzung bei Paulus („zur Freiheit hat uns Christus befreit", Gal 5,1). Freiheit als Befreiung, als schöpferische Gabe, geht jedem menschlichen Freiheitshandeln *ermöglichend* voraus. In dieser grundlegenden Beziehung gründen die Annahme, alle seien hinsichtlich der Gabe der Freiheit gleich, und die ebenso grundlegend soziale Dimension der Freiheit: Sie eröffnet den Blick auf die Zuwendung zum Anderen.

Biblisch gesehen zeigt sich in der Beziehungsdimension menschlicher Freiheit aber zugleich deren tiefe Ambivalenz von Anfang an: Freiheit droht zu misslingen, wo die Erfahrung der Anerkennung fehlt (vgl. Gen 4): Da läuft sie Gefahr, sich (selbst-)zerstörerisch gegen ihre tragende Grundlage zu wenden.[7] Die biblische Erzählung von Kain und Abel dramatisiert diese Erfahrung. Sie inszeniert die Herausforderung zu verantwortender Freiheit und das Drama ihrer Verfehlung, und sie deutet das Eskalationspotential an, das droht, wofern keine Grenzen setzende Macht (in der Erzählung: Gott, der Kain gegen drohende Rache immunisiert, vgl. Gen 4,15) die Spirale der Gewalt durchbricht.

Unter ganz anderen geistesgeschichtlichen Voraussetzungen bearbeitet die Moderne diese menschheitliche Grunderfahrung. Sie fokussiert Freiheit als Anspruch und als *Recht*. In der Sprache der Menschenrechte wird es als universal bekannt und ausgewiesen: Darin artikuliert sich – diesseits einer religiös-metaphysischen Garantie-Instanz – die Einsicht, dass die Anerkennung der gleichen Freiheit der (aller) Anderen die unhintergehbare Voraussetzung für die Lebbarkeit je eigener Freiheit darstellt, dass Freiheit nur als sozial vermittelte und zu verantwortende Freiheit real werden kann.[8]

Aus der Freiheits*begabung* des Menschen – und entsprechend aus der rechtlichen Instituierung der wechselseitigen Anerkennung gleicher Freiheit – erwächst die *Aufgabe* der Freiheit, die wir mit dem Begriff der

---

und Sünde, in: HEINRICH BEDFORD-STROHM u. a. (Hg.), Freiheit verantworten, Gütersloh 2002, 343–356.

7 Vgl. MARIANNE HEIMBACH-STEINS, Begründen und/oder Verstehen – Vermittlungsgestalten zwischen biblischer Botschaft, sittlichem Subjekt und gerechter Praxis, in: MARCO HOFHEINZ/FRANK MATHWIG/MATTHIAS ZEINDLER (Hg.), Wie kommt die Bibel in die Ethik?, Zürich 2011, 243–261, bes. 248–258.

8 Vgl. weiterführend im Hinblick auf eine kultur- und kontextsensible Menschenrechtsbegründung: RAINER FORST, Das Recht auf Rechtfertigung. Elemente einer kognitivistischen Theorie der Gerechtigkeit, Frankfurt a. M. 2007; eine äußerst anregende, erfahrungsbasierte normative Rekonstruktion sozialphilosophischer und politisch-philosophischer Begründungsmuster kommunikativer Freiheit bietet: AXEL HONNETH, Das Recht der Freiheit, Frankfurt a. M. 2011.

Verantwortung zu bezeichnen gewohnt sind. Ethisch gesehen beansprucht sie jede/n Einzelne/n im Innersten (im Gewissen); und sie lässt sich nur als Beziehungsgeschehen realisieren. Sie legitimiert sich in der Anerkennung der Anderen als gleicherweise Freie und im verbindlichen – verantwortlichen, solidarischen – Eintreten für deren Freiheit. So verstanden, setzt sich „kommunikative Freiheit" ab von einem Denkansatz, der Freiheit als Besonderung des Individuums und Autonomie als Lösung aus Bindungen (menschlichen Abhängigkeiten wie auch und erst recht der Bindung an eine göttliche Autorität) begreift.[9]

Aus einer theologisch-anthropologischen Reflexion gewinne ich vier Aspekte, mit denen kommunikative Freiheit näher bestimmt werden kann:[10]

(1.) Als *geschöpfliche Freiheit* ist sie gegeben, nicht „gemacht"; ich fasse diesen Aspekt in dem anthropologischen Spannungsbogen von *Verdanktheit und Autonomie*. Der Mensch wird – im Koordinatensystem des biblischen Gottesglaubens und Menschenbildes – als Geschöpf, Freiheit als geschenkte gedacht. Dennoch – oder gerade deswegen – ist im Zusammenhang theologischer Anthropologie und Ethik auf den Begriff der Autonomie nicht zu verzichten, wenn das Verständnis von Freiheit entwickelt werden soll: Der ethisch zentrale Begriff einer relationalen Autonomie trägt wesentlich dazu bei, die enge Verknüpfung von Freiheit als Gabe und als Aufgabe geschöpflicher Verantwortung zu profilieren.

(2.) Als *gemeinsame Freiheit* ist sie sozial gebunden und als *gleiche Freiheit* nur in Solidarität mit den Anderen, nicht auf deren Kosten zu verwirklichen. Ich konzentriere diese beiden Charakteristika in dem anthropologischen Spannungsbogen von *Individualität und sozialer Verwiesenheit*. Damit lege ich – in kritischer Abgrenzung gegenüber jeder individualistischen Engführung – besonderes Gewicht darauf, die soziale Bindung nicht einseitig als einschränkende Bedürftigkeit und Abhängigkeit zu deuten, sondern zugleich als *Potential* menschlicher Existenz. Zumal unter dem Vorzeichen geschenkter Freiheit ist sie Befähigung (*empowerment*) zu verantwortlichem, solidarischem Miteinander. Im biblischen Doppelgebot der Liebe grundgelegt, ist dieser Wirkungszusammenhang heute auf einen zeitlich und räumlich entgrenzten Anspruch der Solidarität zu beziehen. *Gemeinsame* Freiheit umgreift sowohl die weltweiten Armuts- und Abhängigkeitsverhältnisse als auch die Generationen übergreifenden Langzeitfolgen gegenwärtigen Handelns. Zugleich weist sie über die zwischenmenschlichen Versuche der wechsel-

9 Vgl. Huber, Von der Freiheit, insb. 73–96.

10 Vgl. zu den im Folgenden entwickelten anthropologischen Spannungsbögen: Marianne Heimbach-Steins, Sozialethik, in: Klaus Arntz/Marianne Heimbach-Steins/Johannes Reiter/Herbert Schlögel, Orientierung finden. Ethik der Lebensbereiche (Theologische Module Bd. 5), Freiburg i. Br. 2008, 166–208, 180–182.

seitigen Zuordnung von Freiheiten hinaus auf die Ebene gesellschaftlicher Institutionen/Ordnungen, ohne die die gleiche Freiheit aller keinesfalls zu sichern ist, und damit auf die Menschenrechte, die als Freiheits(sicherungs-)rechte ein unteilbares Ensemble bilden.

(3.) Ohne Zweifel ist die kommunikative Freiheit immer auch *gefährdete Freiheit*: Bereit, Verantwortung zu übernehmen, ist sie der Möglichkeit des Scheiterns ausgesetzt; im Vollzug ist sie dem Risiko des auch schuldhaften Scheiterns ausgesetzt und wird sich dessen bewusst. Ich nenne dies den anthropologischen Spannungsbogen von *Verantwortungsfähigkeit und Schuldanfälligkeit*. Die doppelte Ambivalenz von Gelingen und Scheitern überhaupt sowie des schicksalhaften oder schuldhaften Scheiterns ist der Freiheit als Grunddisposition des Menschen wie als Entscheidungs- und Handlungsfreiheit zutiefst eingeschrieben. Freiheit zu realisieren, schließt das Risiko des Scheiterns notwendig ein.

(4.) Schließlich ist kommunikative Freiheit in einem doppelten Sinn *geprüfte Freiheit*: Sie ist zum einen bedingt und begrenzt; die Prüfung von Freiheitsspielräumen legt diese Bedingungen und Grenzen frei und limitiert sie zugleich, indem sie Handlungsspielräume definiert. Zum anderen ist sie reflexiv: Sie „tut" nicht einfach, sondern bezieht sich auf sich selbst zurück, reflektiert sowohl vorausschauend als auch nachträglich Rechenschaft legend, was entschieden, getan und unterlassen wird. Sie *muss* verantwortet werden, und sie kann letzten Endes nur verantwortet werden, indem das Subjekt der Freiheit sich seiner selbst als endliche und sterbliche Existenz bewusst ist. Mit dem anthropologischen Spannungsbogen von *Selbstüberschreitung und Sterblichkeit*, der den ermöglichenden Grund menschlicher Freiheit und damit die Möglichkeitsbedingung sittlicher Verantwortung benennt, schließt sich der Kreis.

2 Beteiligung an Bildung – eine Voraussetzung zur Verwirklichung kommunikativer Freiheit

Freiheit als Gabe, Recht und Aufgabe bedarf der Erfahrung, der reflexiven personalen Aneignung und der Sicherung durch soziale Institutionen. Ein von der Gabe der Freiheit ausgehendes Verständnis lässt Freiheit kategorial als biographisch offenen Prozess verstehen – eingebettet in eine ermöglichende und tragende Beziehungsgeschichte. Was sich einer gläubigen Perspektive als göttlich-menschlich-mitmenschliches Geschehen zum Heil erschließt[11], braucht „Erdung" und „Widerlager" in menschlicher Kommunikation und

11 Eine umfassende theologische Reflexion hätte diesen Gedanken schöpfungstheologisch, christologisch, soteriologisch, eschatologisch zu entfalten sowie individualethisch, so-

gesellschaftlich institutionellen Sicherungen. Der Zusammenhang von kommunikativer Freiheit und Bildung kann von hier aus als exemplarisches Bewährungsfeld entwickelt werden. Dabei muss gegenwärtig bleiben, dass Bildung zwar unter den Bedingungen der modernen Gesellschaft eine notwendige, aber keineswegs allein hinreichende Bedingung ist, um Freiheitsverwirklichung zu sichern.

Bildung als Prozess und als Medium der Persönlichkeitsentfaltung sowie als Instrument zur Ermöglichung von gesellschaftlicher Teilhabe und Beteiligung dient diesem Aneignungsgeschehen. Bildung ist notwendig, um die Person zur verantwortlichen Wahrnehmung ihrer Freiheit im sozialen Zusammenhang zu befähigen; dies bestimmt sie zum Menschenrecht. Mit guten Gründen wird die doppelte, nämlich intrinsische und instrumentelle Bedeutung von Bildung bzw. Bildungsbeteiligung für die Personentwicklung und ihre Freiheitsverwirklichung betont. Das Recht auf Bildung wird deshalb als Befähigungsrecht (*empowerment right*) ausgewiesen. Zu dessen Realisierung braucht es Bildungsinstitutionen, -angebote und -prozesse, die allen offen stehen, die Erfahrung von Freiheit in dem oben skizzierten Sinne ermöglichen und die Einübung in die Verantwortung der Freiheit fördern.[12]

Dieser Zusammenhang steht im Hintergrund der heute auch in der christlichen Sozialethik zunehmend wahrgenommenen maßstäblichen Bedeutung des Menschenrechts auf Bildung für Bildungsgerechtigkeit; die Verknüpfung von Freiheit und Gerechtigkeit findet darin Ausdruck.[13] Eine sozialethische Herangehensweise korreliert diesen Maßstab mit den jeweils zu beobachtenden und zu erhebenden kontextuellen Bedingtheiten und Bedingungen, die der Freiheitsentfaltung in und durch Bildung Möglichkeiten eröffnen und Grenzen setzen bzw. die Fortentwicklung der politischen, institutionellen und prozessualen Aspekte von Bildungsgerechtigkeit herausfordern. Zudem macht sie den Anspruch einer freiheits- und menschenrechtsgemäßen Bildung als Qualitätsmaßstab geltend: Es geht darum, sowohl für die konkreten Bildungsangebote als auch für die politischen Rahmenbedingungen, unter denen öffentliche und freie Träger gehalten sind, für alle relevanten Zielgruppen Angebote lebensbegleitender Bildung von der frühkindlichen Bildung und Erziehung über die Schulbildung und die außerschulische Jugendbildung, die berufliche Bildung und die Hochschulbildung bis zu Angeboten der Fort- und Weiterbildung in den unterschiedlichen Phasen

---

zialethisch und ekklesiologisch zu verifizieren; dies kann im gegebenen Rahmen nicht geleistet werden.

12 Vgl. Axel Bernd Kunze, Freiheit im Denken und Handeln. Eine pädagogisch-ethische und sozialethische Grundlegung des Rechts auf Bildung (Forum Bildungsethik 10), Bielefeld 2012.

13 Zur Entwicklung des Bildungsdiskurses in der christlichen Sozialethik vgl. u. a. die Schriftenreihe „Forum Bildungsethik", hg. von Marianne Heimbach-Steins/Gerhard Kruip/Axel Bernd Kunze (Bielefeld ab 2007; bisher 11 Bände).

des Erwachsenenalters zu generieren und zu garantieren. Weil der sozialethische Fokus auf gerechter Beteiligung „an, durch und in der Bildung“[14] liegt, muss die Spannung zwischen dem pädagogischen Anspruch der Bildung und der Erwartung, Bildung als Mittel des sozialen Ausgleichs politisch nutzen zu können, im Blick bleiben. Der Gefahr, die genuin pädagogische Logik der Bildung durch sozialpolitische Zielsetzungen zu überschreiben beziehungsweise zu unterlaufen, ist aufmerksam und kritisch zu begegnen. Zugleich sind aber nicht nur die pädagogischen Prozesse, sondern auch die Institutionen der Bildung und die Struktur der Bildungsangebote am Anspruch der Bildungsgerechtigkeit zu messen. Insbesondere darauf sind bildungsspezifische Erkenntnis- und Forschungsinteressen christlicher Sozialethik gerichtet.

Das in Umrissen angedeutete Programm einer Sozialethik der Bildung ist im Kontext der christlichen Theologien (erst) in den zurückliegenden ca. fünfzehn Jahren explizit ausformuliert worden.[15] Bis in die jüngste Vergangenheit war Bildung konfessionsübergreifend kaum ein Thema theologisch-sozialethischer Forschung.[16] Bildung als Forschungsgegenstand war sowohl in der evangelischen als auch in der katholischen Theologie weitgehend der Religionspädagogik überlassen; als Gerechtigkeitsfrage war das Thema die längste Zeit kaum präsent.[17] Auch in offiziellen sozialethischen Äußerungen

---

14 Axel Bernd Kunze, Beteiligung *an, durch* und *in* der Bildung. Koordinaten eines sozialethischen Bildungsdiskurses über das Recht auf Bildung, in: Marianne Heimbach-Steins/Gerhard Kruip/Axel Bernd Kunze (Hg.), Bildung, Politik und Menschenrecht. Ein ethischer Diskurs (Forum Bildungsethik 6), Bielefeld 2009, 45–68.

15 Vgl. dazu u. a. Marianne Heimbach-Steins, Bildung und Chancengleichheit, in: Dies. (Hg.), Christliche Sozialethik. Ein Lehrbuch, Band 2: Konkretionen, Regensburg 2005, 50–81; dies., Bildungsgerechtigkeit – die soziale Frage der Gegenwart, in: Dies./Gerhard Kruip/Axel Bernd Kunze (Hg.), Bildungsgerechtigkeit. Interdisziplinäre Perspektiven, (Forum Bildungsethik 8), Bielefeld 2009, 13–25.

16 Auch in der vor zehn Jahren von Hans-Richard Reuter/Heinrich Bedford-Strohm/Helga Kuhlmann/Karl-Heinrich Lütcke hg. Festschrift für Wolfgang Huber unter dem schönen und einschlägigen Titel „Freiheit verantworten“ (Gütersloh 2002) sucht man das Thema Bildung noch vergeblich. Vgl. aber u. a. Dietlind Fischer/Volker Elsenbast (Hg.), Zur Gerechtigkeit im Bildungssystem, Münster 2007 (darin auch der Beitrag von Wolfgang Huber, Bildung zur Gerechtigkeit – Erträge und Erwartungen, 64–71).

17 Judith Könemann und Norbert Mette (Hg., Bildung und Gerechtigkeit. Warum religiöse Bildung politisch sein muss, Mainz 2013) haben jüngst eindringlich darauf hingewiesen, dass der Zusammenhang von Bildung und Gerechtigkeit in der verzweigten religionspädagogischen Debatte, jedenfalls auf katholischer Seite, bisher nahezu keine Rolle spielt; dafür machen sie verschiedene Gründe namhaft: einerseits die weitgehende Fokussierung auf das Handlungsfeld des schulischen Religionsunterrichts, so Mette: Der aktuelle Diskurs über Bildungsgerechtigkeit in den beiden (Groß-) Kirchen in Deutschland, in: Judith Könemann/Norbert Mette, (Hg.), Bildung und Gerechtigkeit, Mainz 2013, 21–36, 34; andererseits die Konzentration auf die

der Kirchen hat die Gerechtigkeitsdimension der Bildung erst in jüngerer Zeit, parallel mit der gesellschaftspolitischen Konjunktur des Themas in der Post-Pisa-Ära, verstärkte Aufmerksamkeit gefunden.[18] Angesichts der Tatsache, dass die christlichen Kirchen auf lange und gewichtige Traditionen des Bildungsengagements verweisen können und der Einsatz für gute und gerechte Bildung sowie die Unterhaltung eigener Bildungseinrichtungen seit Langem zu den Kernaufgaben kirchlicher Verkündigung und Diakonie zählen, muss dieser Befund erstaunen.

Das biblisch gegründete, christliche Verständnis des Menschen als freiheitsbegabtes Geschöpf fundiert das Bildungsengagement der Kirchen als einen wesentlichen Beitrag zur *sozialen, kulturellen und politischen Diakonie.* Die Überzeugung, dass Bildung ein Menschenrecht ist und dass Christenmenschen zudem ein Recht auf eine christliche Erziehung und Bildung haben – so die explizite Programmatik der Erklärung des Zweiten Vatikanischen Konzils über die christliche Erziehung *Gravissimum educationis*[19] –, bildet eine starke Orientierungsmarke für dieses kirchliche Tätigkeitsfeld. Für die sozialethische Evaluierung der kirchlich getragenen schulischen Bildung scheint mir ein solches, vorrangig diakonisches Verständnis des kirchlichen Bildungsengagements wichtig. Nicht nur spezielle Bildungsangebote für Benachteiligte bzw. Menschen mit einer Behinderung sowie berufliche Bildungsangebote zur Vorbereitung auf helfende Berufe, Erziehung und Pflege sind als diakonisch zu identifizieren.[20]

---

existentielle Dimension religiösen Lernens in einer hermeneutisch ausgerichteten Religionspädagogik, vgl. Judith Könemann, Bildungsgerechtigkeit – (k)ein Thema religiöser Bildung? Normative Orientierungen in der Religionspädagogik, in: Judith Könemann/Norbert Mette (Hg.), Bildung und Gerechtigkeit, 37–51, v. a. 40–45. Zugleich argumentiert Judith Könemann überzeugend, dass die Religionspädagogik schon aufgrund ihres eigenen normativen Bildungsverständnisses das Anregungspotential der theologisch-sozialethischen Bildungsdebatte aufnehmen muss.

18 Vgl. dazu u. a. die Überblicksdarstellungen bei Marianne Heimbach-Steins, Hintergründe und Kontexte der aktuellen Diskussion um das Menschenrecht auf Bildung in Deutschland, in: Dies./Gerhard Kruip/Axel Bernd Kunze (Hg.), Das Menschenrecht auf Bildung und seine Umsetzung in Deutschland: Diagnosen – Reflexionen – Perspektiven, Bielefeld 2007, 11–47; Norbert Mette, Der aktuelle Diskurs über Bildungsgerechtigkeit in den beiden (Groß-)Kirchen in Deutschland, in: Ders./Judith Könemann (Hg.), Bildung und Gerechtigkeit, Mainz 2013, 21–36.

19 So explizit in Gravissimum educationis Nr. 1 und 2. Vgl. Zweites Vatikanisches Konzil, Erklärung über die christliche Erziehung Gravissimum educationis, in: Peter Hünermann (Hg.), Die Dokumente des Zweiten Vatikanischen Konzils. Konstitutionen, Dekrete, Erklärungen. Lateinisch-deutsche Studienausgabe (Herders Theologischer Kommentar zum Zweiten Vatikanischen Konzil Bd. 1), Freiburg i. Br. 2004, 333–354.

20 Vgl. hierzu auch: Schulen in evangelischer Trägerschaft. Selbstverständnis, Leistungsfähigkeit und Perspektiven. Eine Handreichung des Rates der Evangelischen Kirche in Deutschland, Gütersloh 2008, 49.

Die sozial-, kulturell- und politisch-diakonische Dimension von Bildung betrifft das kirchliche Bildungshandeln insgesamt und die Programmatik freier Schulen in kirchlicher Trägerschaft in ihrem Kern, und zwar durchaus auch unter dem Vorzeichen kommunikativer Freiheit in dem skizzierten Sinn. Deren Anliegen sind: *erstens*, junge Menschen zur Verwirklichung verantwortlicher Freiheit zu befähigen; *zweitens* zu einer gesellschaftlichen Kultur beizutragen, die dem Anspruch solcher Freiheit *für alle* und damit einem Ethos der Verantwortung und der Solidarität verpflichtet ist; sowie *drittens* für Bildungsgerechtigkeit im Sinne einer Anwaltschaft für die Schwachen einzutreten, die in einer zunehmend ökonomisierten Bildungslandschaft um die ihnen geschuldete bestmögliche individuelle Förderung gebracht zu werden drohen.[21]

Im Folgenden sollen die bisher entwickelten Überlegungen auf ein aktuell besonders intensiv und kontrovers diskutiertes Thema der Bildungspolitik hin konkretisiert werden. Es soll einerseits erörtert werden, wie sich die ethischen Grundlinien eines christlich fundierten Bildungsengagements zu dem menschenrechtlich plausibilisierten Konzept der *Inklusion* verhalten; andererseits ist zu fragen, wie die Implementierung des Inklusionskonzepts im Bereich kirchlicher Bildungseinrichtungen sich zu dem damit formulierten Anspruch verhält und welche Schlüsse daraus für die Bildungsverantwortung der Kirchen zu ziehen sind.

3 Inklusion als normatives Konzept – Ausdruck kommunikativer Freiheit

Wenn der normative Kern des Konzepts der Inklusion (und eines darauf rekurrierenden Programms inklusiver Bildung) darin besteht, dass die in ihren Fähigkeiten Verschiedenen hinsichtlich ihrer Würde und Rechte als Gleiche anzuerkennen sind, lässt sich die These vertreten: Inklusion zielt auf die Verwirklichung kommunikativer Freiheit für alle.[22]

Der Inklusionsgedanke steht in Deutschland vor allem seit der Ratifizierung der UN-Behindertenrechtskonvention (CRPD, 2006) durch

21 Speziell zur Programmatik *katholischer* Schulen vgl. u. a. Raphael Frick, Grundlagen katholischer Schulen im zwanzigsten Jahrhundert. Eine Analyse weltkirchlicher Dokumente zu Pädagogik und Schule, Baltmannsweiler 2006; Anna Noweck, Katholische Schulen – beteiligungsgerecht? Eine sozialethische Untersuchung unter der besonderen Berücksichtigung des Capabilities Approach (Forum Bildungsethik, Bd. 11), Bielefeld 2013.

22 Das Folgende greift teilweise zurück auf meinen Beitrag: Katholische Schule, Bildungsgerechtigkeit und Inklusion, in: Jochen Sautermeister (Hg.), Verantwortung und Integrität heute. Theologische Ethik unter dem Anspruch der Redlichkeit (FS Konrad Hilpert), Freiburg i. Br. 2013, 323–336.

die Bundesregierung im März 2009[23] im Fokus öffentlicher Aufmerksamkeit. Die Anerkennung der Diversität menschlichen Lebens samt den damit verbundenen unterschiedlichen Bedürfnissen der jeweiligen individuellen Konstitution und ihrer Beeinträchtigungen basiert auf der axiomatisch geltenden gleichen Würde und, daraus folgend, auf den gleichen Beteiligungsrechten aller Einzelnen.[24] Inklusion bezieht sich mithin keineswegs ausschließlich auf die Anliegen und Rechte von Menschen mit einer Behinderung und postuliert keine Spezialrechte für diese Gruppe. Vielmehr betont die CRPD die universalen Menschenrechte angesichts der „typischen Unrechtserfahrungen von Menschen mit Behinderungen“.[25] Es gilt, „gesellschaftliche Strukturen so zu gestalten und zu verändern, dass sie der realen Vielfalt menschlicher Lebenslagen – gerade auch von Menschen mit Behinderungen – von vornherein besser gerecht werden“.[26]

Soziale Inklusion bildet den normativen „roten Faden“ der Konvention.[27] Sie zielt auf „selbstbestimmtes Leben in sozialen Bezügen“[28]. Darin liegt für das klassisch-moderne Autonomiedenken eine Provokation – ein *relationales* Verständnis von Autonomie in dem zuvor skizzierten Sinne kann hier jedoch gut anschließen: Die in sehr unterschiedlichen Varianten und keineswegs nur bei Menschen mit einer Behinderung sich artikulierende

---

23 Das Übereinkommen über die Rechte von Menschen mit Behinderungen („Convention on the Rights of Persons with Disabilities“, im Folgenden: CRPD) datiert vom 13.12. 2006 und ist am 03.05.2008 in Kraft getreten. Textfassungen online: http://www.institut-fuer-menschenrechte.de/de/menschenrechtsinstrumente/vereinte-nationen/menschenrechtsabkommen/behindertenrechtskonvention-crpd.html#c1911 (zuletzt aufgerufen: 06.08.2013). Die Umsetzung wird durch die beim Deutschen Institut für Menschenrechte eingerichtete Monitoring-Stelle für die Bundesrepublik Deutschland beobachtet und unterstützt. Vgl. Valentin Aichele, Die UN-Behindertenrechtskonvention und ihr Fakultätsprotokoll. Ein Beitrag zur Ratifikationsdebatte, Deutsches Institut für Menschenrechte (Hg.) Berlin 2008; Valentin Aichele, Das Recht auf inklusive Bildung gemäß Artikel 24 der UN-Behindertenrechtskonvention: Inhalt und Wirkung, in: Andreas Hinz u. a. (Hg.), Auf dem Weg zur Schule für alle. Barrieren überwinden – inklusive Pädagogik entwickeln, Marburg 22011, 11–25; Heiner Bielefeldt, Zum Innovationspotential der UN-Behindertenkonvention. Deutsches Institut für Menschenrechte (Hg.), Berlin 2006 (Essay Nr. 5).

24 Vgl. Bielefeldt, Innovationspotential, 5.

25 Aichele, Die UN-Behindertenrechtskonvention, 4; der Gedanke ist auch in den bischöflichen Empfehlungen aufgenommen, vgl. DBK, Inklusive Bildung, 3 f.

26 Aichele, Die UN-Behindertenrechtskonvention, 12.

27 Bielefeldt, Innovationspotential, 10–12.

28 Bielefeldt, Innovationspotential, 11, der die Bedeutung dieser Neuausrichtung auch für die Fortschreibung der Menschenrechtstheorie betont: Demnach liegt die Spitze der individuellen Menschenrechte darin, dass sie „freie Gemeinschaftsbildung“ ermöglichen „in der doppelten Frontstellung gegen autoritäre, bevormundende Kollektivismen einerseits und gegen unfreiwillige soziale Ausgrenzung andererseits“ (Bielefeldt 2006, 12).

Angewiesenheit auf soziale Bezüge lässt das Leben in und mit Abhängigkeiten als etwas allgemein Menschliches entdecken, das keineswegs generell im Gegensatz zu dem Anspruch eines selbstbestimmten Lebens steht. Dies *als Normalfall* zum Ausgangspunkt der Reflexion zu machen, markiert jenen Perspektivwechsel, der als Anfang von Inklusion verstanden werden kann.[29] Die CRPD erschließt diese im bisherigen Menschenrechtsdiskurs unvertraute Perspektive, indem in der Linie der Menschenwürde nicht nur Autonomie und Unabhängigkeit, sondern auch ein verstärktes Zugehörigkeitsgefühl[30] als zentrale Ziele sozialer Inklusion betont werden.[31]

Der Anspruch, alle Menschen *in ihrer Verschiedenheit* als Gleiche gemäß ihrer Würde und ihren Rechten anzuerkennen, zieht die Forderung nach sich, mit individuellen Verschiedenheiten (einschließlich verschiedenartiger Beeinträchtigungen) gleichberechtigt und -berechtigend umzugehen, das dafür notwendige Bewusstsein zu entwickeln und die zur Verwirklichung dieses Anspruchs erforderlichen materiellen und infrastrukturellen Voraussetzungen zu schaffen. Dies betrifft sowohl die Ebene individuell-zwischenmenschlicher Begegnung und Kommunikation als auch die Institutionen des gesellschaftlichen Zusammenlebens. Die zugleich anerkennende und unterstützende Zuwendung zu jedem und jeder Einzelnen muss dementsprechend auch mit dem Grundsatz der bestmöglichen individuellen Förderung in Bildungsprozessen verbunden werden. Das Anliegen „echte[r] Inklusion aller Randgruppen der Gesellschaft“[32] als Befähigung zur Freiheitsverwirklichung für alle wird unter anderem in der Forderung gerechter Bildungsbeteiligung für Menschen mit Beeinträchtigungen konkretisiert. Es verlangt tiefgreifende reale Umbauten bestehender Institutionen in räumlich-materieller wie in programmatischer Hinsicht.

Die im Inklusionsparadigma implizierte Orientierung auf die konkrete Person in ihrem sozialen Beziehungsgefüge konvergiert mit der christlichen Auffassung von der gleichen geschöpflichen Würde aller Menschen. Der biblische Topos der Gottesbildlichkeit des Menschen[33], die *allen* Menschen geltende heilvolle Zuwendung Gottes und die besondere Hinwendung

---

29 Vgl. Sabine Schäper, Von der ‚Integration‘ zur ‚Inklusion‘. Diskursive Strategien um den gesellschaftlichen Ort der Anderen im ‚Grenzfall‘ schwerer Behinderung, in: Eckstein u. a. (Hg.), Beteiligung – Inklusion – Exklusion, 171–187, hier: 182 f. (mit Bezug auf Eva Feder Kittay und Christa Schnabl).

30 CRPD Präambel (k).

31 Vgl. Bielefeldt, Innovationspotential, 10.

32 Josef Römelt, Behinderung und Bildungsgerechtigkeit. Sinn und Grenzen des Konzepts der Inklusion aus der Sicht der theologischen Ethik, in: Ethica 19 (2011), 291–305, hier: 292.

33 Römelt, Behinderung und Bildungsgerechtigkeit. Sinn und Grenzen des Konzepts der Inklusion aus der Sicht der theologischen Ethik, in: Ethica 19 (2011), 291–305, hier: 294–298.

zu den Armen, Ausgegrenzten und Bedürftigen konvergieren in der oben (vgl. Abschnitt 1) skizzierten theo-anthropologischen Sinnlinie, in der das Paradoxe der menschlichen Existenz eben nicht wegretuschiert oder übersprungen wird: Die Würde der Gottesbildlichkeit zeichnet den Menschen als Beziehungswesen und Verantwortungssubjekt aus, und zwar ausdrücklich im Horizont der Erfahrungen der menschlichen Unvollkommenheit, Ambivalenz, Verletzlichkeit und Scheiternsanfälligkeit – theologisch gesprochen: der Erlösungsbedürftigkeit.[34] Auf die *Gabe* der Freiheit und auf heilende und helfende Beziehungen angewiesen zu sein, steht mithin gerade nicht im Widerspruch zu geschöpflicher Freiheit und zu einer relational verstandenen Autonomie, sondern ist deren Voraussetzung und bleibende Implikation. Die Radikalität dieses „Programms" wird in der Hinwendung Jesu zu den Randfiguren der Gesellschaft seiner Zeit wegweisend für diejenigen, die sich in seiner Nachfolge verstehen. Kraft dieses Impulses erhebt christliche Ethik Einspruch gegen exkludierende Mechanismen, Strukturen und Handlungsweisen und leistet „Widerstand gegen die Verknüpfung zwischen der oberflächlichen Wahrnehmung der Abweichung von einer irrational etablierten ‚Norm' und dem nicht selten mangelnden öffentlichen Respekt sowie der oft nur zaghaft verwirklichten konkreten Anerkennung der Rechte der Menschen mit Behinderungen in der Gesellschaft".[35]

4 Die Kirchen als Bildungsakteure vor dem Anspruch inklusiver Bildung

Bisher habe ich anknüpfend an Wolfgang Hubers Ansatz kommunikativer Freiheit argumentiert, dass Anliegen und Anspruch der Inklusion mit den Grundorientierungen einer auf die menschliche Person als Geschöpf Gottes zentrierten christlichen Sozialethik konvergieren und durch diese gestützt werden. Dies schließt aber auch die Erkenntnis ein, dass das voraussetzungsvolle Ziel, gerechte Partizipation durch Inklusion zu verwirklichen, selbst den zuvor allgemein reflektierten Ambivalenzen der Verwirklichung humaner Freiheit im gesellschaftlich-institutionellen Kontext unterliegt.

Der Anspruch der Inklusion fordert dementsprechend auch die Kirchen als Träger von Bildungsverantwortung heraus. Diese Verantwortung reicht weit über den Bereich der Schulen in kirchlicher Trägerschaft hinaus; auch die Einrichtungen der frühkindlichen Erziehung und Bildung, das weite Feld

---

34 Vgl. Manfred Pirner, Inklusion und christliches Menschenbild. Christlich-pädagogische Perspektiven, in: Martin Schreiner (Hg.), Aufwachsen in Würde. Die Hildesheimer Barbara-Schadeberg-Vorlesungen, Münster 2012, 102–113; Römelt, Behinderung und Bildungsgerechtigkeit, 299–301.

35 Römelt, Behinderung und Bildungsgerechtigkeit, 297.

der außerschulischen Jugend- und Erwachsenenbildung, die Familienbildung und die Bildungsangebote für Senioren wären unter diesem Vorzeichen in den Blick zu nehmen. In allen diesen Handlungsfeldern lassen sich heute schon Beispiele inklusiver Praxis identifizieren. Gleichwohl birgt der Anspruch einer konsequenten Inklusion auch im kirchlichen Bildungssektor immense Herausforderungen.[36] Notwendig ist der nüchtern-realistische und abwägende Blick darauf, was unter jeweils gegebenen Bedingungen und mit verfügbaren personellen und materiellen Ressourcen im Interesse der ihrer Sorge anvertrauten Kinder und Jugendlichen mit und ohne besonderen Förderbedarf umsetzbar ist. Daran müssen sich Tempo und Schrittfolge einer Entwicklung hin zu einem inklusiven Schulwesen orientieren. Diese Korrelation um kurzfristiger politischer Opportunitäten willen zu ignorieren oder zu marginalisieren, würde dem Anliegen einen Bärendienst erweisen und die Gerechtigkeitserwartungen, die sich mit dem Konzept der Inklusion verbinden, letzten Endes unterlaufen. Dies vorausgeschickt, kommt das Feld der kirchlich getragenen Schulen hier als *ein* Ausschnitt der relevanten Praxisfelder mit gewissen institutionellen Besonderheiten in den Blick.

4.1 Inklusion als Aufgabe kirchlicher Bildungsverantwortung – im Spiegel offizieller Stellungnahmen

Aktuelle kirchliche Stellungnahmen greifen das Thema Inklusion explizit auf: Im Mai 2012 erschienen nahezu zeitgleich eine „Empfehlung" der Kommission für Erziehung und Schule der deutschen Bischofskonferenz zum Thema „Inklusive Bildung von jungen Menschen mit Behinderungen in Katholischen Schulen in freier Trägerschaft"[37] und die Erklärung „Gemeinsam lernen. Inklusion von Menschen mit Behinderung im Bildungswesen" der Vollversammlung des Zentralkomitees der deutschen Katholiken.[38] Beide Texte beziehen sich auf die UN-Behindertenrechtskonvention und

36 Vgl. u. a. Vera Moser (Hg.), Die inklusive Schule. Standards für die Umsetzung, Stuttgart 2012.

37 Inklusive Bildung von jungen Menschen mit Behinderungen in Katholischen Schulen in freier Trägerschaft. Empfehlung der Kommission für Erziehung und Schule der Deutschen Bischofskonferenz, Pressemeldung vom 7.5.2012 (im Folgenden: DBK, Inklusive Bildung), online: http://www.dbk.de/fileadmin/redaktion/diverse_downloads/presse/2012–074a-Inklusive-Bildung-Empfehlung-Kommission-Erziehung-Schule.pdf (zuletzt aufgerufen: 06.08.2013).

38 Zentralkomitee der deutschen Katholiken, Gemeinsam lernen. Inklusion von Menschen mit Behinderung im Bildungswesen. Dokumentation und Erklärung, Bonn 2012 (im Folgenden: ZdK, Gemeinsam lernen), online: http://www.zdk.de/veroeffentlichungen/erklaerungen/detail/Gemeinsam-lernen-Inklusion-von-Menschen-mit-Behinderung-im-Bildungswesen-200Q/ (zuletzt aufgerufen: 06.08.2013). –Bezüge auf das begleitende Grundlagenpapier werden durch den Zusatz [G] kenntlich gemacht.

deren bisherige Umsetzung in Deutschland. Beide sind auf einen positiven Grundton gestimmt, artikulieren aber zugleich nüchtern die Herausforderungen, die sich mit der Umsetzung des Programms der Inklusion im institutionellen Kontext des Bildungssystems in Deutschland insgesamt wie auch in den freien Schulen in kirchlicher Trägerschaft stellen. In den bildungsbezogenen Schriften der EKD des zurückliegenden Jahrzehnts – ich beziehe mich auf die Denkschrift „Maße des Menschlichen" (2003), die Handreichung „Schulen in evangelischer Trägerschaft (2008) und die Orientierungshilfe „Kirche und Bildung" (2009)[39] – findet man Leitideen des Inklusionsparadigmas, namentlich den Anspruch *wechselseitiger Anerkennung* im Umgang mit *Diversität*, ehe der Begriff Inklusion selbst präsent ist: Die Bildungsdenkschrift formuliert ein „integratives diakonisches Bildungsverständnis"[40] als Grundsatz für kirchliche Schulen und evangelische Jugendarbeit, postuliert „Bildungseinrichtungen mit einer Kultur der wechselseitigen Anerkennung"[41] und sieht „im Umgang mit Vielfalt" ein Kriterium für die „Bewährung des Bildungssystems"[42]. Ausdrücklich positiv hat die EKD-Synode im Herbst 2010 in ihrem Plädoyer für Bildungsgerechtigkeit „Niemand darf verloren gehen" zum Paradigma Inklusion Stellung bezogen.[43]

Die programmatischen Aussagen der kirchlichen Dokumente bestätigen: Der theologisch-ethisch reflektierte Anspruch einer Bildung, die einer sozial gebundenen, verantwortlichen Freiheit und dem Anliegen der gerechten Beteiligung für alle verpflichtet ist, und der menschenrechtlich fundierte Anspruch einer inklusiven Entwicklung des Bildungswesens können mit guten Gründen als konvergent ausgewiesen werden. In den Positionsbestimmungen spiegelt sich die Entwicklung im Bereich des kirchlichen Schul-

39 Maße des Menschlichen. Evangelische Perspektiven zur Bildung in der Wissens- und Lerngesellschaft. Eine Denkschrift des Rates der Evangelischen Kirche in Deutschland, Gütersloh 2003; Schulen in evangelischer Trägerschaft. Selbstverständnis, Leistungsfähigkeit und Perspektiven. Eine Handreichung des Rates der Evangelischen Kirche in Deutschland, Gütersloh 2008; Kirche und Bildung. Herausforderungen, Grundsätze und Perspektiven evangelischer Bildungsverantwortung und kirchlichen Bildungshandelns. Eine Orientierungshilfe des Rates der Evangelischen Kirche in Deutschland, Gütersloh 2009; eine Reihe landeskirchlicher Stellungnahmen und Positionspapiere bildungsbezogener evangelischer Arbeitskreise, die sich ausdrücklich auf Inklusion beziehen, sind zusammengestellt in: ANNEBELLE PITHAN/WOLFHARD SCHWEIKER (Hg.), Evangelische Bildungsverantwortung: Inklusion. Ein Lesebuch, Münster 2011.

40 Maße des Menschlichen, 63 f.

41 Ebd., 92.

42 Ebd., 94.

43 Vgl. ANNEBELLE PITHAN/WOLFHARD SCHWEIKER, Vorwort, in: DIES. (Hg.), Evangelische Bildungsverantwortung: Inklusion. 9 f. Vgl. hierzu auch NORBERT METTE, Der aktuelle Diskurs über Bildungsgerechtigkeit, 23 f.

wesens mit seiner großen Bandbreite von Schultypen und Bildungsangeboten.[44]

Das Thema Inklusion findet allmählich Eingang in die unterschiedlichen Handlungsfelder schulischer Praxis, auf der Ebene der Träger, der Fortbildung des pädagogischen Personals und in der kirchlichen Schulverwaltung. Best-practice-Beispiele aus schulischen und außerschulischen Bildungskontexten[45] werden in inklusionsorientierten Handlungsprogrammen aufgegriffen.[46] In zunehmendem Maße kann auf Fachliteratur auch aus den für kirchliche Bildungsprozesse und -einrichtungen verantwortlichen Institutionen zurückgegriffen werden, die spezifische Potentiale kirchlicher Bildungseinrichtungen zur Umsetzung des Inklusionsanspruchs reflektiert.[47] Fortbildungen sollen Lehrerinnen und Lehrer mit den Anforderungen vertraut machen, die mit den tiefgreifenden Veränderungen der Schule nach dem Grundsatz der Inklusion einhergehen werden.[48] Bisher gibt es allerdings

---

44 Vgl. für Daten zu den Schulen in katholischer Trägerschaft (Stand: Schuljahr 2009/10): http://www.katholische-schulen.de/index.php?id=22 (zuletzt aufgerufen: 01.08.2013): Von insg. 674 allgemeinbildenden Schulen in katholischer Trägerschaft in Deutschland sind im Schuljahr 2009/10 neben 77 Grundschulen 597 Einrichtungen dem Sekundarbereich zugeordnet; unter diesen entfallen ziemlich genau 60 % (359 Schulen) auf die Schultypen Realschule und Gymnasium (gegenüber 9 Gesamtschulen); hinzu kommen 24 Abendschulen/Kollegs. Die Zahl der Förderschulen wird mit 150 angegeben. Zu den Schulen in evangelischer Trägerschaft: Uta Hallwirth, Netzwerk Bildungsgerechtigkeit – eine Perspektive zur Entwicklung evangelischer Schulen, in: „Niemand darf verloren gehen!" – Evangelisches Plädoyer für mehr Bildungsgerechtigkeit, hg. vom Kirchenamt der EKD/Comenius Institut, Hannover/Münster 2010, online abrufbar unter: www.ekd.de/synode2010/schwerpunktthema/lesebuch_schwerpunktthema.html, 106–110; die neueste verfügbare Statistik (2012) weist folgende Daten aus: In Deutschland unterhalten aktuell 375 evangelische Schulträger insg. 1099 Schulen, davon 478 allgemeinbildende, 467 berufliche und 154 Förderschulen. Unter den allgemein bildenden Schulen ist der Anteil der Grundschulen mit 199 auffallend hoch; bei den weiterführenden Schulen dominieren Gymnasium (93) und Realschule (71), vgl. http://schulen.evangelischer-bildungsserver.de/files/Statistik_2013_.pdf (zuletzt aufgerufen: 01.08.2013).

45 Vgl. Evangelische Bildungsverantwortung: Inklusion 135–93.

46 In gemeinsamer Initiative des Bundesverbands evangelische Behindertenhilfe e.V. und des Diakonischen Werkes wurde ein Handlungsprogramm „Vielfalt in Bildung. Eine Schule für alle – jetzt!" aufgelegt (http://www.vielfalt-in-bildung.de/). Es wird modellhaft in fünf Schulen in verschiedenen Bundesländern in einem Zeitraum von drei Jahren durchgeführt und bezieht sich ausdrücklich auf die CRPD.

47 Vgl. neben Pithan/Schweiker (Hg.), Evangelische Bildungsverantwortung: Inklusion. Ein Lesebuch, Münster 2011 u. a. das Themenheft „Schule und Inklusion" der Zeitschrift engagement. Zeitschrift für Erziehung und Schule. Hg. vom Arbeitskreis katholischer Schulen in freier Trägerschaft, H. 2/2011; Martin Schreiner (Hg.), Aufwachsen in Würde. Die Hildesheimer Barbara-Schadeberg-Vorlesungen, Münster 2012.

48 Hier ist u. a. zu verweisen auf die Jahrestagungen des Evangelischen Arbeitskreises

m. W. weder auf evangelischer noch auf katholischer Seite repräsentative Daten bezüglich der Realisierung inklusiver Ansätze in Unterrichtskonzepten, in einzelnen Schulen und in der Schulstruktur.[49]

Die konsequente und systematische Umsetzung des Inklusionsanspruchs stellt nach Einschätzung von Oberkirchenrätin Uta Hallwirth (EKD) die aktuell größte Herausforderung für die kirchlichen Schulen dar.[50] Was sie mit Blick auf Schulen in evangelischer Trägerschaft konstatiert, gilt analog auch für die Schulen in katholischer Trägerschaft. Zum einen nehmen die Schulen in kirchlicher Trägerschaft an den allgemeinen Schwierigkeiten der Umsetzung des Inklusionsanspruchs in der Institution Schule teil (4.2) und müssen sich den infrastrukturellen Anforderungen stellen, die unter dem Stichwort *umfassende Barrierefreiheit* benannt werden (4.3).[51] Zum anderen müssen sich die kirchlich getragenen Schulen bestimmten Herausforderungen in besonderer Weise stellen, insofern sie ihre Programmatik und/oder die Eigendynamik einer freien Schule direkt betreffen; anhand der Stichworte *Offenheit für alle* und Heterogenität werde ich darauf exemplarisch eingehen (4.4).

4.2 Bestmögliche individuelle Förderung für alle als grundlegende Herausforderung

Damit der Rechtsanspruch auf inklusive Bildung, der mit der Ratifizierung der Behindertenrechtskonvention etabliert worden ist, in allen Bereichen des Schulwesens einschließlich der Schulen in freier Trägerschaft konsequent umgesetzt werden kann, müssen kirchliche Schulträger und die öffentliche Schuladministration infrastrukturelle und finanzielle Rahmenbedingungen schaffen bzw. sichern.[52] In den konkreten lokalen und institutionellen Kontexten muss eruiert werden, wie schulische Inklusion wirkungsvoll umgesetzt werden kann; der Wahlfreiheit der Eltern und dem Selbstbestimmungsrecht der Schüler/innen sowie dem Grundsatz der best-

---

kirchlicher Schulen und des Arbeitskreises katholischer Schulen. Beide Organisationen haben in den zurückliegenden Jahren die Themen Inklusion und Heterogenität zum Gegenstand ihrer Jahrestagungen gemacht.

49 Auskunft von Dr. Lukas Schreiber (Sekretariat der Deutschen Bischofskonferenz, E-Mail vom 11. Juni 2012) und von Dr. Uta Hallwirth (EKD, E-Mail vom 16. August 2012). So auch Schweiker (2012) 7.

50 Vgl. Hallwirth, Netzwerk Bildungsgerechtigkeit, 107.

51 Vgl. hierzu auch Wolfhard Schweiker, Inklusion zwischen Absonderung und Sozialromantik. Schulpädagogische Chancen und Grenzen einer gesellschaftspolitischen Forderung. Vortrag vor der Gesamtkonferenz des Arbeitskreises Evangelische Schule, Stuttgart Mai 2012, 5 f., online: http://schulen.evangelischer-bildungsserver.de/index.php?option=com_content&view=section&layout=blog&id=5&Itemid=14 (zuletzt aufgerufen: 01.08.2013).

52 Vgl. dazu u. a. die Hinweise in ZdK, Gemeinsam lernen, 20 [G].

möglichen individuellen Förderung muss dabei Rechnung getragen werden.[53]

Nach den völkerrechtlichen Normen der CRPD folgt für die Ausgestaltung des Schulsystems in Deutschland, dass es keine „Sonderschulpflicht" mehr geben darf.[54] Dennoch sind die Folgerungen für das Schulsystem vielleicht nicht so eindeutig wie der Anschein, der zuweilen erweckt wird. Jedenfalls lässt sich daraus nicht unmittelbar folgern, dass alle Förderschulen schnellstmöglich aufgelöst werden müssen. Angesichts der äußerst vielfältigen und unterschiedlichen besonderen Förderbedarfe[55] dürfte das keine verantwortbare Option sein. Bildungspolitische Weichenstellungen müssen unter dem Anspruch der Inklusion für die Zukunft gewährleisten, dass

---

53 „Auch Eltern von Kindern mit Behinderung müssen zwischen unterschiedlichen Schulen wählen dürfen. Dazu bedarf es eines Rechtes jedes Kindes auf einen Platz in einer inklusiven Schule. Erster Förderort für alle Kinder und Jugendlichen ist die Regelschule. Dies ist aber nicht gleichbedeutend mit der Abschaffung des Förderschulsystems. Eltern, die ihr Kind weiterhin in Förderschulen gefördert wissen wollen, muss derselbe Respekt entgegengebracht werden wie Eltern, die einen inklusiven Regelschulplatz für ihr Kind wünschen." (ZdK, Gemeinsam lernen, 15 [G]; vgl. auch Dbk, Inklusive Bildung).

54 Zu den Konsequenzen aus der CRPD schreibt Schweiker: „Auf der rechtlichen Grundlage der UN-BRK darf es keine Sonderschulpflicht mehr geben. Jede Schülerin und jeder Schüler hat das Recht auf gemeinsamen Unterricht in einer allgemeinen Schule. Mehr noch: Dafür müssen allen Lernenden inklusive Bildungsangebote zur Verfügung gestellt werden. Damit ist das Recht auf eine inklusive Bildung kein Sonderrecht von Kindern mit einer Behinderung, sondern eine pädagogische Perspektive auf die bestmöglichste Förderung eines jeden Kindes. Neben der Stärkung des neuen Menschenrechts auf Inklusion ist auch der Aspekt der freiwilligen Selbst-Exklusion zu bedenken. Gibt es einen Anspruch auf eine hoch-spezialisierte Sonderbeschulung? Haben Eltern und ihre betroffenen Kinder ein Recht auf eine schulische Förderung in einer Sondereinrichtung, weil sie das zu leisten vermag, was einer inklusiven Schule nicht möglich ist, z. B. Internatsunterbringung und kostenintensive Förderkonzepte (z. B. Snoezelraum, Therapieräume etc.)? Die weit ausdifferenzierte und hoch professionalisierte Sonderpädagogik in Deutschland hat in der segregierenden und integrativen Beschulung die Bildungs- und Förderfähigkeit aller Schülerinnen und Schüler aufgezeigt. Nun gilt es, diese hohen sonderpädagogischen Kompetenzen für die allgemeine Schule und damit für alle Schüler/innen fruchtbar zu machen und sie mit den reichen 40-jährigen Erfahrungen der integrativen bzw. inklusiven Pädagogik in Deutschland zu verbinden" (Schweiker, Inklusion zwischen Absonderung und Sozialromantik, 6).

55 Zumindest hinzuweisen ist nach meiner Beobachtung darauf, dass in der Diskussion um Inklusion und die (von vielen gewünschte) Abschaffung der Förderschulen vor allem der Förderschwerpunkt Lernen fokussiert wird; dass es dafür gute Gründe gibt, darf nicht verdecken, dass andere, möglicherweise hinsichtlich der schulischen Inklusion herausforderndere Beeinträchtigungen nicht pauschal über den gleichen Leisten geschlagen werden sollten. Nach meinem Eindruck werden die spezifischen Bedarfe unterschiedlicher Beeinträchtigungsformen derzeit nicht hinreichend thematisiert.

tatsächlich jedem Kind und jedem Jugendlichen mit einem besonderen Förderbedarf das individuell bestmögliche Förderangebot zuteil wird. Die Wege, um das Ziel der Inklusion in der Institution Schule zu erreichen, müssen an den unterschiedlichen Förderbedarfen der Kinder und Jugendlichen mit Beeinträchtigungen Maß nehmen.[56]

Im Vorgriff auf Antworten zu diesen durchaus komplizierten Fragen lässt sich zumindest festhalten: Pädagogisches und sonderpädagogisches Personal muss den Anforderungen inklusiver Beschulung entsprechend gebildet und vorbereitet (die allgemeine Lehrerbildung ist bisher darauf nicht ausgerichtet und leistet das nicht!) sowie in hinreichender Zahl eingestellt werden. Die schulische Infrastruktur und Ressourcenausstattung sowie das institutionelle Umfeld müssen grundlegend umgebaut und die finanziellen Mittel dafür aufgebracht werden.[57] Schließlich ist ernst zu nehmen, dass die Verwirklichung von Inklusion keine bloß technische Angelegenheit, sondern in der Tat ein großes Vorhaben „kommunikativer Freiheit" darstellt, das einen komplexen Bewusstseinswandel in der Gesellschaft verlangt – oder, mit Wolfgang Schweiker formuliert „inklusive Kulturen, Strukturen und Praktiken"[58]. Diese komplexe Aufgabe wird nur als gesamtgesellschaftliches Langzeitvorhaben realisierbar sein; darauf hinzuweisen bedeutet keineswegs, das Anliegen auf die lange Bank oder gar auf den Sankt-Nimmerleins-Tag zu verschieben.

4.3 Umfassende Barrierefreiheit

„Unterhalb" dieser bildungspolitischen Herausforderungen auf der Ebene der Bildungsinfrastruktur zeigen sich weitere Aspekte, an denen sich die grundsätzliche Übereinstimmung zwischen der Grundidee der Inklusion und dem Bildungsauftrag freier Schulen in kirchlicher Trägerschaft be-

---

56 Römelt spricht treffend von einem „dynamische[n] und subsidiäre[n] Verständnis von Bildungsgerechtigkeit", das die strukturellen Voraussetzungen der Inklusion vorhält, aber auch Möglichkeiten zu Schutz und Fürsorge in einem schonenden Umfeld eröffnet, vgl. Römelt, Behinderung und Bildungsgerechtigkeit, 302–304.

57 Prognosen, denen zufolge ein inklusives Schulsystem kostenneutral oder sogar kostengünstiger gegenüber dem herkömmlichen gegliederten System arbeiten werde, setzen das völlige Verschwinden von Förderschulen voraus; zum anderen beziehen sie sich aber nicht auf den Prozess des Umbaus, sondern auf das Ergebnis eines sehr wohl kostenintensiven Konvertierungsprozesses, vgl. Ulf Preuss-Lausitz, Inklusion braucht Ressourcen. Ein notwendiger Diskurs, in: Engagement H. 2/2011, 80–86. Mit einer Rhetorik der Inklusion ein Deckmäntelchen um Sparkonzepte im Bildungsbereich zu hängen, ist Missbrauch auf Kosten der Schülerinnen und Schüler sowie des pädagogischen Personals. Eine Entwicklung hin zu einem inklusiven Schulwesen, das diesen Namen wirklich verdient, kann ohne beträchtliche zusätzliche Finanzmittel nicht und auch mit solchen Investitionen nur in einem längeren Prozess gelingen.

58 Schweiker, Inklusion zwischen Absonderung und Sozialromantik, 9.

währen muss. Das schulische Angebot und die pädagogische Praxis, die an dem Anspruch der Inklusion ausgerichtet sein sollen, müssen bestimmten menschenrechtlichen Basiskriterien genügen. Dazu gehören die umfassend barrierefreie *Zugänglichkeit* und *die Verfügbarkeit* eines entsprechenden Bildungsangebotes. Qualitativ muss die am Leitbild der Inklusion orientierte Schule den Kriterien der *Akzeptierbarkeit* und der *Adaptierbarkeit* bzw. *Anpassungsfähigkeit* genügen.[59]

Zugänglichkeit bedeutet im Hinblick auf Menschen mit einer Beeinträchtigung vor allem umfassende Barrierefreiheit.[60] Barrierefreiheit schließt räumlich-materielle und kommunikative Aspekte ein; was „umfassend" bedeutet, bemisst sich von den individuellen Beeinträchtigungen her. Das bedeutet, dass je nach den individuellen Beeinträchtigungen, denen zu entsprechen ist, ganz unterschiedliche besondere Maßnahmen erforderlich sein können – von Brailleschrift, Spracherkennungsprogrammen und Gebärdensprache über Rampen für Rollstühle bis hin zum Gebrauch leichter Sprache. Allein schon angesichts des erforderlichen Einsatzes materieller Mittel liegt auf der Hand, dass nicht alles, was zur Kompensation der unterschiedlichsten Beeinträchtigungen benötigt wird, damit die Betroffenen voll am Unterricht und am schulischen Leben partizipieren können, in jeder Schule vorgehalten werden kann. Dies betrifft auch die besonderen Erfordernisse und Kompetenzen auf der Ebene des pädagogischen Personals.

Die einzelne Schule wird mithin nicht allen Kindern und Jugendlichen mit einer wie auch immer gearteten Beeinträchtigung gleich gute Bedingungen für Inklusion bieten können. „Umfassende Barrierefreiheit" zu realisieren, erfordert daher neben einer möglichst angepassten Ausstattung einzelner Schulen Kooperation zwischen Schulen und anderen bildungsrelevanten Einrichtungen in lokalen Kontexten. Schulen in kirchlicher Trägerschaft können – je nach Standort und Kontext – Möglichkeiten zur Kooperation untereinander, mit kirchlichen Angeboten der außerschulischen Kinder- und Jugendarbeit, der Caritas und der Diakonie, möglicherweise auch mit nicht-kirchlichen Schulen und kommunalen Einrichtungen der Kinder- und Jugendhilfe nutzen.[61]

---

59 In Übereinstimmung mit den bischöflichen Empfehlungen (vgl. DBK, Inklusive Bildung, 4) greife ich mit den Kriterien Zugänglichkeit (accessibility), Verfügbarkeit (availability), Akzeptierbarkeit (accepatability) und Adaptierbarkeit/Anpassungsfähigkeit (adaptability) auf das sog. 4A-Schema zurück, das in den Allgemeinen Bemerkungen zum Menschenrecht auf Bildung Anwendung findet, vgl. HEIMBACH-STEINS, Menschenrecht auf Bildung, 170 f.

60 Vgl. DBK, Inklusive Bildung, 6; vgl. ZDK, Gemeinsam lernen, 19 [G].

61 Hier anschließende weitreichende und komplizierte Zuständigkeitsfragen können in diesem Rahmen nicht behandelt werden.

Barrierefreiheit wird zu Recht als eine Voraussetzung für eine „Kultur der Offenheit und der Achtsamkeit"[62] bezeichnet. Barrieren sind nicht nur materieller Art;[63] sie können auch im Bewusstsein und der Offenheit der Menschen ohne besondere Beeinträchtigungen ihren Grund haben,[64] etwa in einer defizitorientierten Wahrnehmung von Menschen mit einer Behinderung, in mangelndem Respekt, in der Befürchtung von Eltern, die eigenen Kinder könnten bei gemeinsamer Beschulung mit „Behinderten" Nachteile erleiden usw. Insofern liegt hierin auch eine Herausforderung der Bewusstseinsbildung, die sich gerade kirchlich getragene Schulen mit ihrem programmatischen Anspruch zur Aufgabe machen sollten.

4.4 Offenheit für alle und der Umgang mit Heterogenität

Stärken, die das kirchliche Schulwesen auszeichnen und attraktiv machen – wie die pädagogische Qualität des Angebots, die Betonung des sozialen Lernens und der Wertebildung sowie das explizite Angebot einer religiösen Bildung – sollten im Sinne des Inklusionsgedankens ausgebaut und für dieses Ziel pädagogisch und politisch fruchtbar gemacht werden. Auch dabei sind jedoch nicht geringe Hürden zu überwinden.

So müssen Schulen in kirchlicher Trägerschaft zwischen dem Anspruch der *Offenheit für alle*, der sich gemäß der Option für die Armen in besonderer Hinwendung zu den Bildungsverlierern bewähren muss,[65] und dem je eigenen spezifisch kirchlich-religiösen Profil vermitteln. Auch wenn beide Anliegen programmatisch zusammengehören, besteht eine Spannung zwischen ihnen. Weltanschauliche Pluralität, ethnisch-religiöse Zusammensetzung der Schülerschaft aufgrund einer wachsenden Migrationsbevölkerung und der Familienwandel fordern die kirchlichen Schulen diesbezüglich heraus:[66] Angesichts einer überwiegend aus den (bildungs-)bürgerlichen Milieus kommenden Schülerschaft ist zu fragen, wie es um die Reichweite des christlichen Bildungsauftrags in Bezug auf sog. bildungsferne Schichten steht, und wie

62 Bielefeldt, Innovationspotential; DBK, Inklusive Bildung, 3 und 6.

63 Der umfassend barrierefreie Zugang kann bei Schulen in kirchlicher Trägerschaft noch in anderer Hinsicht in Frage stehen. Insoweit sie nicht voll refinanziert sind, werden in vielen Fällen die Eltern der Schülerinnen und Schüler durch Erhebung eines Schulgeldes an den Kosten beteiligt. Dies steht prima facie dem Kriterium des „umfassend barrierefreien" Zugangs entgegen. Das Thema kann hier nicht im Einzelnen diskutiert werden.

64 Vgl. auch Andreas Lob-Hüdepohl, Inklusion – ein diakonaler Auftrag, 95.

65 Vgl. hierzu auch: Marianne Heimbach-Steins, Menschenrecht auf Bildung, sozialer Bildungsauftrag katholischer Schulen und die bildungspolitische Verantwortung der Kirchen, in: Marianne Heimbach-Steins/Gerhard Kruip/Axel Kunze (Hg.), Bildungsgerechtigkeit. Interdisziplinäre Perspektiven, (Forum Bildungsethik 8), Bielefeld 2009, 165–188.

66 Hallwirth, Netzwerk Bildungsgerechtigkeit, 107.

sich der soziale Bildungsauftrag kirchlicher Schulen samt dem Anspruch der Inklusion zu den Motiven und Präferenzen der Eltern verhält, die für ihre Kinder eine evangelische oder katholische Schule auswählen.[67] Zudem ist zu klären, wie der Bildungs- und Erziehungsauftrag christlicher Schulen im Hinblick auf Kinder und Jugendliche aus muslimischen oder areligiösen Familien und deren Eltern umzusetzen ist und mit welchen Erwartungen die Schule diesen Schülerinnen und Schülern begegnet.

Sowohl in evangelischer als auch in katholischer Trägerschaft werden zahlreiche Förderschulen unterhalten.[68] Mit dem Anspruch auf Inklusivität des Schulsystems geht jedoch die Erwartung einher, dass *Offenheit für alle* durch schulische Bedingungen realisiert werden soll, die es grundsätzlich für alle Schülerinnen und Schüler möglich machen, gemeinsam zu lernen und Menschen mit spezifischen Beeinträchtigungen nicht vom allgemein bildenden Schulsystem auszuschließen. Es wird jedoch, wie ich oben (4.1) bereits argumentiert habe, immer Menschen geben, die nicht nur besondere Förderung benötigen, sondern für die geschützte Räume eine notwendige Bedingung sind, damit ihnen im Rahmen ihrer Möglichkeiten Förderung und Teilnahme ermöglicht werden kann. Die Frage, wie der Anspruch der Inklusion für welche Personengruppen und in welchen gesellschaftlich-institutionellen Kontexten anzustreben ist, muss sehr differenziert bearbeitet werden, damit nicht die ohnehin Schwächsten und am stärksten Benachteiligten (z. B. schwer mehrfach behinderte Kinder und ihre Eltern) als Verlierer daraus hervorgehen. Für die Kirchen mit ihrem sozialen Bildungsauftrag dürfte hier eine besondere Verantwortung im Sinne der Option für die Armen liegen.

Die angedeuteten Aspekte verweisen schließlich auf eines der brisantesten Felder einer inklusionsorientierten Entwicklung kirchlicher Schulen: den Umgang mit Heterogenität.[69] Exemplarisch zeigt dies schon ein Blick auf die Struktur des schulischen Angebots in katholischer Trägerschaft in

---

67 Vgl. hierzu auch ANDREA SCHULTE/MARIA WIDL (Hg.), Die konfessionelle Schule. Herausforderungen und Perspektiven zwischen Erbe und Auftrag, Würzburg 2011.

68 Für das Jahr 2004 wurden 214 Förderschulen (d. h. 21,66% aller Schulen) in evangelischer Trägerschaft ausgewiesen (vgl. EKD, Schulen in evangelischer Trägerschaft, 48), für das Jahr 2010 bezifferte Uta Hallwirth die Anzahl der Förderschulen auf 170, während der evangelische Schulserver für das Jahr 2012 die Zahl von 154 Förderschulen ausweist; ob die rückläufige Zahl mit dem Programm der Inklusion in Verbindung zu bringen ist, lässt sich aus den verfügbaren Daten nicht erheben. Die katholische Kirche weist für das Jahr 2009/10 die Trägerschaft von 150 Förderschulen aus; neuere Daten lagen mir nicht vor.

69 Vgl. dazu WÄCHTER, Inklusion, 102–104. UTA HALLWIRTH, Heterogenität bejahen. Anregungen aus der Praxis evangelischer Schulen, in: MARTIN SCHREINER (Hg.), Aufwachsen in Würde. Die Hildesheimer Barbara-Schadeberg-Vorlesungen, Münster 2012, 41–62.

Deutschland: Es ist ganz überwiegend am gegliederten Schulsystem orientiert und räumt im Sekundärbereich Realschulen und Gymnasien einen klaren Vorrang ein.[70] Es spricht vor allem Eltern aus den bildungsbürgerlichen Schichten an. Entsprechende Studien der evangelischen Schulstiftung in mehreren Bundesländern zeigen, dass überwiegend bildungsaffine, an guter pädagogischer Qualität und explizit wertorientierter – teilweise auch an religiöser – Erziehung interessierte Eltern evangelische Schulen für ihre Kinder wählen.[71] Für viele von ihnen ist dementsprechend weniger ein Interesse an der sozial-diakonischen Ausrichtung ausschlaggebend für die Schulwahl als das Schulklima, die pädagogische Qualität des Angebots und – nicht zuletzt – eine gewisse (bildungs-)milieuspezifische Homogenität. So leitet Jörg-Dieter Wächter aus dem Eindruck, „dass katholische Schulen hochselektiv arbeiten und damit eine bestimmte Elternschaft ansprechen", für das katholische Schulwesen die Aufgabe ab, sich der bereits existierenden Heterogenität zu vergewissern und von dort her weitere Schritte in Richtung Inklusion zu entwickeln.[72]

Heterogenität ist ebenso wenig wie Homogenität ein Wert in sich; der Wert des einen wie des anderen ist von der pädagogischen Aufgabe der Schule her zu bestimmen. Schulen in kirchlicher Trägerschaft sind herausgefordert, ihre Steuerungsmöglichkeiten bezüglich der Auswahl der Schülerschaft im Sinne ihres genuinen – sozialen und religiösen – Bildungsauftrags zu nutzen. Die von der pädagogischen Forschung vielfach ausgewiesene Förderlichkeit heterogener Lerngruppen[73] für schwächere wie für stärkere Schüler/innen und die Programmatik der Offenheit für alle sprechen dafür, eine *maßvoll heterogen* zusammengesetzte Schülerschaft und ebenso zusammengesetzte Lerngruppen anzustreben. Kriterium muss der Grundsatz der bestmöglichen individuellen Förderung sein, so dass wechselseitiges Lernen für jede und jeden einzelnen in der Gruppe gelingen kann.[74] Ziel muss sein, dass alle Schüler/innen, ob sie eine spezifische Beeinträchtigung aufweisen oder nicht,

---

70 Vgl. oben Fußnote 43.

71 Vgl. zu den Ergebnissen entsprechender Elternbefragungen der Evangelischen Schulstiftungen Stuttgart und Mecklenburg-Vorpommern-Nordelbien: http://schulen.evangelischer-bildungsserver.de/index.php?option=com_content&view=section&layout=blog&id=5&Itemid=14 (zuletzt aufgerufen: 01.08.2013). Analoge Untersuchungen zum katholischen Schulwesen sind mir nicht bekannt. Vgl. aber z. B. Klaus Mertes, Kirchliche Schulen in pluraler Gesellschaft (Kirche und Gesellschaft Nr. 363), hg. von der Katholisch Sozialwissenschaftlichen Zentralstelle Mönchengladbach, 2009, 3–5.

72 Wächter, Inklusion, 104.

73 Vgl. u. a. von Matthias Saldern, Heterogenität – eine Herausforderung für die Bildung, in: Andreas Hinz u. a. (Hg.), Auf dem Weg zur Schule für alle. Barrieren überwinden – inklusive Pädagogik entwickeln, Marburg ^{2}2011, 53–62.

74 Vgl. auch Rolf Werning, Inklusion – Herausforderungen, Widersprüche und Perspektiven, in: engagement H. 2/2011, 73–79, hier: 75.

die je erforderliche pädagogische Aufmerksamkeit bekommen und einander achtsam begegnen können; beides wird nur gelingen, wenn gut ausgebildetes pädagogisches und sonderpädagogisches Personal in ausreichender Zahl gemessen an den in einer Klasse versammelten Förderbedarfen zur Verfügung steht und kooperiert.[75]

Ein ausgeprägtes Streben nach Homogenität der Schülerschaft steht hingegen in deutlicher Spannung zu einem Bildungsauftrag, der an den Grundsätzen der Offenheit, der Option für die Armen und der Erziehung zu verantwortlicher Freiheit Maß nimmt. „Da alle Menschen verschieden sind, zugleich aber die gleichen Rechte haben, und da die schulische Bildung sie dazu befähigen soll, diese Rechte in gleicher Weise wahrzunehmen, muss die Schule Wege suchen und finden, wie sie die Verschiedenheit ihrer Schülerinnen und Schüler so anerkennen kann, dass daraus kein Hindernis für die selbstbestimmte Teilhabe an der Gesellschaft entsteht."[76] Auch die für Inklusion unerlässliche Bewusstseinsbildung wird durch maßvolle Heterogenität der Lerngruppen gefördert: Wertschätzenden Umgang mit Diversität und wechselseitige Anerkennung erfahren und lernen Kinder und Jugendliche am besten, wenn sie Verschiedenheit, Stärken und Schwächen der Einzelnen innerhalb ihrer Schulgemeinschaft konkret erleben und sich damit auseinandersetzen. Das Plädoyer, in kirchlich getragenen Schulen verstärkt auf pädagogisch sinnvolle Heterogenität zu setzen, wird mithin von zwei Seiten gestützt: Dafür spricht zum einen die *pädagogische* Aufgabe, Kinder und Jugendliche zu Respekt und Anerkennung der Anderen zu erziehen und ihr Bewusstsein für den Wert der Diversität menschlicher Existenz aufzuschließen. Gleichsinnig tritt zum anderen der *sozialethische* Anspruch hinzu, der programmatischen Option für die Armen, der Solidarität und der Beteiligungsgerechtigkeit in der eigenen institutionellen Praxis bestmöglich zu entsprechen.

5 Ausblick

Das Paradigma der Inklusion formuliert einen Anspruch, der sowohl mit dem sozialethischen Ansatz kommunikativer Freiheit als auch mit den Grundanliegen eines christlich profilierten Bildungsengagements weitgehend konvergiert. Die Rückbindung an ein biblisch fundiertes Verständnis des Menschen als Geschöpf, als relational-autonomes Subjekt verantwortli-

75 Zu den Bedingungen gelingender Inklusion auch: Rolf Werning, Inklusion zwischen Überforderung und Innovation, in: Jürgen Frank/Uta Hallwirth (Hg.), Heterogenität bejahen. Bildungsgerechtigkeit als Auftrag und Herausforderung für evangelische Schulen, Münster 2010, 63–86.

76 DBK, Inklusive Bildung, 4.

cher Freiheit orientiert das Profil christlicher Schulen auf soziales und religiöses Lernen in Achtung vor der Verschiedenheit der Lernenden und verpflichtet die Schulträger, ihren genuin sozialen Bildungsauftrag im Sinne der Option für die Armen einzulösen. Für das menschenrechtliche Paradigma der Inklusivität bieten sich, wie ich zu zeigen versucht habe, von hier aus breite Schnittstellen.

Damit stehen die Kirchen als Bildungsakteure in der Gesellschaft in der Verantwortung, sich an der Auslegung und Umsetzung der Inklusionsnorm zu beteiligen. Sie sind herausgefordert, Verkürzungen entgegenzutreten, die aus kurzfristigen Opportunitätsüberlegungen heraus die Komplexität der Aufgabe reduktionistisch unterbieten, sei es aus ideologischen Interessen oder um unter dem Deckmantel der Inklusion am Bildungssystem zu sparen. Beides widerspricht der Verantwortung für die bestmögliche individuelle Förderung, die durch ein inklusives Schulwesen für alle erreicht werden soll. Dieses ambitionierte Ziel als ein Projekt kommunikativer Freiheit zu verfolgen, ist herausfordernd und lohnend. Innerhalb der Theologie kann die christliche Sozialethik Hand in Hand mit einer gerechtigkeitssensiblen Religionspädagogik auf dem gemeinsamen Boden einer biblisch-theologischen Anthropologie hierzu orientierende Beiträge leisten. Darüber hinaus müssen Wege gebahnt werden, diese Impulse sowohl im interdisziplinären wissenschaftlichen Dialog als auch im Austausch mit Praktikerinnen und Praktikern im Bereich der Schule, der Schulverwaltung und der Bildungspolitik anzubieten, zu erproben und im Dialog der unterschiedlichen Kompetenzen und Erfahrungen weiterzuentwickeln.

Von der Freiheit eines Christenmenschen

Eine südafrikanische Interpretation von Freiheit in der Theologie Wolfgang Hubers

von Willem Fourie

1 Einleitung: Wolfgang Huber, Freiheit und Südafrika[1]

Wolfgang Huber versteht Freiheit als einen Schlüsselbegriff sowohl für den Protestantismus – besonders in jenen protestantischen Traditionen, die in der deutschen Reformation wurzeln – als auch für die Moderne, besonders unter der Perspektive von Pluralismus, Demokratisierung und fortschreitender Säkularisierung, welcher sich in entsprechenden gesellschaftlichen Strukturen niederschlägt. In diesem Artikel wird der Beitrag untersucht, den Wolfgang Huber zum Diskurs über Freiheit innerhalb des Protestantismus und zwischen Protestantismus und Moderne erbringt. Es wird die These vertreten, dass Hubers Konzept „kommunikativer Freiheit" die Zentralstellung von Freiheit sowohl für den Protestantismus als auch für die Moderne angemessen würdigt, das komplexe Verhältnis von Protestantismus und Moderne interpretiert und spezifische Konsequenzen für die daraus resultierende konstruktiv-kritische Auseinandersetzung zieht.

Aus südafrikanischer Perspektive das Werk eines deutschen Theologen insbesondere in Hinblick auf das Thema „Freiheit" zu untersuchen, ist alles andere als willkürlich. Freiheit war ein zentrales Thema im Kampf gegen die Apartheid. Einschlägig dafür ist die Freedom Charter, eines der Gründungsdokumente dieses Kampfes, das bereits 1955 formuliert wurde. Ehe sie mit zehn programmatischen Forderungen[2] fortfährt, benennt die Präambel der Freedom Charter das Grundproblem des Landes in Form einer Vielzahl von Unfreiheiten und gesellschaftlicher Ungerechtigkeiten. Sie erachtetet einen „democratic state, based on the will of all the people", als den Garanten von Freiheit. Die Präambel endet, indem sie gesellschaftliche Freiheit als zentrales Ziel der Anti-Apartheid-Bewegung deklariert: „These

1 Ich möchte Björn Görder für die Übersetzung des Großteils des Artikels und Jonas Bedford-Strohm für die Übersetzung ergänzender Abschnitte danken.

2 Folgende Forderungen werden erhoben: „The people shall govern!", „All national groups shall have equal rights!", „The people shall share in the country's wealth!", „The land shall be shared among those who work it!", „All shall be equal before the law!", „All shall enjoy equal human rights!", „There shall be work and security!", „The doors of learning and culture shall be opened!", „There shall be houses, security and comfort!" and „There shall be peace and friendship!".

freedoms we will fight for, side by side, throughout our lives, until we have won our liberty".[3]

Auch nach Südafrikas vergleichsweise stabilem Transitionsprozess und mehreren Jahren demokratischer Herrschaft bleibt Freiheit ein bedeutendes Thema im öffentlichen Diskurs. Seit dem 24. Nationalkongress der Jugendliga des African National Cogress (ANCYL) im Jahr 2011 spielt das Konzept der Ökonomischen Freiheit im gesellschaftlichen Diskurs eine zentrale Rolle. Die ANCYL stellt im Schlüsseldokument zum Thema[4] fest, dass die Mehrheit der südafrikanischen Bürger nach wie vor keine Möglichkeiten hat, die theoretische politische Freiheit als praktische Lebenschance zu verwirklichen. Die Jugendliga argumentiert, dass „semikoloniale und imperialistische Kräfte sowie die Profiteure der Apartheid nicht nur wirtschaftliche Privilegien, die sie in einem repressiven Gesellschaftssystem erlangt hatten, behalten konnten, sondern auch einer notwendigen ökonomischen Transformation des Landes mit Unnachgiebigkeit im Wege stehen".[5] Die ANCYL sieht in der bestehenden Armut, der Ungleichheit und der Arbeitslosigkeit einen Beleg dafür[6] und moniert im Kontext dieser Herausforderung die latente Orientierung an ethnischer Herkunft, Hautfarbe und Geschlecht.[7] Das Dokument kommt zu dem provokanten Schluss, dass „politische Freiheit ohne wirtschaftliche Emanzipation bedeutungslos ist".[8]

Mit dem expliziten Ruf nach ökonomischer Freiheit reanimiert die ANCYL den südafrikanischen Diskurs über die Freiheit, der seinen Ursprung 1955 in der „Freedom Charter" fand. Die Einbeziehung dieser „Freedom Charter" legt nahe, dass die Jugendliga des Afrikanischen Nationalkongresses mit der Wiederbelebung des Diskurses mehr verfolgt als parteipolitische Strategie. Trotz des politischen Taktierens und der Kontroverse um die verschiedenen Vorschläge der Jugendliga ist festzustellen, dass sie durch die Einbeziehung anderer Dimensionen von Freiheit als die Individualität allein den Diskurs in Südafrika voranbringt. Schon die „Freedom Charter" mit ihrem Postulat der gemeinschaftlichen Teilhabe am Reichtum des Landes bringt politische und ökonomische, positive und negative, und sogar abstrakte und konkrete Dimensionen von Freiheit zusammen. Diese Leistung findet in den gegenwärtigen Debatten zur Freiheit in Südafrika sicherlich zu wenig Beachtung.

Freiheit sowie ein differenziertes und konstruktives Verständnis von ihr sind also von großer Bedeutung für die südafrikanische Gesellschaft.

---

3 African National Congress, Freedom Charter, Kliptown, 1955.

4 African National Congress Youth League, A Clarion Call to Economic Freedom Fighters: Programme of Action for Economic Freedom in our Lifetime, 2011.

5 ANCYL, A Clarion Call, Artikel 5.

6 Ebd., Article 13.

7 Ebd., Article 7.

8 Ebd., Article 8.

Ihr Kontext bildet den Hintergrund für diesen Artikel. In seinem ersten Abschnitt wird Hubers Verständnis von Freiheit in Protestantismus und Moderne und die Rolle von Freiheit in seinem Werk untersucht. Im zweiten Abschnitt werden einige zentrale Implikationen seines Werkes für den Diskurs über Freiheit im Kontext der Moderne dargelegt. Abschließende Bemerkungen stellen die Bedeutung von Hubers Konzept für die südafrikanische Situation explizit heraus.

2 Wolfgang Hubers Freiheitsverständnis

2.1 Freiheit, Protestantismus und die Moderne

Die christliche Theologie hat um das rechte Verständnis der Freiheit gerungen. Sie hat in allen ihren Phasen, Ausgestaltungen, Richtungen und Verästelungen festgehalten, dass das christliche Freiheitsverständnis einen unaufgebbaren Beitrag zum Verständnis und zur Gestaltung der Freiheit leistet. Diese christliche Freiheit wird auch die alleinige und entscheidende Basis sein, die uns als Kirche der Freiheit evangelisch im 21. Jahrhundert sein lässt. Bei aller Ungewissheit über die Wege, die vor uns liegen, werden wir den nötigen Mentalitätswandel nur in der Freiheit finden, die Gott uns in Jesus Christus schenkt und die wir im Glauben für uns gelten lassen. Orientierung finden wir in der Freiheit durch Gott, zu uns selbst und für unsere Nächsten.[9]

Obiges Zitat bringt zum Ausdruck, dass Hubers Werk von der Überzeugung durchzogen ist, dass Freiheit ein zentrales Thema christlicher Theologie darstellt.[10] In einigen seiner Arbeiten scheint er sie gar für das zentrale Thema

9 Wolfgang Huber, Evangelisch im 21. Jahrhundert – Hauptvortrag beim Zukunftskongress in Wittenberg, im Internet verfügbar: http://www.ekd.de/vortraege/huber/070125_huber_hauptvortrag_zukunftskongress.html [eingesehen am 17. Juli 2007], 2007.

10 Besonders arbeitet Huber die Bedeutung von Freiheit heraus in Wolfgang Huber, Folgen christlicher Freiheit. Ethik und Theorie der Kirche im Horizont der Barmer theologischen Erklärung, Neukirchen-Vluyn, [2]1985. (bes. 113–127); Wolfgang Huber, Protestantismus und Protest, Reinbek b. Hamburg, 1987, 49–68; Wolfgang Huber, Der Protestantismus und die Ambivalenz der Moderne, in: Jürgen Moltmann (Hg.), Religion der Freiheit. Protestantismus in der Moderne, München, 1990, 29–65; Wolfgang Huber, Ökumenische Situation und protestantisches Prinzip. Eine Problemanzeige, in: Zeitschrift für Theologie und Kirche 89, 1992, 98–120; Wolfgang Huber, Die Verbindlichkeit der Freiheit. Über das Verhältnis von Verbindlichkeit und Freiheit in der evangelischen Ethik, in: Zeitschrift für evangelische Ethik 37, 1993, 70–81: 71; Wolfgang Huber, Öffentliche Kirche in pluralen Öffentlichkeiten, Evangelische Theologie 54(2), 1994, 157–180; Wolfgang Huber, Christliche Freiheit in der freiheitlichen Gesellschaft, in: Evangelische Theologie 56 (2), 1996, 99–116: 105 ff.; Wolfgang Huber, Kirche in der Zeitenwende. Gesellschaftlicher Wandel und Erneuerung der Kirche, Gütersloh 1999, 163–214.

christlicher Theologie zu erachten.[11] Die beiden „historischen Höhepunkte" in der Interpretation christlicher Freiheit stellen für Huber der Apostel Paulus und Martin Luther dar.[12] Während Paulus als Urbild christlicher Freiheit fungiert,[13] dient Luthers Wiederentdeckung der Freiheit eines Christenmenschen als Grundlage für Hubers Interpretation der Bedeutung christlicher Freiheit.[14]

Für Huber ist Freiheit das „protestantische Prinzip".[15] Huber erachtet die Reformation – Luther folgend – als die zentrale Wiederentdeckung christlicher Freiheit: „Reformation [...] heißt nichts anderes als die Wiederentdeckung der christlichen Freiheit. An die Reformation anzuknüpfen, heißt, Anschluss an diese gefährliche Entdeckung zu suchen."[16] Er erkennt an, dass bestimmte Interpretationen dieses protestantischen Prinzips tragische politische Konsequenzen hatten[17] und manchmal mit ungehemmtem Individualismus und privatisierter Religion in Verbindung gebracht wird,[18] hält aber zugleich daran fest, dass seine eigentlichen Grundzüge nicht mit seinen Fehlinterpretationen gleichgesetzt werden dürfen.[19] Nach Huber zeichnet sich das protestantische Verständnis von Freiheit vielmehr durch seinen umfassenden Charakter aus:

> Die Diskussion über Freiheit als Grundimpuls und Prinzip des Protestantismus hat ihre Spitze ... also gerade darin, daß die zugesagte Freiheit des Glaubens, die wahrgenommene Freiheit des Gewissens sowie die verfaßte Gestalt der Freiheit in Kirche, Gesellschaft und Staat in einem unauflöslichen Zusammenhang gesehen werden. Es ist demgegenüber schon historisch eine unzulässige Verkürzung, wenn das Prinzip des Protestantismus in einem individualistisch gefaßten Freiheitsbegriff gefunden wird.[20]

Der umfassende Charakter christlicher Freiheit wird besonders deutlich in Hubers Umgang mit der Theologie der Bekennenden Kirche. So betont er durchweg den engen Zusammenhang von Freiheit und Verantwortung

---

11 Vgl. Huber, Verbindlichkeit, 71.

12 Vgl. Huber, Freiheit, 105 ff.; Kirche in der Zeitenwende, 169–170.

13 Huber ist der Ansicht, Paulus' ausführlichste Erörterung von Freiheit finde sich in seinem Galaterbrief (Folgen, 11). Im Galaterbrief (Folgen, 117–119; Christliche Freiheit, 105) identifiziert Huber vier Grundzüge in Paulus' Freiheitsverständnis, nämlich dass Freiheit geschenkt wird, dass Gott die Glaubenden zu Freiheit ermächtigt, dass Glaubende zu Freiheit ermahnt werden und dass Freiheit auch verheißen wird. Diese paulinischen Grundzüge begegnen immer wieder in Hubers Werk, obwohl er sich meist nicht explizit auf sie bezieht.

14 Vgl. Wolfgang Huber, Protestantismus und Protest, Reinbek b. Hamburg, 1987, 52 ff.

15 Vgl. Wolfgang Huber, Ambivalenz der Moderne, 59; Ökumenische Situation, 98–120.

16 Huber, Protest, 54.

17 Vgl. Huber, Ökumenische Situation, 113.

18 Vgl. a. a. O., 115.

19 Vgl. Huber, Ambivalenz der Moderne, 57.

20 Huber, Ökumenische Situation, 115.

im Werk Bonhoeffers:[21] „[E]s ist […] klar […] was Bonhoeffer bewegte: dass christlich verstandene Freiheit in die Verantwortung führt, dass diese Verantwortung die Bereitschaft zur Schuldübernahme einschließt.“[22]

Diese Impulse sind ebenso deutlich im Werk von Hubers Heidelberger Lehrer, dem Theologen Heinz Eduard Tödt, zu beobachten und werden von Huber aufgegriffen.[23] Tödt betont den engen Zusammenhang zwischen Freiheit, Würde und Verantwortung. Die von Gott verliehene Würde impliziert für Tödt Fähigkeit und Pflicht zu verantwortlichem Handeln.[24] Tödt versteht die Möglichkeit menschlicher Verantwortung als ein Ergebnis der Erschaffung der Menschheit zum Ebenbild Gottes.[25] Er versteht Gott nicht als „eifersüchtig“ auf menschliche Autonomie, sondern als den Einen, der die verlorene Freiheit wiederherstellt.[26] Menschliche Verantwortung ist auf vier Bereiche bezogen: Verantwortung für andere Personen, für kommende Generationen, für die Erde und für die andauernde Möglichkeit zu leben für alle Lebewesen.[27]

Huber betont nicht nur die große Bedeutung von Freiheit für den Protestantismus, sondern thematisiert auch ihre Zentralstellung für die Moderne. Er erachtet Freiheit als „das große Thema des 21. Jahrhunderts“[28] und als das „Versprechen“ der Moderne:

> Freiheit ist die Verheißung des Projekts Moderne; sie ist das Versprechen der Neuzeit. Mehr Hoffnungen und Erwartungen, mehr Zuversicht und Veränderungen hat kein anderer Begriff freigesetzt; zugleich hat kein Begriff so viele Ängste und Anmaßungen, so viele Zerstörungen und Überforderungen ausgelöst wie dieser. Das Ansehen der Freiheit ist schil-

---

21 Vgl. bes., Wolfgang Huber, Konflikt und Konsens. Studien zur Ethik der Verantwortung, München, 1990, 136–157.

22 Wolfgang Huber, Dietrich Bonhoeffer – ein evangelischer Heiliger?, Im Internet verfügbar: http://www.ekd.de/vortraege/huber/070503_huber_rom.html [eingesehen am 6. Dezember 2007], 2007.

23 Eines der deutlichsten Beispiele für Tödts Einfluss auf Huber lässt sich finden in Wolfgang Huber/Heinz Eduard Tödt, Menschenrechte. Perspektiven einer menschlichen Welt, Stuttgart/Berlin, 1977, 163 ff.

24 Vgl. Wolfgang Schuhmacher, Theologische Ethik als Verantwortungsethik. Leben und Werk Heinz Eduard Tödts in ökumenischer Perspektive, Gütersloh 2006, 239.

25 Vgl. Schuhmacher, 239.

26 Vgl. Heinz Eduard Tödt, Der Spielraum des Menschen: Theologische Orientierung in den Umstellungskrisen der modernen Welt, Gütersloh 1979, 26.

27 Vgl. Schuhmacher, 240.

28 „Freiheit ist ja das große Thema des 21. Jahrhunderts. Nach dem Jahrhundert der Diktaturen sind wir in das Jahrhundert der Freiheit eingetreten, nach dem Jahrhundert der Weltkriege sind wir in das Jahrhundert der Verantwortung für Frieden und Zukunft eingetreten“ (Wolfgang Huber, Interview mit Wolfgang Huber von Domradio Köln am 2. September 2008. [Transkription verfügbar unter http://www.ekd.de/aktuell_presse/news_2008_09_02_2_huber_glaubensbuch.html], 2008).

lernd: Sie wird heute zwar oft in kleinen Münzen, in kommerzieller Verpackung und in täuschender Verkleidung ausgezahlt, doch sie hat gleichwohl einen guten Ruf.[29]

Die Protestantismus und Moderne gemeinsame Zentralstellung von Freiheit bringt natürlich deren enges und komplexes wechselseitiges Verhältnis zum Ausdruck. Huber erachtet den Protestantismus – gerade durch seine revolutionäre Wiederentdeckung der Freiheit – als einen der zentralen Schrittmacher der Moderne. In obigem Zitat sollte man beachten, dass Huber sowohl das Konzept der „Moderne" als auch das der „Neuzeit" heranzieht. Die Unterscheidung zwischen der „Neuzeit" und ihrer Ausprägung durch die Moderne zu verstehen, ist wichtig, um Hubers Verständnis des Verhältnisses zwischen Protestantismus und Moderne zu erfassen.[30] Für Huber bezieht sich die Neuzeit auf jenes Zeitalter, das von Renaissance und Reformation eingeleitet wurde.[31] Religion diente als eine befreiende Kraft und das wiederbelebte Wissen von Gott führte zu einer vertieften und revolutionären Entdeckung menschlicher Subjektivität. „Moderne" hingegen versteht er als ausgelöst durch Aufklärung, durch Französische und Amerikanische Revolution ebenso wie durch die Industrielle Revolution und als bezogen auf jene Strukturen, die eine nach-konfessionelle Gesellschaft charakterisieren. Für beide Prozesse spielte die Reformation eine bedeutende Rolle. Die einschneidenden gesellschaftlichen Veränderungen, die Reformation und Renaissance mit sich brachten und von der fortschreitenden Modernisierung noch weitergeführt wurden, beeinflussten nicht nur den politischen Bereich, sondern hatten Implikationen für die gesamte Gesellschaft.[32]

Eine der wohl klarsten und wichtigsten Erörterungen des Verhältnisses von Protestantismus und Moderne findet sich bei Huber in seinem Aufsatz „Der Protestantismus und die Ambivalenz der Moderne". In diesem Aufsatz

---

29 Huber, Evangelisch.

30 Vgl. Huber, Ambivalenz der Moderne, 32–49.

31 Vgl. a. a. O., 32–33.

32 Vgl. Wolfgang Huber (übers. R. C. L. Gritsch), Violence. The unrelenting assault on human dignity. Minneapolis, 1996, 33–34. Huber zeigt darüber hinaus, wie die Reformation zu jenen Säkularisierungsprozessen führte, die letztlich die Idee betonten, dass die Organisation der Gesellschaft nicht auf religiöser Autorität beruhen kann. Der Dreißigjährige Krieg, die Hugenottenkriege und die Englischen Revolutionskriege brachten die Notwendigkeit für eine Gesellschaft zum Ausdruck, deren organisatorische Fundamente bindende Kraft entfalten, selbst wenn kein Gott existieren sollte. Die Suche nach einer Organisation der Gesellschaft, die auf anderen Grundlagen basierte als jenen, die durch religiöse Institutionen vermittelt wurden, führte zu einem auf dem Naturrecht gründenden politischen System. Was mit den Mitteln der Vernunft verstanden werden kann, wurde das zentrale Kriterium für das Verständnis und die Anwendung des Naturrechts. Nicht göttliche Autorität (wie sie von einer bestimmten Konfession verstanden wurde) war Basis für die Organisation der Gesellschaft, sondern der Gesellschaftsvertrag, der später weiter ausgearbeitet wurde von Denkern wie Thomas Hobbes, John Locke, Jeremy Bentham und John Stuart Mill.

beschreibt er die Notwendigkeit eines „kritischen Bündnisses" zwischen Protestantismus und Moderne, wobei er zugleich auf die Möglichkeit der Affirmation aus Sicht des Protestantismus hinweist als auch darauf, dass die Ambivalenzen der Moderne thematisiert werden müssen.[33] In verschiedenen Aufsätzen stellt Huber eine enge Verbindung her zwischen der Wiederentdeckung der Freiheit durch die Reformation, der Entwicklung der Moderne und dem Beitrag, den ein umfassendes christliches Verständnis von Freiheit für die Erneuerung der Moderne leisten sollte.[34]

In einer Vorlesung zu Ehren Dietrich Bonhoeffers in Münster bringt Huber das kritische Bündnis des Protestantismus mit der Moderne folgendermaßen zum Ausdruck:

> Die Reformationskirchen haben das Projekt der Aufklärung nicht nur beklagt oder verdrängt, sondern auch aufgenommen, ihm Einlass in ihr eigenes theologisches Denken gewährt und es vor Gott zu verantworten gesucht. Die großen Theologen der letzten zweihundert Jahre [...] stehen [alle] für die Bereitschaft [...] Glauben und Aufklärung vor Gott und dem Evangelium zusammen zu denken. Natürlich hat die evangelische Kirche bisweilen auch antiaufklärerisch und antimodernistisch agiert; aber aufs Ganze gilt es festzuhalten, dass der Glutkern der Reformation eine besondere Nähe zu dieser modernen Welt hat, die auch unsere Kirchen in besondere Herausforderungen und Aufgaben stellt.[35]

Im Stellenwert des Konzepts kommunikativer Freiheit im Werk Hubers kommt besonders deutlich zum Ausdruck, wie er das kritische Bündnis zwischen Protestantismus und Moderne versteht. Dies wird im nächsten Abschnitt erörtert.

---

33 Vgl. Huber, Ambivalenz der Moderne, 50.

34 Vgl. Wolfgang Huber, Öffentliche Kirche in pluralen Öffentlichkeiten, Evangelische Theologie 54(2), 1994, 157–180, und in Vorträgen wie Wolfgang Huber, Protestantismus und Kultur am Beginn des 21. Jahrhunderts, verfügbar unter: http://www.ekd.de/vortraege/huber-v2.html [eingesehen am 18. Juni 2008], 2000; Wolfgang Huber, Europa als Wertegemeinschaft – Seine christlichen Grundlagen Gestern, Heute, Morgen, verfügbar unter: http://www.ekd.de/vortraege/huber/1662.html [eingesehen am 15. Januar 2007], 2001; Wolfgang Huber, Der christliche Glaube und die politische Kultur in Europa, verfügbar unter: http://www.ekd.de/vortraege/huber/040524_huber_glaube_und_politische_kultur.html [eingesehen am 15. Januar 2007], 2004; und Wolfgang Huber, Gemeinschaft gestalten – Evangelisches Profil in Europa – Vortrag auf der 6. Vollversammlung der Gemeinschaft Evangelischer Kirchen in Europa, verfügbar unter: http://www.ekd.de/vortraege/huber/060913_huber_geke_budapest.html [eingesehen am 15. Januar 2007], 2006. Vgl dazu auch Jürgen Moltmann, Gott im Projekt der modernen Welt. Beiträge zur öffentlichen Relevanz der Theologie, Gütersloh, 1997.

35 Wolfgang Huber, Protestantismus – Abgesang oder Zukunftsmodell?, verfügbar unter: http://www.ekd.de/vortraege/huber/040921_huber_muenster_protestantismus.html [eingesehen am 15. Januar 2007], 2004.

2.2 Kommunikative Freiheit

Bereits ein flüchtiger Blick auf verschiedene Dimensionen von Hubers Theologie untermauert die dargestellte Zentralstellung von Freiheit in seinem Werk. Ihm zufolge handelt christliche Ethik von der Freiheit zum Leben und darum besitzt Ethik Relevanz für alle Lebensbereiche.[36] In seinem Aufsatz „Freiheit und Institution. Sozialethik als Ethik kommunikativer Freiheit" expliziert Huber die Bedeutung von Freiheit für seine Sozialethik.[37] In seiner Bioethik artikuliert Huber die Zentralstellung von Freiheit auf andere, aber nicht weniger zentrale Weise. Hier verwendet er die unveräußerliche Freiheit bzw. Würde der Person als Ausgangspunkt seiner Argumentation in Bezug auf Stammzellenforschung, Abtreibung, Organtransplantation und Euthanasie.[38] Auch für Hubers Ekklesiologie spielt Freiheit eine zentrale Rolle. Wiederholt beschreibt er die Kirche als „Raum und Anwalt der Freiheit".[39] Die Kirche sollte der Ort sein, an dem Freiheit paradigmatisch erfahren und erneuert werden kann und dies sollte sie zu einem Anwalt der Freiheit in der Gesellschaft machen. Das gesellschaftsdiakonische Engagement der Kirche „ist nur so glaubwürdig wie ihr gelebtes Leben"[40].

---

36 Vgl. HUBER, Verbindlichkeit, 71.

37 Vgl. HUBER, Folgen, 113–127.

38 In Reden und Vorträgen zur Bioethik nimmt Huber ausnahmslos die unveräußerliche Würde des Einzelnen als Ausgangspunkt und wendet sie dann auf materiale Einzelfragen an. Vgl. z. B. WOLFGANG HUBER, Unantastbare Menschenwürde – Gilt sie von Anfang an?, verfügbar unter: http://www.ekd.de/vortraege/huber/Huber_011207.html, [eingesehen am 15. Januar 2007], 2001; WOLFGANG HUBER, Was ist vertretbar? Ethische Probleme der Organtransplantation, verfügbar unter: http://www.ekd.de/vortraege/huber/vortraege_huber_010911.html [eingesehen am 15. Januar 2007], 2001; WOLFGANG HUBER, Das Ende der Person? Zur Spannung zwischen Ethik und Gentechnologie, verfügbar unter: http://www.ekd.de/vortraege/huber/5830.html [eingesehen am 15. Januar 2007], 2001; WOLFGANG HUBER, Wissenschaft und Verantwortung in unserer Zeit, verfügbar unter: http://www.ekd.de/vortraege/huber/huber_020622_wissenschaftundverantwortung.html [eingesehen am 15 Januar 2007], 2002; WOLFGANG HUBER, Unsterblichkeit und Würde. Kant zu Ehren, verfügbar unter: http://www.ekd.de/vortraege/huber/030216_huber_kant.html [eingesehen am 15. Januar 2007], 2004 und WOLFGANG HUBER, Der Tod – Grenze oder Macht? – Vortrag beim Tag der Geisteswissenschaften der Berlin-Brandenburgischen Akademie der Wissenschaften, verfügbar unter: http://www.ekd.de/vortraege/huber/041112_huber_tag_der_geisteswissenschaften.html [eingesehen am 15. Januar 2007], 2004.

39 HUBER, Folgen, 205–216. Huber expliziert seine ekklesiologischen Grundlagen besonders in seinem Buch Kirche (Stuttgart/Berlin, 1979), die Bedeutung der Freiheit hingegen ist in seinen jüngeren Beiträgen ausgearbeitet, vgl. z. B. Folgen christlicher Freiheit (1985), Konflikt und Konsens (1990), Gerechtigkeit und Recht. Grundlinien christlicher Rechtsethik (Gütersloh, 1996); und Kirche in der Zeitenwende (1999).

40 HUBER, Folgen, 212.

Huber verwendet das Konzept „kommunikative Freiheit" als Ausdruck seiner Reformulierung der reformatorischen Wiederentdeckung des christlichen – besonders paulinischen – Verständnisses von Freiheit. Dem Begriff selbst begegnete Huber ursprünglich im Werk des Philosophen Michael Theunissen.[41] Dieser wiederum verwendet ihn im Zusammenhang seiner Auseinandersetzung mit Hegel in seinem Buch *Sein und Schein: Die historische Funktion der Hegelschen Logik*[42]. Obwohl auch Theunissen in seinem Freiheitsverständnis die Rolle „des anderen" betont, bezieht sich Huber kaum auf den ursprünglichen Zusammenhang, aus dem er den Begriff entnimmt. Gemeinsam mit Heinz-Eduard Tödt war Huber einer der ersten Theologen, die den Begriff in einem theologischen Kontext aufgriffen. Bereits in *Menschenrechte* (1977 von Tödt und Huber gemeinsam verfasst) verwenden beide, wenn auch zögerlich, das Konzept. In ihrer gemeinsamen Zeit an der Universität Heidelberg hatte Tödt auch persönlichen Kontakt mit Theunissen und verwendete den Begriff bereits spätestens 1979 in der damals unveröffentlichten Vorlesung „Versuch einer ethischen Theorie sittlicher Urteilsfindung" (veröffentlicht 1988 als Teil des Buches *Perspektiven theologischer Ethik*). Im selben Jahr hielt Huber den Vortrag „Freiheit und Institution. Sozialethik als Ethik kommunikativer Freiheit" (veröffentlicht in *Folgen christlicher Freiheit*). Bereits hier findet sich die für Huber typische Zusammenstellung von Luthers Doppelthese über die Freiheit eines Christenmenschen mit der Freiheitskonzeption bei Paulus (hier allerdings nicht im Galaterbrief, sondern in 1Kor 1). Interessanterweise wurde Theunissens Buch, das Huber in *Folgen christlicher Freiheit* als Quelle für den Begriff angibt, erst 1978 veröffentlicht, obwohl Theunissen den Begriff wohl bereits früher verwendet hat.[43]

Dass Huber den Begriff inhaltlich vom Erbe der Reformation her füllt, wird besonders deutlich in seiner Beschreibung derjenigen theologischen Strömungen, die sein Verständnis von Freiheit prägen.[44] In *Kirche in der Zeitenwende* benennt er drei theologische Dimensionen von Freiheit: ihr konstitutives Gegründetsein in Gottes Initiative („Freiheit als Gabe"), ihr personaler Charakter („persönliche Freiheit") und die Wirklichkeit der Sünde („Endlichkeit und Schuld"). Eine knappe Erörterung dieser drei

41 Vgl. z. B. Hubers Widmung von Folgen christlicher Freiheit an Theunissen (und Alfred Schindler) (Folgen, 9).

42 Frankfurt a. M., 1978. Schuhmacher (255) charakterisert Theunissens Verwendung des Begriffs folgendermaßen: „Dieser Begriff meint eine Öffnung des sich selbst loslassenden Ich auf den anderen hin und das Konstituiertwerden des Selbst vom anderen her".

43 Vgl. Huber, Folgen, 118. In *Menschenrechte* beziehen sich Huber and Tödt auf Herderkorrespondenz 30 (1976), 453 als Quelle für ihre Verwendung des Begriffes kommunikative Freiheit.

44 Vgl. bes. Huber, Christliche Freiheit, 105–106 und Kirche in der Zeitenwende, 167–176.

Dimensionen ist erforderlich für ein angemessenes Verständnis des Konzeptes „kommunikativer Freiheit".

Freiheit ist nach Huber *zunächst* konstituiert durch Gottes Initiative, weswegen sie unveräußerlich ist.[45] Diese Unveräußerlichkeit beschreibt Huber unter Bezug auf die Heilsgeschichte. Gottes Schöpfungshandeln versteht er als Konstituierung menschlicher Freiheit.[46] Indem er sie zu seinem Ebenbild erschafft, verleiht Gott den Menschen unveräußerliche Würde. Die dem Menschen von Gott geschenkte Freiheit ist selbst eine schöpferische Freiheit, impliziert als solche aber nicht sterbliche Allmacht, sondern Verantwortlichkeit.[47] Durch sein Heilshandeln erneuert Gott die geschenkte Freiheit. Huber zeigt, dass Freiheit durch Sünde[48] gefährdet ist, dass aber in Christi Leben, Tod und Auferstehung Freiheit paradigmatisch wiederhergestellt wird. Unter Rückgriff auf die von Eberhard Jüngel[49] geprägte Terminologie bezeichnet Huber Christus als die Wahrheit, die Macht über Leben und Tod hat. Die in Christus inkarnierte Wahrheit wird erfahren als befreiende Kraft, die die Menschheit von ihrer „Lebenslüge"[50] befreit – dem Irrglauben, die Menschheit selbst könne von sich aus Leben und Sinn hervorbringen. Gottes befreiendes Heilshandeln verortet Huber in einem

---

45 Vgl. HUBER, Folgen, 211.

46 Vgl. HUBER, Kirche in der Zeitenwende, 171.

47 Huber dekonstruiert das klassische Verständnis von Gottes Allmacht durch die Einführung des Themas seiner schöpferischen Selbstbeschränkung bereits in *Kirche in der Zeitenwende* (219–220), aber besonders in seinem populärwissenschaftlichen Buch WOLFGANG HUBER, Der christliche Glaube. Eine evangelische Orientierung, Gütersloh, 2008, 37: „Das Bekenntnis zu Gott als dem Schöpfer verbindet sich immer wieder mit der Allmacht als göttlicher Eigenschaft. Wer die Welt ins Dasein ruft, verfügt über die Macht schlechthin – nämlich über die Macht dazu, dass aus Nichts Etwas wird. Aber in der Schöpfung entfaltet sich nicht nur Gottes Allmacht; in ihr zeigt sich vielmehr zugleich eine Selbstbegrenzung Gottes."

48 Vgl. HUBER, Gerechtigkeit, 107.

49 Huber greift Jüngels Argumentationsstruktur auf in einer 1992 gehaltenen Rede. Vgl. WOLFGANG HUBER, Unantastbare Menschenwürde – Gilt sie von Anfang an?, verfügbar unter: http://www.ekd.de/vortraege/huber/Huber_011207.html, [eingesehen am 15. Januar 2007], 2001; WOLFGANG HUBER, Theologie und Kirchenleitung – Vortrag zu Ehren von Eberhard Jüngel, Tübingen, verfügbar unter: http://www.ekd.de/vortraege/huber/050204_huber_ehrung_juengel.html [eingesehen am 15. Januar 2007], 2005; WOLFGANG HUBER, Nachfolge heute – Vortrag bei der Jahrestagung der Internationalen Bonhoeffer-Gesellschaft, Deutsche Sektion, verfügbar unter: http://www.ekd.de/vortraege/huber/060915_huber_berlin.html [eingesehen am 15. Januar 2007], 2006; WOLFGANG HUBER, Barmherzigkeit mit den Zweiflern – Überlegungen zum Weg unserer Kirche, Vortrag in Offenburg, verfügbar unter: http://www.ekd.de/vortraege/huber/061007_huber_barmherzigkeit.html [eingesehen am 15. Januar 2007], 2006.

50 HUBER, Nachfolge und HUBER, Gemeinschaft gestalten.

eschatologischen Zusammenhang.[51] Mit Christi Inkarnation als die lebende Wahrheit hat das Kommen des Gottesreiches bereits begonnen, was durch Christi Auferstehung Bestätigung findet.[52] Im Geschick Christi zeigt sich, dass Gottes „Leidensempfindlichkeit" die Verbindung darstellt zwischen Gottes Ewigkeit – anders ausgedrückt: seinem kommenden Reich – und der gegenwärtigen Unvollendetheit der Wirklichkeit.[53] Gottes Mitleid, so Huber, führt dazu, dass sich die Christen auf ein „Weltprogramm" einlassen, das Gottes Mitleid in seiner Welt zum Ausdruck bringt.[54]

Huber erachtet Gottes Initiative als Grundlage für die *zweite* Dimension von Freiheit, ihren personalen Charakter.[55] Die von Gott geschenkte Freiheit ist keine „Substanz", die gegen die Freiheit anderer geschützt werden müsste, sondern kann nur relational verwirklicht werden.[56] Huber beschreibt Freiheit als „Bewegung", da sie die Person vom Verlangen, zu verfügen, zur Bereitschaft, zu dienen, bewegt.[57] Huber entwickelt Bonhoeffers Vorschlag weiter, die klassische Interpretation von Gottes Handeln als Handeln „für mich" (*pro me*) zu transformieren in ein Handeln „für uns" (*pro nobis*). Gottes Rechtfertigung zeichnet sich entscheidend dadurch aus, dass sie Beziehungen begründet, die nicht nach der Logik der Selbsterhaltung strukturiert sind, sondern nach der Logik von selbstgebendem Vertrauen in Gottes Befreiungshandeln.[58] Indem er Freiheit „für uns" konstituiert, offenbart Gott zugleich ihre wahre Natur als eine Freiheit, die im „Dasein für an-

51 Vgl. Huber, Glaube, 232 ff.; Huber, Kirche in der Zeitenwende, 175.

52 Vgl. Huber, Glaube, 222.

53 Vgl. a. a. O., 225.

54 Vgl. ebd.

55 Vgl. Huber, Kirche in der Zeitenwende, 168–170; Christliche Freiheit, 104–106.

56 Vgl. z. B. Wolfgang Huber, Gerecht aus Glauben – die Gegenwartsbedeutung des christlichen Menschenbilds, verfügbar unter: http://www.ekd.de/vortraege/huber/vortraege_huber_010926.html [eingesehen am 15. Januar 2007], 2001; Wolfgang Huber, Dass der Mensch mehr ist als seine Taten. Das christliche Menschenbild im Licht der Rechtfertigungsbotschaft, verfügbar unter: http://www.ekd.de/vortraege/huber/070509_huber_berlin.html [eingesehen am 6. Dezember 2007], 2007.

57 Vgl. Huber, Folgen, 211.

58 Vgl. Wolfgang Huber, Glauben in der Welt – Die Säkularisierung und Zukunft der Kirchen, verfügbar unter: http://www.ekd.de/vortraege/huber/051022_huber_maulbronn.html [eingesehen am 15. Januar 2007], 2005; Wolfgang Huber, Flugblätter der Freiheit. Verantwortliches Handeln aus christlichen Wurzeln, verfügbar unter: http://www.ekd.de/vortraege/huber/060123_huber_weisse_rose.html [eingesehen am 15. Januar 2007], 2006; Wolfgang Huber, Zukunft gestalten – Erwartungen an Religion und Glaube, verfügbar unter: http://www.ekd.de/vortraege/huber/061211_huber_dresden.html [eingesehen am 15. Januar 2007], 2006; und Wolfgang Huber, Von der Freiheit der Kinder Gottes – Plädoyer für eine selbstbewusste Kirche, verfügbar unter: http://www.ekd.de/vortraege/huber/060401_huber_koeln.html [eingesehen am 15. Januar 2007], 2006.

dere“[59] besteht. „Kommunikative Freiheit“ bringt daher den Sachverhalt zum Ausdruck, dass Freiheit nur im Dasein für andere realisiert werden kann, wodurch ihre Konstitution und ihre Realisierung unhintergehbar verbunden sind. Gott zu loben und anderen zu dienen, kann nicht voneinander getrennt werden, sondern findet seine Vereinigung in kommunikativer Freiheit:

> [Freiheit] kommt zu ihrer höchsten Erfüllung, wenn sie sich aufschwingt zum Lob Gottes, der in Jesus Christus uns zu Gute menschliche Gestalt annimmt. Eine in Gottes Menschwerdung begründete Freiheit, die im Lob Gottes ihre Erfüllung findet [...] ist eine Freiheit, die sich ein Mensch von Gott schenken lässt, um sie im Verhältnis zu sich selbst wie im Eintreten für seinen Nächsten zu bewähren.[60]

Diese prinzipielle Relationalität hat zentrale Bedeutung für Hubers Konzept von kommunikativer Freiheit. Dass er das reformatorische Freiheitsverständnis von Grund auf als „kommunikativ“ begreift, bringt seine Überzeugung zum Ausdruck, dass die Unveräußerlichkeit von Freiheit durch die Gottesbeziehung konstituiert ist und nur in interpersonalen Beziehungen erfahrbar werden kann.

Huber stellt sein Konzept kommunikativer Freiheit *drittens* in den Zusammenhang menschlicher Sünde.[61] Wie Hegel ist Huber der Ansicht, dass das Christentum nicht die Religion der Freiheit sein kann, wird die Wirklichkeit der Sünde nicht ernst genommen.[62] Sünde bedeutet für Huber mehr als nur moralische Verfehlungen, sondern gehört zu der *conditio humana*.[63] Er sieht die Menschheit daher als grundsätzlich der Richtungslosigkeit und Beziehungslosigkeit zugeneigt.

Sünde als Bestandteil der *conditio humana* zu beschreiben ist natürlich eine äußerst kontroverse Position. Obwohl eine ganze Reihe verschiedener Argumente gegen sie vorgebracht werden kann, entwickelt Huber eine Antwort besonders auf einen bestimmten Einwand, nämlich jenen, Erbsünde impliziere Gleichgültigkeit gegenüber struktureller Sünde und Unmenschlichkeit.[64] Ein Bewusstsein für die Erbsünde zu haben, bedeutet für Huber erstens, dass die von Gott geschenkte Freiheit nicht zu Selbstgerechtigkeit führen darf, da die Wiederentdeckung der Freiheit durch die Reformation gerade den selbstkritischen Blick für die eigene Tendenz schärft, Gottes Geschenk der Freiheit zu verachten.[65] Dieser selbstkritische Grundzug

---

59 Huber, Folgen,173.

60 Wolfgang Huber, Kirche und Verfassungsordnung – Vortrag bei den 42. Essener Gesprächen in Mühlheim/Ruhr, verfügbar unter: http://www.ekd.de/vortraege/huber/070312_huber_kirche_verfassungsschutz.html [eingesehen am 15. Januar 2007], 2007.

61 Vgl. Huber, Christliche Freiheit, 107–109; Kirche in der Zeitenwende,173–176.

62 Vgl. Huber, Kirche in der Zeitenwende, 174.

63 Vgl. Huber, Christliche Freiheit, 107.

64 Vgl. a. a. O., 108.

65 Vgl. Huber, Protest, 54.

findet seinen Ausdruck beispielsweise in der Doppelbewegung in Hubers Ekklesiologie:[66] Die Fähigkeit der Kirche, Anwalt der Freiheit zu sein, wird jeden Sonntag erneuert durch die Erinnerung und Erfahrung von Gottes befreiendem Handeln. Anders ausgedrückt gründet die Notwendigkeit der Selbstkritik in der Unterscheidung von gegenwärtiger Wirklichkeit und Gottes Zukunft. Das Bewusstsein der Sünde schärft die Aufmerksamkeit dafür, dass die gegenwärtige Realisierung von Freiheit allenfalls vorläufig, ein „Gleichnis" wirklicher Freiheit, sein kann und verlangt daher beharrliche konsequente Anwaltschaft für die Freiheit.[67] Konsequent mit der Möglichkeit/Wirklichkeit der Erbsünde zu rechnen, davon geht Huber daher zweitens aus, bedeutet nicht, dass strukturelle Formen der Unfreiheit und Ungerechtigkeit verdeckt werden, sondern dass sie gerade offengelegt werden.[68]

Drittens führt es nicht zu Resignation, Sünde als einen Hinweis auf den Unterschied zwischen gegenwärtiger Wirklichkeit und Gottes Zukunft zu erkennen. Der vorläufige Charakter der Freiheit ist geradezu ein Handlungsimpuls:

> Die Wahrnehmungsfähigkeit für die Sünde als Ursache der Unfreiheit schärft auch die Aufmerksamkeit für die gesellschaftliche Willkür, die Menschen in vermeidbarer Unfreiheit hält. [...] Ein umfassendes theologisches Freiheitsverständnis ist gerade dadurch gekennzeichnet, daß es die zugesagte Freiheit des Glaubens und die Verantwortung für die Freiheit in Gesellschaft und Staat voneinander unterscheidet und zugleich miteinander verknüpft."[69]

3 Die Bedeutung Kommunikativer Freiheit im Freiheitsdiskurs der Moderne

Die zentrale Rolle, die Freiheit in Hubers Werk spielt, seine Aufmerksamkeit für ihre Bedeutung in der Moderne sowie die Tatsache, dass er die enge, komplexe und teilweise ambivalente Beziehung zwischen Protestantismus und Moderne anerkennt, ermöglichen es Huber, vom Konzept kommunikativer Freiheit aus einen zugleich kritischen und konstruktiven Beitrag zum Diskurs über Freiheit in der Moderne zu leisten. Bereits 1991 expliziert Huber solche Konsequenzen in einem zunächst unscheinbar wirkenden Beitrag.[70]

---

66 Vgl. z. B. Huber, Folgen, 211.

67 Vgl. Wolfgang Huber, Protestantismus und Demokratie, in: Wolfgang Huber (Hg.), Protestanten in der Demokratie, München, 1990, 11–36, 35.

68 Vgl. Huber, Kirche in der Zeitenwende, 174 ff.

69 A. a. O., 175.

70 Wolfgang Huber/Friedrich Wilhelm Graf, Konfessorische Freiheit oder relativistische Offenheit? Ein theologisches Streitgespräch, in: Evangelische Kommentare 24, 1991, 669–673. Dieser Text war ursprünglich als Hubers Beitrag zu einem Streitgespräch mit Friedrich Wilhelm Graf gedacht.

Erstens bringt das Konzept kommunikativer Freiheit die Verbindung zwischen Glaubensfreiheit, Gewissensfreiheit und gesellschaftlicher Freiheit ins Bewusstsein.[71] Huber ist der Ansicht, dass sich deren innerer Zusammenhang im Anschluss an Luthers Freiheitsinterpretation entfalten lässt. Dieses sei sachlich und historisch einer der Grundpfeiler von Menschenrechten sowie Glaubens-, Gewissens- und bzw. Ausdrucksfreiheit.[72] Trotz einiger Ambivalenzen[73] sieht Huber Luther als einen Verteidiger individueller Gewissensfreiheit. Für Luther bildet das individuelle Gewissen das Scharnier zwischen der von Gott geschenkten Freiheit[74] und ihrem verantwortlichen Gebrauch in der Gesellschaft.[75] „Kommunikative Freiheit" bringt daher zum Ausdruck, dass christliche Freiheit – obwohl jedem Einzelnen verliehen – nicht mit einem privatisierten Freiheitsverständnis gleichgesetzt werden kann. Einige von Hubers bedeutendsten Veröffentlichungen wie *Kirche und Öffentlichkeit* (1973), *Protestantismus und Protest* (1987) und *Friedensethik* (1990) dienen gerade dazu, die Beziehung zwischen befreitem Gewissen und Anwaltschaft für die Freiheit in der Gesellschaft herauszuarbeiten.

Huber merkt an, dass das Gewissen nicht zu einer Art Willkürfreiheit befreit wird,[76] sondern dass ihm der Weg durch das Wort Gottes gewiesen wird.[77] Gottes Gerechtigkeit nimmt das Gewissen der freien Person „gefangen" indem sie dazu befähigt, Freiheit im Dienst an anderen zu realisieren. Als Freiheit des Glaubens erscheint Gewissensfreiheit daher nicht primär als Autonomie oder Individualität, sondern in der Form von „Verbindlichkeit".[78]

---

71 Huber/Graf, Konfessorische Freiheit, 672.

72 Vgl. Huber, Protest, 56. Im Jahr 2000 (Huber, Protestantismus und Kultur) vertrat Huber in einem Vortrag die These, dass durch Luthers Betonung der Gewissensfreiheit mit der Staatsmacht zugleich der Handlungsspielraum der Kirche eingeschränkt wird: „Die weltliche Obrigkeit fand ihre Grenze, wie Luther schon einschärfte, an der Freiheit des Gewissens; aber auch für die Kirche galt, dass sie ihrem Wahrheitsanspruch nur durch das Wort, nicht aber durch Zwang Resonanz verschaffen durfte."

73 Vgl. Huber, Konflikt, 81.

74 Vgl. Wolfgang Huber, Die tägliche Gewalt: gegen den Ausverkauf der Menschenwürde, Freiburg i. Br., 1993, 24.

75 Vgl. Huber, Christliche Freiheit, 108.

76 Vgl. ebd.

77 Vgl. Huber, Protest, 60.

78 Huber, Verbindlichkeit, 70–80. Die ethischen Implikationen von Verbindlichkeit bringt Huber folgendermaßen zum Ausdruck (a. a. O., 71): „[Die theologische] Einsicht, daß menschliche Freiheit nicht durch menschliches Handeln hervorgebracht wird, sondern in der Wirklichkeit Gottes wurzelt, hat eine responsorische Konzeption menschlicher Autonomie zur Folge. Und aus dieser Verknüpfung resultiert, daß die Ethik des Gerechten – in der Einschränkungen individueller Rechte nur um der individuellen Rechte anderer willen erfolgen dürfen, also dem Grundsatz des distributiven Vorteils entsprechen müssen – konstruktiv auf eine Ethik des Guten bezogen wird, in der menschliche Freiheit als kommunikative Freiheit zu ihrem Ziel kommt. Von einer solchen Ethik ließe sich sagen, sie habe die Spannung zwischen Verbindlichkeit und

Dieses befreite christliche Gewissen hat seinen spezifischen Charakter als ein auferstandenes Gewissen, wie Luther eindrücklich formuliert: „Die Gewissen aufzurichten und zu ermuntern, ist nichts anderes als Tote auferwecken.“[79] Ein auferstandenes Gewissen kann nie ein durch menschliche Leistung herbeigeführter Zustand sein, sondern ist immer das von Gott im Prozess vollständigen Befreitwerdens verliehene Gewissen.[80]

Das befreite Gewissen des Christen befähigt zu öffentlicher Verantwortung, indem es Gottes Wort mit dem Kontext verbindet, in dem es verwirklicht werden muss. Sobald politische Gewalt die Freiheit des Gewissens nicht respektiert, hat sie nach Luther ihre eigenen Grenzen überschritten.[81] Die Legitimität jeglicher Autorität hängt davon ab, in welchem Ausmaß sie der Freiheit des Gewissens dienlich ist. Eine Autorität übertritt ihre Zuständigkeit, sobald sie Freiheit missachtet oder der Tatsache nicht Rechnung trägt, dass diese nicht völlig durch menschliche Autorität garantiert werden kann.[82] In solchen Fällen befähigt und zwingt das von Grund auf freie Gewissen des Christen zu einer Reaktion, die auf eine Wiederherstellung einer Gesellschaftsordnung zielt, die auf der unveräußerlichen Freiheit der Einzelnen basiert.

Hubers Konzept kommunikativer Freiheit erkennt *zweitens* die unhintergehbare Verbindung von Individualität und Sozialität in seiner Interpretation des evangelischen Freiheitsverständnisses an.[83] Mit dem Ausdruck „Gleichursprünglichkeit“ verweist Huber auf den gemeinsamen Ursprung menschlicher Sozialität und Individualität[84] im Schenken der Freiheit durch Gott.[85] Huber beobachtet in der gegenwärtigen Theologie Tendenzen zu einer Überbetonung menschlicher Individualität unter Berufung auf das Erbe der Reformation und erachtet dies als einen Missbrauch dieses Erbes.[86] Geradezu emphatisch verweist er darauf, dass die Reformation durchgehend die biblische Verbindung von menschlicher Individualität und

---

Freiheit darin konstruktiv gelöst, daß die *Verbindlichkeit der Freiheit* selbst zu ihrem entscheidenden Thema geworden ist.“

79 Huber, Protest, 62.

80 Vgl. ebd.

81 Vgl. a. a. O., 52.

82 Vgl. a. a. O., 56.

83 Vgl. Huber/Graf, Konfessorische Freiheit, 672.

84 Vgl. bes. Huber, Ambivalenz der Moderne, 57–65.

85 Vgl. bes. Huber, Folgen, 117–118; Huber, Protestantismus und Protest, 53–58; Christliche Freiheit, 61–62; Kirche in der Zeitenwende, 169–170.

86 Vgl. Huber, Ökumenische Situation, 115. Vgl. Hubers Kritik an verschiedenen Formen der Individualisierung in *Kirche in der Zeitenwende* (88–89), wo er sich vor allem gegen gemeinschaftszersetzende Formen von Individualisierung wendet: „In der Individualisierung gehören also die Freisetzung von vorgegebenen Lebensformen und die Entzauberung traditionsbestimmter institutioneller Sicherheiten mit der Aufgabe einer neuen, individuell verantworteten Reintegration unmittelbar zusammen.“

Sozialität betone. Während manche die enge Verbindung zwischen Sozialität und Individualität als modernes Phänomen erachten, sieht Huber sie im Freiheitsverständnis der Reformation selbst verwurzelt:

Meine These heißt: Gerade das reformatorische Freiheitsverständnis ist durch die Gleichursprünglichkeit von Individualität und Sozialität gekennzeichnet. Die Reformation versteht Freiheit als kommunikative Freiheit. Will man die Impulse der Reformation in unserer Gegenwart aufnehmen, kann man Freiheit und Solidarität nicht beziehungslos nebeneinander stellen, oder gar gegeneinander ausspielen; man muß sie vielmehr in ihrem unlöslichen Zusammenhang sehen.[87]

Für Huber impliziert das Verständnis von Freiheit in der evangelischen Theologie, für den Nächsten da zu sein, da Christi Inkarnation offenbar gemacht hat, dass nicht „tödlicher Wettbewerb" regieren darf, sondern „gegenseitige Offenheit" der Weg zum Leben ist.[88] Er zitiert Paulus' Ausführungen zur Freiheit aus dem Galaterbrief um zu illustrieren, wie Freiheit nicht in individuelle Isolation, sondern in wahre Gemeinschaft führt.[89] Der Ruf des Evangeliums zur Freiheit darf nicht missverstanden werden als ein Ruf zu „individualistischer" Freiheit, wie Paulus seine Beschreibung christlicher Freiheit durchgehend qualifiziert. Freiheit isoliert Menschen nicht voneinander, sondern kann nur in Gemeinschaft und gegenseitigem Verständnis realisiert werden.[90]

Im gegenwärtigen sozialgeschichtlichen Kontext führt dieser Aspekt des Konzeptes „kommunikativer Freiheit" zugleich in einen Dialog mit zwei traditionell bedeutenden Strömungen in der Interpretation des Freiheitsbegriffs. Hubers Betonung der engen Verbindung menschlicher Sozialität und Individualität im reformatorischen Freiheitsverständnis überbrückt die Differenzen zwischen zwei klassischen Konzeptionen von Freiheit[91] – denen von „negativer Freiheit" und „positiver Freiheit", wie sie Isaiah Berlin in seiner berühmten Antrittsvorlesung in Oxford einander gegenübergestellt hat.[92]

Drittens erkennt „Kommunikative Freiheit" die Verbindung von Freiheit und Verantwortlichkeit, womit sie wiederum präzise in reformatorischer Tradition steht. Diese Verbindung ist bereits in der Gleichursprünglichkeit von Individualität und Sozialität impliziert. Hubers wohl bedeutendste Beschreibung des Verhältnisses von Freiheit und Verantwortung findet

---

87 Huber, Ambivalenz der Moderne, 61.

88 Vgl. Huber, Folgen, 118.

89 Vgl. a. a. O., 117–118.

90 Vgl. Huber, Christliche Freiheit, 105.

91 Programmatisch in Huber, Folgen, 117–119; Huber, Ambivalenz der Moderne, 57–65; Huber, Tägliche Gewalt, 71; Huber, Christliche Freiheit, 106.

92 Vgl. Huber, Gerechtigkeit, 222. Vgl. Isaiah Berlin, Two concepts of liberty, Oxford, 1958 and Isaiah Berlin, Political ideas in the Romantic Age. Their Rise and Influence on Modern Thought, London, 2006.

sich in seiner Erörterung von Luthers berühmter Doppelthese.[93] In seiner Abhandlung *Von der Freiheit eines Christenmenschen* (1520) beschreibt Luther Freiheit als völlige Freiheit von der Gewalt anderer und zugleich den Willen,

93 Die Doppelthese Luthers kann sogar als „Schlüsselphrase" des Konzeptes „kommunikative Freiheit" gelten, da Huber sie sehr häufig gebraucht, besonders in seiner Funktion als Bischof. In einer großen Zahl von Vorträgen greift er auf sie zurück um das protestantische Verständnis von Freiheit als „kommunikative Freiheit" zu profilieren. Vgl. dazu z. B. die folgenden Vorträge: Wolfgang Huber, Glauben in der Welt – Die Säkularisierung und Zukunft der Kirchen, verfügbar unter: http://www.ekd.de/vortraege/huber/051022_huber_maulbronn.html [eingesehen am 15. Januar 2007], 2005; Evangelisch im 21. Jahrhundert (2007); Wolfgang Huber, Der Mensch ist zur Arbeit geboren wie der Vogel zum Fliegen. Hat das protestantische Arbeitsethos noch eine Zukunft?, verfügbar unter: http://www.ekd.de/vortraege/huber/070422_huber_wittenberg.html [eingesehen am 17. Juli 2008], 2007; Wolfgang Huber, Glaube und Vernunft – Vortrag in der XVI. Werner-Reihlen-Vorlesung „Die Vernunft der Religion" Humboldt-Universität zu Berlin, verfügbar unter: http://www.ekd.de/vortraege/huber/071120_huber_berlin.html [eingesehen am 6. Dezember 2007], 2007; Huber, Gemeinschaft gestalten; Huber, Kinder Gottes; Huber, Evangelisch – profiliert – wertvoll); Wolfgang Huber, Lesen lernen – Zur Wiederentdeckung einer kulturellen Grundkompetenz aus evangelischer Perspektive, verfügbar unter: http://www.ekd.de/vortraege/huber/060523_huber_kulturelle_grundkompetenz.html [eingesehen am 15. Januar 2007], 2006; Wolfgang Huber, Die Herausforderungen für die Theologie in einem pluralistischen Europa aus ökumenischer Perspektive – Eine evangelische Stellungnahme, verfügbar unter: http://www.ekd.de/vortraege/huber/060707_huber_graz.html [eingesehen am 6. Dezember 2007], 2007; Wolfgang Huber, Beheimatung im Eigenen – Respekt vor dem Anderen. Zum kulturellen Auftrag der Medien, verfügbar unter: http://www.ekd.de/vortraege/huber/050905_rv_geisendoerfer_preis.html [eingesehen am 15. Januar 2007], 2005; Wolfgang Huber, Der Auftrag der Kirchen in einem Zusammenwachsenden Europa, verfügbar unter: http://www.ekd.de/vortraege/huber/051005_huber_warschau.html [eingesehen am 15. Januar 2007], 2005; Wolfgang Huber, In deinem Lichte schauen wir das Licht – Quellen und Perspektiven christlicher Spiritualität, Festvortrag zum 25-jährigen Jubiläum des Stifts Urach, verfügbar unter: http://www.ekd.de/vortraege/huber/051022_huber_urach.html [eingesehen am 15. Januar 2007], 2005; Wolfgang Huber, Der Beruf zur Politik – Zwanzig Jahre Demokratiedenkschrift der EKD, verfügbar unter: http://www.ekd.de/vortraege/huber/050630_huber_johannisempfang.html [eingesehen am 15. Januar 2007], 2005; Wolfgang Huber, Demokratie wagen – Der Protestantismus im politischen Wandel 1965–1985, verfügbar unter: http://www.ekd.de/vortraege/huber/051024_huber_muenchen.html [eingesehen am 15. Januar 2007], 2005; Wolfgang Huber, Protestantismus – Abgesang oder Zukunftsmodell?, verfügbar unter: http://www.ekd.de/vortraege/huber/040921_huber_muenster_protestantismus.html [eingesehen am 15. Januar 2007], 2004; Wolfgang Huber, Die Tugend des Glaubens, verfügbar unter: http://www.ekd.de/vortraege/huber/2004_08_25_rv_marktkirche_moralische_reden.html [eingesehen am 15. Januar 2007], 2004; Huber, Wertegemeinschaft; Huber, Menschenwürde und Wolfgang Huber, Die Rolle der Kirchen als intermediärer Institutionen in der Gesellschaft, verfügbar unter: http://www.ekd.de/vortraege/huber/huber-v5.html [eingesehen am 15. Januar 2007], 2000.

anderen dienlich zu sein: „Ein Christenmensch ist ein freier Herr über alle Dinge und niemanden untertan. Ein Christenmensch ist dienstbarer Knecht aller Dinge und jedermann untertan."

Nach Hubers Interpretation betont der erste Teil der These, dass Freiheit zutiefst persönlich ist, da Freiheit von der Gewalt anderer sich auf eine Person bezieht, der eine unveräußerliche Würde verliehen ist. Der zweite Teil der These betont, dass diese Freiheit nur im Dienst an anderen verwirklicht werden kann, weswegen Freiheit nicht individueller Isolation entspricht: „Die freiwillige Selbstzurücknahme um der andern willen erscheint nicht als Einschränkung der Freiheit, sondern als deren Ausdruck. Selbstbestimmung und Anerkennung des andern, Liebe zu sich selbst und Liebe zum Nächsten gehören zusammen."[94]

Nach Huber ist Freiheit weniger ein Zustand, in dem sich Menschen gegenüberstehen, als vielmehr ein Prozess, durch den Leben gemeinsam mit anderen gelebt werden kann.[95] Er führt daher fort: „Freiheit verwirklicht sich nach christlichem Verständnis in der Gemeinschaft von Menschen, die einander in vorbehaltloser Anerkennung und Liebe begegnen. Freiheit hat ihren genuinen Ort in Gemeinschaft und wechselseitiger Verständigung; sie trägt also kommunikativen Charakter."

In seinem bedeutenden Aufsatz „Sozialethik als Verantwortungsethik" begründet Huber programmatisch, warum die Freiheit der Moderne im Horizont einer Verantwortungsethik verwirklicht werden muss.[96] Huber greift Bonhoeffers Ansicht auf, wonach sich Abstraktionen, die sowohl in der Gesetzesethik als auch in der Gewissensethik vorherrschend waren, als unangemessen erwiesen haben.[97] Ein isoliertes Individuum, abgetrennt von gesellschaftlichen Zusammenhängen und in einer Position, die ihm eine Orientierung am höchsten Gut erlaubt, war Grundlage dieser Modelle ethischer Urteilsfindung. Für Bonhoeffer, wie auch für Huber, ist jede Form der Ethik zugleich Sozialethik, da sie immer den verantwortlichen Freiheitsgebrauch mitten im Leben, in seinen wirklichen und konkreten Zusammenhängen zum Gegenstand hat.[98]

Bonhoeffer entwickelte eine spezifisch protestantische Interpretation von Verantwortlichkeit, indem er zwei Bezugspunkte für Freiheit benannte: „Verantwortung vor" und „Verantwortung für".[99] Seiner Ansicht nach zeichnet sich christliche Existenz durch eine Antwortstruktur aus: Auf der Grundlage von Gottes Befreiungshandeln kann christliche Existenz in ihrer Ganzheit verstanden werden als freudige Antwort auf diese Befreiung

---

94 Huber, Kirche in der Zeitenwende, 170.

95 Vgl. a. a. O., 169.

96 Vgl. Huber, Konflikt, 136–157.

97 Vgl. a. a. O., 141–145.

98 Vgl. a. a. O., 143.

99 A. a. O., 143–144.

in Verantwortlichkeit für andere, die in Verantwortlichkeit vor Gott ihre Wurzel hat.

Bonhoeffer entwickelt Verantwortung christologisch als „die zusammengefaßte Ganzheit und Einheit der Antwort auf die uns in Christus gegebene Wirklichkeit".[100] Da Christi Leben und Sterben sich als Stellvertretungshandeln vollziehen, sollte auch christliche Verantwortung als Stellvertretung verstanden werden.[101] *Verantwortung für* sollte daher gekennzeichnet sein durch die Bereitschaft zur Stellvertretung, *Verantwortung vor* sollte gekennzeichnet sein durch die Antwortstruktur des Lebens.

Diese beiden Bezugspunkte von Verantwortlichkeit im Werk Bonhoeffers entsprechen der doppelten Relationalität kommunikativer Freiheit als einer Freiheit, die in Gottes Beziehung zur Menschheit konstituiert ist und ihre Realisierung in Beziehung zu anderen findet.[102] Für Huber zeichnet sich eine solche Ethik durch die Möglichkeit der *Selbstbeschränkung* aus.[103] Dem protestantischen Verständnis nach betrifft Selbstbeschränkung nicht nur die individuelle Person, sondern zugleich die Beziehung mit anderen Menschen und mit Gott.[104] Huber bezieht das Prinzip der Selbstbeschränkung besonders auf die Verantwortung von Wissenschaftlern. Im Lichte des gewaltigen Einflusses naturwissenschaftlicher Forschung auf technologischen Fortschritt und von da aus auf die gesamte Gesellschaft, fordert Huber emphatisch eine Ethik der Selbstbeschränkung in den Naturwissenschaften. Er argumentiert, dass Wissenschaft auch an anderen Prinzipien als „Wahrheit" orientiert sein müsste.[105] Obwohl die Suche nach Wahrheit ein zentraler Wert für die Wissenschaft bleiben müsse, dürfe die Fähigkeit der Menschheit, ihre natürliche Umwelt zu verändern oder gar zu zerstören, nicht länger unberücksichtigt bleiben.[106] Menschliche Fähigkeiten haben sich dramatisch verändert: Die Menschheit ist inzwischen in einer Position, in der sie das Leben selbst gefährden kann. Dies impliziert, dass Selbstbeschränkung nicht als Beschränkung von Freiheit verstanden werden kann, sondern gerade als Bedingung für die andauernde Möglichkeit von Freiheit. Selbstbeschränkung verlangt daher eine bewusste Unterscheidung zwischen dem, was die Menschheit tun kann und dem, was ihr erlaubt sein sollte.[107] Kommunikative Freiheit zeigt deshalb auch, dass individualistische

---

100 A. a. O., 144.

101 Vgl. ebd.

102 Vgl. a. a. O., 143.

103 Vgl. Huber, Konflikt, 193–194, 204–207; Wolfgang Huber/Hans-Richard Reuter, Friedensethik, Stuttgart, 1990, 243–246; Huber, Verbindlichkeit, 70–81; Huber, Kirche in der Zeitenwende, 210–215.

104 Vgl. Huber, Kirche in der Zeitenwende, 213.

105 Vgl. Huber, Konflikt, 205.

106 Vgl. Huber/Reuter, Friedensethik, 244.

107 Vgl. a. a. O., 245.

Selbstbestimmung unvereinbar ist mit authentischer menschlicher Freiheit und dass Selbstbeschränkung ein Ausdruck von Freiheit ist:

> Wer Selbstbestimmung – und das heißt: Freiheit – als Ziel und Sinn menschlichen Lebens anerkannt wissen will, der muß nicht nur sich selbst darum bemühen, sein eigenes Leben nach den Grundsätzen sittlicher Autonomie zu führen; er muß auch darauf verzichten, sich das Verfügungsrecht über fremdes Leben anzumaßen. Als universales Moralprinzip wird Selbstbestimmung nur dann anerkannt, wenn wir zur Selbstbegrenzung in der Lage sind. Humanität zeigt sich in der Fähigkeit, das Interesse am eigenen Leben und die Achtung vor fremdem Leben miteinander zu verbinden. Nichts anderes sagt der Grundsatz der jüdischen und christlichen Ethik, der die Liebe zum andern und die Liebe zum eigenen Leben auf eine Stufe stellt.[108]

Menschliche Freiheit zu respektieren, bedeutet anzuerkennen, dass Freiheit nur in Gemeinschaft verwirklicht werden kann. Kommunikative Freiheit bringt zum Ausdruck, dass Freiheit angewiesen ist auf eine verantwortete Lebensform.[109] Einige Ethiker haben Kriterien zur Implementierung von Selbstbeschränkung vorgeschlagen.[110] Huber selbst bevorzugt „Betroffenheit" als Kriterium,[111] das drei Bezugsfelder in den Blick nimmt: die marginalisierten Gruppen der Gesellschaft, zukünftige Generationen und die Natur.[112]

4 Abschließende Bemerkungen: Kommunikative Freiheit, die Moderne und Südafrika

Bereits diese verhältnismäßig kurze Interpretation von Wolfgang Hubers Freiheitsverständnis kann das konstruktive Potential aufzeigen, das das Konzept „kommunikativer Freiheit" auch für andere Kontexte als den seiner Entstehung in Deutschland besitzt. Hubers Anerkennung der Zentralstellung von Freiheit sowohl in Protestantismus als auch Moderne, verbunden mit seiner ausdifferenzierten Bestimmung des Verhältnisses zwischen den beiden legt die Grundlage für eine solche konstruktive Auseinandersetzung.

---

108 Huber, Kirche in der Zeitenwende, 218–219.

109 Vgl. Huber, Tägliche Gewalt, 12.

110 Vgl. ebd.

111 Vgl. a. a. O., 152–154.

112 Vgl. a. a. O., 154. Diese Kriterien für Selbstbeschränkung finden in Hubers Werk auf unterschiedliche Weise Anwendung. So betont er stark den Schutz der Natur (Huber, Konflikt, 176–194; 208–235; Huber/Reuter, Friedensethik, 243 ff.; Huber, Die tägliche Gewalt, 150–184 und Huber, Kirche in der Zeitenwende, 210–222). Durchgehend verbindet er Selbstbeschränkung hinsichtlich der Natur mit Sorge für künftiges Leben auf der Erde, besonders in den Aufsätzen „Fortschrittsglaube und Schöpfungsgedanke. Überlegungen zur Verantwortung der Wissenschaft" (Huber, Konflikt, 195–207) und „‚Nur wer die Schöpfung liebt, kann sie retten.' Naturzerstörung und Schöpfungsglaube" (Huber, Konflikt, 176–194) sowie im Abschnitt „Freiheit im Verhältnis zur Natur" (Huber, Kirche in der Zeitenwende, 210–214).

Abschließend folgen zwei Hinweise auf eine mögliche Rezeption des Konzepts kommunikativer Freiheit in einem Kontext wie dem südafrikanischen.

Erstens tragen Hubers Arbeiten über Freiheit auf methodologischer Ebene zu einem besseren Verständnis dafür bei, wie die Kirche ihre eigene Partizipation am öffentlichen Diskurs vertiefen kann – besonders in Bezug auf den Freiheitsdiskurs. Wie Deutschland so versteht sich auch Südafrika als eine konstitutionelle Demokratie, in der Säkularisierung, fortschreitende Demokratisierung, Pluralismus und Pluralisierung eine Zentralstellung haben. Hubers „kritische Allianz" mit Strukturen der Moderne bietet Potential für eine kritische Auseinandersetzung.

Besonders im Blick auf die Neuorganisation und Reifung der südafrikanischen Zivilgesellschaft ist dies besonders wertvoll. Der Zustand der Demokratie in Südafrika ist noch immer nicht so, dass man behaupten könnte, dass „all citizens enjoy the capacity to influence government decisions".[113] Ja, man kann sagen:

> While South Africa [...] [is a] functioning multi-party [democracy], [it] is [not] fully responsive to its citizens: liberal democratic norms may be present in some institutions and procedures, but absent in others because democratic institutions are still maturing [...] „Indeed, in many cases the public space in Africa is characterised not by civil society's search for legitimacy, but indeed by the state's search for legitimacy.[114]

Jedoch müssen auch einige bedeutende Unterschiede zwischen Deutschland und Südafrika beachtet werden. Einer allgemeinen Betrachtung nach versteht sich in beiden Ländern die Mehrheit der Bevölkerung als Christen. 79,77 % der Südafrikaner sind Christen,[115] während 62,7 % der Einwohner Deutschlands Mitglieder einer christlichen Kirche sind.[116] Eine nähere Aufschlüsselung dieser beiden Zahlen legt jedoch offen, dass die Bedingungen für ein öffentliches Auftreten der Kirche sich grundlegend unterscheiden. Nicht zwei Großkirchen prägen die religiöse Landschaft Südafrikas, sondern die Aufschlüsselung der Kirchenzugehörigkeit der mehr als 35 Millionen Christen in Südafrika weist auf eine komplexere Situation hin. Unter den traditionellen Denominationen bilden Reformierte, Katholiken und Methodisten mit jeweils ca. 9 % der Christen die größten Gruppierungen. Die bei Weitem größte Gruppierung sind die Zionistische Afrikanische Unabhängige Kirche, zu der beinahe 20 % der Christen gehö-

---

113 Mark Robinson/Steven Friedman, Civil society, democratisation and foreign aid in Africa, Brighton, 2005, 41.

114 Ebd.

115 Vgl. Statistics South Africa, Census 2001, verfügbar unter: http://www.statssa.gov.za/census01/html/C2001Interactive.asp [eingesehen am 24. September 2008], 2001.

116 Vgl. Evangelische Kirche in Deutschland, Christen in Deutschland, verfügbar unter: http://www.ekd.de/statistik/mitglieder.html [eingesehen am 25. September 2008], 2006.

ren. Die Zionistischen Kirchen als Denomination zu bezeichnen, ist jedoch insofern irreführend, als diese Kirchen keine übergeordneten Organisationsstrukturen haben, wie dies für die traditionellen Denominationen charakteristisch ist. Zusammengenommen mit den anderen Afrikanischen Kirchen einschließlich der beträchtlichen Anzahl von Mitgliedern der Äthiopischen Kirchen repräsentiert diese Gruppe nahezu 25 % aller südafrikanischer Christen. Nimmt man charismatische und pfingstlerische Kirchen hinzu, zeigt sich, dass die Mehrzahl südafrikanischer Christen, ca. 43 %, zu weitgehend unverbundenen kirchlichen Gruppierungen gehört. Dies verursacht enorme und interessante Herausforderungen für ein öffentliches Auftreten, da das Christentum in Südafrika charakterisiert ist durch eine Vielzahl von Stimmen sowie ein hohes Maß an Gleichgültigkeit gegenüber der öffentlichen Rolle der Kirche.

Zweitens bergen Hubers Arbeiten über Freiheit in inhaltlicher Hinsicht wertvolles Potential dafür, den südafrikanischen Diskurs über Freiheit zu vertiefen. Im einleitenden Abschnitt dieses Artikels wurde die Relevanz der Freiheitsthematik skizziert. Seit Überwindung der Apartheid konnten in Südafrika große Fortschritte bei der Verwirklichung von Freiheit für alle erreicht werden. Befreiung im engen Sinne – verstanden als Gewährleistung gleicher institutionalisierter Freiheitsrechte für alle – ist erreicht. Am deutlichsten wird dies an der Bill of Rights der südafrikanischen Verfassung. In diesem zweiten Kapitel der Verfassung wird die Institutionalisierung grundlegender gleicher Freiheiten für alle Südafrikaner versichert, wie es auch in den unveräußerlichen Grundrechten zum Ausdruck kommt. Im Einzelnen sind dies: Gleicheit (Art. 9), Menschenwürde (Art. 10), Leben (Art. 11), Freiheit und Sicherheit der Person (Art. 12), Freiheit von Sklaverei, Knechtschaft und Zwangsarbeit (Art. 13), Freiheit für Kinder (Art. 28) sowie die Freiheiten inhaftierter und angeklagter Personen (Art. 35).

Jedoch verbleiben gewaltige Herausforderungen, die zum Teil bereits bei einem flüchtigen Blick auf die gegenwärtige Wirklichkeit Südafrikas zutage treten. Viele Südafrikaner entbehren noch immer vieler jener Freiheiten, die in der Freedom Charter angestrebt werden: Auf dem Human Development Index 2011 der Vereinten Nationen nimmt Südafrika unter 179 Ländern gerade einmal den 123. Rang ein und hat zugleich weltweit einen der höchsten Gini-Koeffizienten, der die ökonomische Ungleichheit misst.[117] Eine HIV/Aids-Pandemie bedroht eine gesamte Generation (schätzungsweise 5,5 Millionen Einwohner Südafrikas sind HIV-positiv)[118] und

117 Vgl. United Nations Development Programme. Summary Human Development Report 2009 Overcoming barriers: Human mobility and development, New York, 2009, 12.

118 Vgl. UNAIDS, 2007 AIDS Epidemic Update, verfügbar unter: http://www.unaids.org/en/KnowledgeCentre/HIVData/EpiUpdate/EpiUpdArchive/2007/default.asp. [eingesehen am 25. Februar 2010], 2007.

die Kriminalitätsrate ist weiterhin außergewöhnlich hoch (nach offiziellen Statistiken wurden zwischen April 2010 und März 2011 15 940 ermordet, 66 196 Sexualdelikte wurden zur Anzeige gebracht und 10 627 Autofahrer in ihren Fahrzeugen überfallen)[119]. Es ist offensichtlich, dass das Erreichen der Ziele der Befreiungsbewegung im engen Sinne in keiner Weise bedeutet, dass der Kampf für Freiheit im umfassenden Sinne zu einem Ende gekommen wäre. Wolfgang Hubers Konzept von Freiheit schärft im südafrikanischen Kontext den Blick dafür, dass der Diskurs über Befreiung ergänzt werden muss um einen proaktiven Diskurs über Freiheit, der durch den Bezug auf Konzepte wie das kommunikativer Freiheit bereichert wird. Es wurde gezeigt, dass dieses als ein konstruktives Konzept dazu dient, gesellschaftliche und individuelle Belange mit den institutionellen Rahmenbedingungen demokratischer Gesellschaften zu verbinden. In dieser Hinsicht bringt das Konzept kommunikativer Freiheit die dauernde Herausforderung zum Ausdruck, Freiheit in konstruktiver Weise zu realisieren.

Schon diese beiden knappen Andeutungen verdeutlichen, wie – trotz bedeutender Unterschiede im Detail zwischen den jeweiligen politischen und historischen Kontexten – Hubers Arbeiten über Freiheit Impulse geben, durch die der Beitrag der Kirche zum Diskurs über Freiheit überzeugend erweitert werden kann. Zugleich kann die Kirche zur Stärkung von demokratischen Gesellschaften beitragen, die sich in einem Prozess der Säkularisierung und Pluralisierung befinden.

---

119 Vgl. South African Police Service, Crime Statistics per Category, verfügbar unter: http://www.saps.gov.za/statistics/reports/crimestats/2011/categories.htm [eingesehen am 27. August 2012], 2012.

Eine Antwort

Über die kommunikative Freiheit hinaus

von Wolfgang Huber

1 Dank

Der 70. Geburtstag war für mich mit ungeahnten Überraschungen verbunden. Das Glück, in einer Familie zu leben, zu der inzwischen vier Enkelkinder gehören, prägte die Woche vor dem Geburtstagsfest; die Erfahrung gelingender Nachbarschaft und Freundschaft bildete einen Höhepunkt eigener Art; dankbar nahm ich wahr, wie mein Wirken in Kirche, Ökumene und Politik weiterhin freundlich aufgenommen wird.[1] Dass die Geburtstagswoche in einem dreitägigen wissenschaftlichen Symposion ausklang, weckte in mir anhaltende Freude. Kara, meine Frau, ließ die Fülle dieser Eindrücke durch ihre Nähe und Liebe zu einer Einheit zusammenwachsen. Ihr zuallererst gilt mein inniger Dank.

Eine Bedeutung eigener Art hatte das wissenschaftliche Symposion, das auf Initiative von Helga Kuhlmann geplant und von Heinrich Bedford-Strohm, Paul Nolte und Rüdiger Sachau verantwortet wurde. Ihnen und ebenso den Referenten und Diskutanten danke ich für diese stimulierende Tagung sehr herzlich. Sie zeichnete sich ebenso durch thematische Konzentration wie durch Weite der Perspektiven aus. Es ging durchgängig um das Konzept der „kommunikativen Freiheit“ als Leitmotiv für mein ethisches Nachdenken, mein Bild von der Kirche und meine Beiträge zur öffentlichen Theologie. Dieses Leitmotiv hat mich seit den ausgehenden Siebzigerjahren des vergangenen Jahrhunderts wissenschaftlich beschäftigt und mein kirchenleitendes Handeln geprägt. Helga Kuhlmann und Tobias Reitmeier gaben zentrale Beiträge zu diesem Thema, die zu unterschiedlichen Zeiten entstanden sind, neu heraus.[2] Auf diese Textsammlung wurde während des Symposions immer wieder Bezug genommen. Bald nach dem Symposion erschien eine Sammlung englischsprachiger Aufsätze von mir zum selben Themenkreis, die Willem Fourie zusammengestellt und ediert hat.[3]

---

1 Vgl. die Dokumentation des Festakts am 17. August 2012 mit Beiträgen von Markus Dröge, Karl Kardinal Lehmann, Nikolaus Schneider und Gerhard Schröder, in: epd-Dokumentation 37/2012.

2 Wolfgang Huber, Von der Freiheit. Perspektiven für eine solidarische Welt, hg. von Helga Kuhlmann und Tobias Reitmeier, München 2012.

3 Wolfgang Huber, Christian Responsibility and Communicative Freedom. A Challenge for the Future of Pluralistic Societies, edited by Willem Fourie, Münster 2012.

Das Symposion war ebenso interdisziplinär wie international und interkonfessionell angelegt. Geschichts- und Politikwissenschaft, Sozialtheorie und Philosophie prägten neben, ja in diesem Fall sogar vor der Theologie die Diskussion. Markant vertraten Hans Joas, Volker Gerhardt und Fred Dallmayr in drei Hauptvorträgen diesen interdisziplinären Blick auf das Thema der kommunikativen Freiheit. Dem Soziologen Hans Joas weiß ich mich schon seit vielen Jahren freundschaftlich verbunden. Säkularisationstheoretischen oder auch säkularistischen Grundannahmen in der zeitgenössischen Wissenschaft tritt er gerade dann, wenn sie mit einer unterschwelligen Selbstverständlichkeit daherkommen, entgegen und versteht Religion in der Vielfalt ihrer Formen als eine auch in gegenwärtigen Gesellschaften virulente Kraft.[4] Sein sozialphilosophischer und sozialgeschichtlicher Blick auf die Prozesse von Wertbildung und Wertbindung hält dazu an, diese Prozesse weder umstandslos auf jüdisch-christliche Wurzeln noch einfach auf einen Emanzipationsprozess von diesen Wurzeln zurückzuführen. Volker Gerhardt fühle ich mich gerade deshalb auf eine besondere Weise verbunden, weil wir vor einem Jahrzehnt in bisweilen scharfer und zugespitzter Form eine bioethische Kontroverse ausgetragen haben. Sie kreiste um die Frage, welche Verantwortung wir vorgeburtlichem menschlichem Leben gerade dann schulden, wenn es mit den Mitteln der Reproduktionsmedizin „hergestellt" wurde.[5] Doch durch diese Kontroverse wurden das Interesse am intellektuellen Austausch, auch und gerade über Fragen der Theologie, und das Bewusstsein einer gemeinsamen Verantwortung für den öffentlichen Diskurs über die großen Fragen unserer Zeit keineswegs geschwächt, sondern gestärkt.[6] Dem Politologen Fred Dallmayr schließlich bin ich während des Geburtstagssymposions zum ersten Mal begegnet. Seine Beiträge zu einer dialogorientierten Politikwissenschaft und sein an Gandhi anschließendes Konzept eines „integralen Pluralismus"[7] faszinieren mich ebenso wie seine Fähigkeit, sich aus einer durch das Leben und Wirken in den USA geprägten Perspektive in die Welt eines ihm bis dahin unbekannten deutschen Theologen hineinzudenken.

Nicht nur eine nordamerikanische, sondern auch eine südafrikanische Stimme treten in diesem Band neben die Äußerungen aus deutscher

4 Vgl. in diesem Zusammenhang insbesondere Hans Joas, Glaube als Option. Zukunftsmöglichkeiten des Christentums, Freiburg i. Br. 2012, [2]2013, und dazu Wolfgang Huber, in: Zeitzeichen 10/2012, 62 f.

5 Vgl. Volker Gerhardt, Der Mensch wird geboren. Kleine Apologie der Humanität. Zur aktuellen Debatte über die Biopolitik, München 2001; Wolfgang Huber, Der gemachte Mensch. Christlicher Glaube und Biotechnik, Berlin 2002.

6 Vgl. zuletzt Volker Gerhardt, Öffentlichkeit. Die politische Form des Bewusstseins, München 2012.

7 Vgl. Fred Dallmayr, Integral Pluralism. Beyond Cultural Wars, Lexington/Kentucky 2010.

Perspektive. Unter den theologischen Autoren, die auf die drei Hauptvorträge antworteten oder sie durch eigene Beiträge ergänzten, finden sich katholische Theologinnen und Theologen ebenso wie evangelische; ohne meine Beziehung zu ihnen hier im Einzelnen zu erläutern, weiß ich mich ihnen allen in großer Dankbarkeit verbunden. Die Intentionen, mit denen ich mich am Konzept einer öffentlichen Theologie beteiligt habe und beteilige, werden von diesen Gesprächspartnerinnen und Gesprächspartnern in einer überzeugenden Weise aufgenommen und weitergeführt.

Es ist eine eigentümliche Erfahrung, wenn man als Autor zum Gegenstand einer historischen Betrachtung gemacht wird. Für mich selbst muss ich zugeben, dass mich die Historisierung der eigenen Person zunächst eher mit Schrecken erfüllt hat. Mir kommt aus solchen Anlässen immer wieder in den Sinn, dass ich in jungen Jahren mit einem älteren Kollegen zusammenarbeitete, der in jedes Gespräch die Formel „zu meiner Zeit" einfließen ließ. Ich konnte mich nicht damit abfinden, dass für ihn nicht unsere gemeinsame Gegenwart die eigene Zeit war, sondern „seine Zeit" für mein Gefühl in einer durchaus entfernten Vergangenheit lag. Doch bei der Lektüre von Paul Noltes im Anschluss an das Symposion verfasstem Beitrag legte sich dieser Schrecken. Seine Einbettung meiner theologischen Biographie in die Geschichte der Bundesrepublik hat mich in einer einleuchtenden Weise über mich selbst aufgeklärt und mich zugleich dazu veranlasst, mir über wichtige Motive meiner theologischen Versuche Rechenschaft abzulegen. Willem Fourie hat seine bereits veröffentlichten Untersuchungen zu Genese und Gehalt meines Konzepts der kommunikativen Freiheit[8] fortgeführt und am südafrikanischen Beispiel gezeigt, dass daraus Klärendes für die Rolle der Kirchen im Transformationsprozess wie für das Verstehen gesellschaftlicher und politischer Herausforderungen der Gegenwart abgeleitet werden kann. Heinrich Bedford-Strohm hat aus freundschaftlicher Nähe während vieler Jahrzehnte meine Arbeit gewürdigt und durch seine abschließende Predigt deutlich gemacht hat, dass die Zusage der Freiheit auch für den gilt, der über sie nachdenkt. Auch in der gegenwärtigen, durch selbstgewählte Aufgaben bestimmten Lebensphase tut mir die Vergewisserung gut, dass jeder allein durch Gottes Gnade ist, was er ist.[9]

---

8 Willem Fourie, Communicative Freedom. Wolfgang Huber's Theological Proposal, Münster 2012.

9 Vgl. 1Kor 15,10.

2 Versuch einer Antwort

Im erneuten Bedenken der Beiträge zu diesem Band staune ich über den Reichtum der in ihnen enthaltenen Perspektiven. Es ist mir unmöglich, auf alle Anregungen und Kritikpunkte, die darin enthalten sind, zu antworten: denn mit manchen Rückfragen bin ich noch nicht zu Rande gekommen, manche Anregung braucht eine längere „Inkubationszeit". Ich will zunächst die Intention rekonstruieren, die mich geleitet hat, als ich mir – gemeinsam mit Heinz Eduard Tödt – den von Michael Theunissen geprägten Begriff der „kommunikativen Freiheit" geliehen habe. Ich will sodann der Frage nachgehen, ob die zentrale Stellung, die ich diesem Begriff gebe, Ausdruck eines „Wertemonismus" ist, der im Sinn eines „Wertepluralismus" relativiert werden muss. In einem nächsten Abschnitt will ich erörtern, ob der Begriff der Freiheit selbst stärker differenziert werden muss, als dies in meinen bisherigen Überlegungen geschieht. Sodann soll ein weiterer Abschnitt ökumenischen Überlegungen gewidmet sein, in die ich die Frage nach der Bedeutung der Tugendlehre für die evangelische Ethik einfügen werde. Zum Abschluss will ich die Anregung aufnehmen, frühere Überlegungen zum Verhältnis von Kirche und Öffentlichkeit auf die Frage nach dem Verhältnis von Glauben und Öffentlichkeit zuzuspitzen.

2.1 Die Aneignung des Begriffs der kommunikativen Freiheit

Dass Heinz Eduard Tödt und ich uns in den späten Siebzigerjahren gern den von Michael Theunissen in seiner Auslegung der hegelschen Lehre vom absoluten Geist geprägten Begriff der „kommunikativen Freiheit" zu eigen machten, ergab sich aus dem direkten Gespräch mit ihm. Der damals in Heidelberg lehrende Philosoph hatte uns dazu eingeladen, an einem religionsphilosophischen Arbeitskreis teilzunehmen, dessen Ausgangspunkt Theunissens Aufsatz in der Festschrift für Bernhard Welte war.[10] Der Autor knüpfte in diesem Aufsatz an das Wort Jesu an: „Bittet, so wird euch gegeben; suchet, so werdet ihr finden; klopfet an, so wird euch aufgetan. Denn wer da bittet, der empfängt; und wer da sucht, der findet; und wer da anklopft, dem wird aufgetan."[11] Von diesen Sätzen ausgehend entfaltet Theunissen die Zeitstruktur des Glaubens, für den es charakteristisch ist, dass er in der Zukunft Erwartetes vergegenwärtigt und Verheißenes empfängt. An dem darin enthaltenen Miteinander von Selbsttätigsein und Empfangen erschlossen wir uns jenen Grundzug des Glaubens, für den Hans Joas später den Begriff der Selbsttranszendenz gewählt hat. Dass Freiheit zugleich als Gabe und

10 Michael Theunissen, Ho aiton lambanei. Der Gebetsglaube Jesu und die Zeitlichkeit des Christseins, in: Bernhard Casper u. a. (Hg.), Jesus. Ort der Erfahrung Gottes. Festschrift für Bernhard Welte, Freiburg i. Br. 1976, 13–68.

11 Mt 7,7 f.

Selbsttätigkeit, als Offenheit für den Anderen und Selbstbestimmung, als empfangen und gestaltet verstanden werden kann, wurde zum Grundmotiv unserer theologischen Bemühungen.

Aus diesem Ansatz zogen Heinz Eduard Tödt und ich in jenen Jahren Folgerungen für die theologische Begründung der Menschenrechte.[12] An dem für das Verständnis der Menschenrechte grundlegenden Begriff der Würde des Menschen fanden wir dieselbe Struktur: Sie ist nicht vom Menschen erworben, sondern ist ihm zugesprochen. Sie zu achten und zu wahren, ist jedoch eine Aufgabe verantwortlichen menschlichen Handelns. Die Orientierung am Begriff der kommunikativen Freiheit bewahrte uns zudem davor, bürgerliche und politische Rechte auf der einen sowie wirtschaftliche und kulturelle Rechte auf der anderen Seite dichotomisch gegeneinander zu stellen und die einen der individualistisch verstandenen Freiheit, die anderen einer kollektivistisch verstandenen Gleichheit zuzuordnen. Stattdessen schlugen wir vor, Freiheit, Gerechtigkeit und Teilhabe zusammen als Grundfigur der Menschenrechte zu verstehen, die in der einen wie in der anderen Gruppe von Rechten zur Geltung kommt.

Die geistige Atmosphäre der Siebzigerjahre war weithin durch eine Entgegensetzung von Freiheit und Institution geprägt. Der Ansatz bei der kommunikativen Freiheit half mir bei dem Versuch, hier zu einer weiterführenden Klärung zu kommen. Dass die Institutionen das Selbstbestimmungsrecht des einzelnen zu achten haben, war dabei ein unbestrittener Ausgangspunkt; aus ihm folgte, dass die kritische Frage nach dem freiheitsfördernden und freiheitsverträglichen Charakter der Institutionen als integraler Bestandteil des Institutionenverständnisses anzusehen war. Doch zugleich erschloss die Aufmerksamkeit für den kommunikativen Charakter der Freiheit auch den Zugang zu dem guten Sinn von Institutionen; sie dienen nicht nur der Selbstbestimmung des Einzelnen, sondern bieten Gestaltungsmöglichkeiten und Schutzräume für gemeinsames Leben. So eröffnete der Begriff der kommunikativen Freiheit die Möglichkeit, Institutionenkritik mit einem Verständnis für den freiheitsermöglichenden Sinn von Institutionen zu verbinden.

Eine wichtige Folgerung bestand darin, in der aus Einsicht gewählten Selbstbegrenzung nicht eine Einschränkung, sondern einen Ausdruck der Freiheit zu sehen.[13] Jedenfalls dann kann eine solche Selbstbegrenzung nicht im Gegensatz zur Freiheit gesehen werden, wenn man den Freiheitsgebrauch an dem kategorischen Imperativ von Hans Jonas orientiert, so zu handeln, dass die Folgen des eigenen Tuns mit der Permanenz echten menschlichen

---

12 Wolfgang Huber/Heinz Eduard Tödt, Menschenrechte. Perspektiven einer menschlichen Welt, Stuttgart [1]1977; München [3]1988.

13 Vgl. Wolfgang Huber, Selbstbegrenzung aus Freiheit. Über das ethische Grundproblem des technischen Zeitalters, in: Evangelische Theologie, 52, 1992, 128–146.

Lebens auf der Erde vereinbar sind.[14] Die Aufnahme des Impulses von Hans Joas in mein Konzept einer Verantwortungsethik trug entscheidend dazu bei, dass in der späteren Entwicklung meiner Überlegungen der Begriff der „verantworteten Freiheit" neben denjenigen der „kommunikativen Freiheit" trat.[15]

Die damit skizzierten Einsichten führte ich in meiner Rechtsethik weiter und deutete dabei das Recht als Bindeglied zwischen Freiheit und Institution sowie als entscheidendes Mittel zur Gestaltung von Verhältnissen wechselseitiger Anerkennung.[16] Michael Moxter zeigt in seinem Beitrag zu diesem Band, dass gerade im Blick auf meine rechtsethische Konzeption alles andere als ein Zufall darin zu sehen ist, dass ich den Begriff der kommunikativen Freiheit ausgerechnet aus einer Hegel-Interpretation von Michael Theunissen übernommen habe. Denn dem korrespondiere ein Übergang von Kant zu Hegel in der rechtsethischen Konzeption. Die Sätze, mit denen Moxter diesen Übergang resümiert, heißen:

> Den ‚Weg von Kant zu Hegel' darf man deshalb mit der Einsicht zusammenfassen, dass sich das moralische Bewusstsein um der Wirklichkeit der Freiheit willen auf den langen Marsch durch die Institutionen machen muss. Die sozialen Formen, in denen wir handeln, die Gepflogenheiten, an die wir dabei anknüpfen, und die Institutionen, an denen wir partizipieren, bleiben Ordnungen im Zwielicht, aber sie sind immerhin Gestalten erfahrbarer Freiheit. In ihnen zu handeln, heißt den Gebrauch der Freiheit zu lernen – und zwar auch dann, wenn der Konflikt zwischen Subjektivität und Institution sich verhärtet, so dass manchmal Freiheit nur im Protest gegen ihre Entstellungen zu Klarheit und einigem Selbstbewusstsein findet.

In diesen Sätzen sehe ich meine Intentionen in einer Präzision aufgenommen, die auch mir selbst ein neues Licht aufsteckt. Das gilt ebenso für den Hinweis, dass ich mich insofern noch einmal von Hegel zu Kant wende, als ich an einer strikt funktionalen Betrachtung der Institutionen festhalte und ihnen gegenüber den Bezug auf die Bewahrung und Förderung der Freiheit als entscheidenden Maßstab geltend mache. Ich finde in diesem Zusammenhang Moxters Vorschlag außerordentlich erwägenswert, dass in der Rechtsethik das Dasein der Freiheit den Vorrang vor ihrer Qualifikation hat, so unentbehrlich die politische Arbeit an den Voraussetzungen der Freiheit und ihrer Ermöglichung zugleich ist. Die Anregung dazu, den reflektierten Rechtspositivismus von Hans Kelsen als mit meinen rechtsethischen Überlegungen besser vereinbar zu betrachten, als ich das bisher gesehen

14 Vgl. Hans Jonas, Das Prinzip Verantwortung. Versuch einer Ethik für die technologische Zivilisation, Frankfurt a. M. 1979, 36.

15 Vgl. Wolfgang Huber, Von der Freiheit, a. a. O., 57 ff.; ders., Ethik. Die Grundfragen unseres Lebens von der Geburt bis zum Tod, München 2013, v. a. 13 ff., 118 ff.

16 Vgl. Wolfgang Huber, Gerechtigkeit und Recht. Grundlinien christlicher Rechtsethik, Gütersloh [1]1996, [3]2006.

und gewürdigt habe, werde ich gern bei entsprechender Gelegenheit aufnehmen.

2.2 Freiheit im Pluralismus der Werte

Unter den Beiträgen dieses Bandes fordern am nachdrücklichsten diejenigen von Hans Joas und Bernd Oberdorfer zu Präzisierungen und Differenzierungen in dem von mir vertretenen Verständnis der Freiheit auf. Ich kommentiere eine Reihe der von ihnen gemachten Vorschläge.

Am weitesten reicht der Vorschlag von Hans Joas, von einem auf die Freiheit konzentrierten „Wertemonismus" Abstand zu nehmen und sich auf einen faktischen Pluralismus der Werte einzustellen. Joas selbst musste sich im Blick auf diesen Vorschlag mit dem Einwand der „Relativismusfalle" auseinandersetzen.[17] Der Einwand besagt, die Anerkennung einer Pluralität von Werten, die sich ihrerseits nicht einfach rationalen Begründungen, sondern geschichtlichen Erfahrungen von Verweigerung und neuen Errungenschaften, aber auch affektiven Bindungen verdanken, könnten angesichts dieser Art der Entstehung keinen Anspruch auf universale Geltung erheben. Joas macht dagegen geltend, dass auch in seiner Konzeption der Entstehung von Werten die historisch kontingenten Bedingungen ihrer Entstehung und die affektive Bindung an sie nichts daran ändern, dass sie argumentativer Entfaltung und Überprüfung zugänglich sind. Damit trägt er dem Umstand Rechnung, dass die Frage nach der Universalisierbarkeit solcher Werte nichts über deren Entdeckung sagt; das Kriterium der Universalisierbarkeit ist vielmehr – wie schon Kants Kategorischer Imperativ in all seinen Fassungen deutlich zeigt – allein ein Prüfkriterium für Maximen, die zunächst auf andere (von Kant selbst nicht erläuterte) Weise gefunden wurden.

Wenn jedoch die Werte, die wir in einer Gesellschaft vorfinden oder die uns im persönlichen Leben nahekommen, in ihrer Pluralität einer argumentativen Prüfung zugänglich sind, ja wenn wir uns sogar zu deren Prüfung verpflichtet wissen, stellt sich unweigerlich auch die Frage nach der Konkordanz dieser Werte beziehungsweise nach dem Umgang mit Wertkonflikten. Sie lässt sich nicht ohne eine Auskunft über den Bezugspunkt einer solchen Prüfung klären. Nicht im Sinn eines „Wertemonismus", wohl aber im Sinn eines Bezugspunkts für die Prüfung in Kollisionsfällen plädiere ich für einen Vorrang der menschlichen Freiheit.

Differenzierungen sind gleichwohl notwendig. In Analogie zu Michael Walzers Form, von Gerechtigkeitssphären zu sprechen,[18] schlägt Joas vor,

17 Lutz Wingert, Wertbindung ohne Relativismusfalle?, in: Heinrich Wilhelm Schäfer (Hg.), Hans Joas in der Diskussion. Kreativität – Selbsttranszendenz – Gewalt, Frankfurt a. M. 2012, 89–112; Hans Joas, Antwort auf Lutz Wingert, ebd. 113–117.

18 Michael Walzer, Sphären der Gerechtigkeit. Ein Plädoyer für Pluralität und Gleichheit, Frankfurt a. M. 1992.

meine These von pluralen Öffentlichkeiten – Staat, Markt, Zivilgesellschaft und Kultur – für die Unterscheidung verschiedener Freiheitssphären zu nutzen.[19] Allerdings muss der Vorschlag, verschiedene Öffentlichkeiten zu unterscheiden, um den Bereich des Nicht-Öffentlichen, also um die Sphäre der persönlichen Lebensführung, erweitert werden, wenn er zur Unterscheidung verschiedener Freiheitssphären tauglich sein soll. Ebenso muss die Sphäre von Religion und Glauben, die ich in jener früheren Überlegung den vier Bereichen der Öffentlichkeit zur Seite stelle, ausdrücklich einbezogen werden, damit die von Joas angeregte Konzeption verschiedener Freiheitssphären nicht allzu große Lücken aufweist. Demnach wären zu unterscheiden

- die Freiheit persönlicher Lebensgestaltung, die keineswegs nur das individuelle Leben der Einzelnen, sondern ebenso ihr gemeinschaftliches Leben in Ehe, Familie oder anderen Lebensformen, in Freundschaft und Nachbarschaft oder anderen informellen Netzwerken umfasst,
- die Freiheit des Glaubens und der Religion, die nicht nur die persönliche Glaubensüberzeugung, sondern auch die gemeinschaftliche Religionsausübung sowie das Recht zur institutionellen Selbstbestimmung von Religions- und Weltanschauungsgemeinschaften einschließt,
- die Freiheit der kulturellen Selbstbestimmung, der dafür nötigen Bildung, der freien Wahrheitssuche in Wissenschaft und Meinungsbildung, des Austauschs angesichts der Vielfalt kultureller Formationen, die oft eng benachbart nebeneinander existieren,
- die Freiheit zivilgesellschaftlicher Selbstorganisation in der nötigen Unabhängigkeit von Staat und Markt als Raum für die Artikulation dessen, was alle angeht, sowie als „Gemeinschaft von Gemeinschaften" und als „Handlungsraum von Handlungsräumen",
- die Freiheit wirtschaftlichen Handelns im Rahmen von Regeln, die auf die faire Gestaltung des Verhältnisses zwischen Arbeitgebern und Arbeitnehmern, auf die Gewährleistung der Bedingungen sozialer Gerechtigkeit, auf die Wahrung der Bedingungen fairer Konkurrenz sowie auf die Sozialbindung des Eigentums gerichtet sind,
- und schließlich die Freiheit der staatlichen Organisation, die sich vor allem in der Sicherung der Grundrechte, in der Ermöglichung demokratischer Partizipation, in der Gewaltenteilung, in der Kontrolle der Machtausübung und insgesamt darin zeigt, dass sie sich bei für alle geltenden rechtlichen Verpflichtungen mit denjenigen Freiheitseinschränkungen begnügt, die um der Freiheit selbst willen notwendig sind.

In diesen sechs Sphären der Freiheit kommt der kommunikative Charakter der Freiheit in unterschiedlicher Intensität und Gestalt zur Geltung. Aber an all diesen Freiheitssphären lässt sich zeigen, dass sich aus einem rein selbstbe-

19 Vgl. Wolfgang Huber, Von der Freiheit, a. a. O., 167 ff.

züglichen, in diesem Sinn individualistischen Freiheitsverständnis keine verallgemeinerungsfähigen Kriterien für die Gestaltung dieser Sphären ableiten ließen.

Deshalb ist die These vom Vorrang der Freiheit als Bezugspunkt für die Klärung von Wertkollisionen nur vertretbar, wenn Freiheit nicht – wie bei dem von Hans Joas ausdrücklich genannten Axel Honneth[20] – ausschließlich und pointiert als „individuelle Freiheit" eingeführt und verstanden wird. Denn dann werden alle Werte, die mit dem Zusammenleben der Menschen zu tun haben – Gleichheit, Sicherheit, Respekt oder Rücksichtnahme beispielsweise – als belanglos angesehen. Das ist jedenfalls nicht meine Absicht. Diese anderen Werte müssen vielmehr so gebändigt werden, dass sie die Freiheit nicht aufsaugen, sondern mit ihr vereinbar bleiben. Eine Freiheit ist das jedoch, die nicht als bloß individuelle durch Gleichgültigkeit gegenüber der Freiheit des anderen sowie gegenüber den Bedingungen gemeinsamer Freiheit gekennzeichnet ist.

Zum Begriff der kommunikativen Freiheit gehört, dass sie als prinzipiell gleiche Freiheit gedacht wird. Zwar haben die Gerechtigkeitstheorien von Amartya Sen und Martha Nussbaum mich gegenüber der transzendentalen Theorie der Gerechtigkeit von John Rawls zurückhaltender gemacht, als ich das früher gewesen bin.[21] Die programmatische Vorordnung der Gerechtigkeit vor das Recht, die Michael Moxter in seinem Beitrag in luzider Weise erläutert und problematisiert, berücksichtigt in meinem Verständnis gerade, dass es keine vollständige Verwirklichung der Gerechtigkeit unter den Bedingungen menschlichen Geschichtshandelns gibt. Doch der Abschied von einem Fortschrittsmythos der Gerechtigkeit vermag den Blick für relative Fortschritte zu schärfen, beispielsweise die Abschaffung der Sklaverei, die Stärkung von Arbeitnehmerrechten, die Gleichberechtigung von Frauen oder die Inklusion Behinderter. Gerade diese Beispiele lehren: Wenn auf der einen Seite ein relativer Fortschritt in der Herstellung von Gerechtigkeit erreicht wird, tun sich auf der anderen Seite neue Gerechtigkeitsprobleme auf. In der jeweiligen Gegenwart erleben wir vor allem den Druck und die tragische Verkettung ungelöster Probleme und mit ihnen verbundener Wertkonflikte. Dass es geschichtlich auch zur Lösung von Gerechtigkeitsproblemen kommt, erschließt sich eher im Rückblick.

Zur Anerkennung der Freiheit als Prüfkriterium für den Umgang mit Wertkollisionen veranlasst mich nicht nur die Geschichte des paulinisch-reformatorischen Freiheitsverständnisses, sondern ebenso die Freiheits-

---

20 Axel Honneth, Das Recht der Freiheit. Grundriss einer demokratischen Sittlichkeit, Berlin 2011.

21 John Rawls, Eine Theorie der Gerechtigkeit, Frankfurt a. M. 1975; Amartya Sen, Die Idee der Gerechtigkeit, München 2010; Martha Nussbaum, Die Grenzen der Gerechtigkeit. Behinderung, Nationalität und Spezieszugehörigkeit, Berlin 2010.

geschichte der Neuzeit. Bernd Oberdorfer merkt kritisch an, dass meine Auseinandersetzung mit den Engführungen eines negativen, vorrangig an den Abwehransprüchen des Individuums orientierten Freiheitsverständnisses den Eindruck einer Antithese zwischen reformatorischem und modernem Freiheitsverständnis erweckt. Hans Joas wendet im selben Zusammenhang ein, dass man dem negativen Freiheitsverständnis, auch wenn man es für unzureichend hält, eine unabweisbare Evidenz gar nicht absprechen könne. Beide Argumente werden mit guten Gründen vorgebracht. Auch wenn ich an vielen Stellen die konstruktive Verbindung zwischen den reformatorischen Impulsen und der Freiheitsemphase der Moderne unterstrichen habe, enthält der Versuch der kritischen Unterscheidung die Gefahr der antithetischen Zuspitzung in sich, vor der beide Gesprächspartner ebenso zu Recht warnen wie vor einer allzu schlichten genealogischen Ableitung moderner Freiheitsrechte aus der Christentumsgeschichte.

Freiheit ist auf den Schutz vor Überwältigung angewiesen. Deshalb gehören zu ihr unlösbar die Abwehr von Machtmissbrauch, der Schutz der Privatsphäre, die freie Entfaltung der Persönlichkeit und ein rechtlich gesicherter Raum der Selbstbestimmung. Die Besorgnis, dass eine so verstandene Freiheit individualistisch verengt wird und sich deshalb mit der Gleichgültigkeit gegenüber der Freiheit des andern verbindet, darf ihrerseits nicht in eine Gleichgültigkeit gegenüber dem nötigen Schutz der Freiheit des Einzelnen vor Überwältigung umschlagen.

Ebenso trifft es zu, dass gerade die reformatorische Verankerung der persönlichen Freiheit in der Freiheit des Gewissens einen wichtigen Bezugspunkt zur positiven Würdigung des Beharrens auf der Autonomie der Person bildet. Doch diese Autonomie verweist stets auf einen größeren Zusammenhang; soll es sich bei ihr in einem strengen Sinn um „Selbstgesetzgebung" handeln, kann sie sich der Frage nach der Generalisierbarkeit der Gesetze, die der Einzelne sich selbst gibt, nicht entziehen.

Hans Joas stellt mir zwei Fragen, für deren Beantwortung ich hier allenfalls erste Richtungsangaben machen kann. Zum einen fragt er nach einer präziseren Entfaltung dessen, was mit dem „Verdanktsein" der Freiheit gemeint sei, „wie der Übergang von einer normativ gehaltvollen Idee der Selbstbestimmung zur Einsicht in die Verdanktheit der menschlichen Freiheit genau gedacht werden muss und welche moralischen Konsequenzen sich aus diesem Übergang ergeben". Für diesen Übergang scheint mir eine Überlegung zum endlichen, begrenzten Charakter menschlicher Freiheit nötig zu sein. Soweit überhaupt von der Individualität der Freiheit zu reden ist, geschieht dies wegen ihrer unlöslichen Verknüpfung mit individuellem menschlichem Leben. Dieses Leben aber ist, wie Peter Bieri hervorgehoben hat, an unverfügbare, kontingente Bedingungen geknüpft, vor allem an zeitliche Endlichkeit und örtliche Gebundenheit, an bestimmte Begabungen, denen in aller Regel Defizite korrespondieren, an Entscheidungen, die sich nicht revidieren lassen, an Gelegenheiten, die sich bieten oder auch nicht.[22] Dass unter solchen Bedingungen der Kontingenz[23] Freiheit Gestalt gewinnen kann, lässt sich aus diesen Bedingungen selbst nicht begründen. Der Anspruch gleicher Freiheit lässt sich auch nicht aus den individuell unterschiedlich ausgeprägten Begabungen des Menschen – dann doch wohl auch nicht aus seiner Vernunftbegabung – ableiten. Dass er sich auf eine solche Freiheit beruft, ist vielmehr Ausdruck seiner Selbsttranszendenz.

Für die weitere Präzisierung meiner Antwort auf diese erste, von Hans Joas gestellte Frage – die Frage nach der näheren Bestimmung des „Verdanktseins" der Freiheit – möchte ich gern den Vorschlag fruchtbar machen, mit dem Marianne Heimbach-Steins den Begriff der kommunikativen Freiheit theologisch deutet. Sie unterscheidet zwischen vier theologischen Dimensionen der kommunikativen Freiheit: der geschöpflichen Freiheit, in der sich das Gegebensein der Freiheit mit deren autonomer Gestaltung verbindet, die gemeinsame Freiheit, in der die Bindung der Freiheit an die individuelle Person sich mit der sozialen Verwiesenheit verknüpft, in der allein sie gelebt werden kann, die gefährdete Freiheit, in der die Schuldanfälligkeit menschlichen Lebens mit der Verantwortungsfähigkeit des Menschen zusammengehören, und schließlich die geprüfte Freiheit, in der das Freiheitsbewusstsein des Menschen angesichts der eigenen Sterblichkeit seiner Fähigkeit zur Selbsttranszendenz inne wird. Diese Überlegung zeigt, dass der theologische Horizont des Nachdenkens über Freiheit nicht nur im Motiv des Verdanktseins zur Geltung kommt; vielmehr wird dieser Horizont in allen vier Dimensionen von Freiheit ausdrücklich zum Thema.

Die andere Frage bezieht sich auf das Verhältnis zwischen Freiheit und Nächstenliebe. Ich begründe die Affinität zwischen dem Begriff der kommunikativen Freiheit und Impulsen des christlichen Glaubens damit, dass sich im Begriff der kommunikativen Freiheit die Sorge des Menschen um sich selbst mit seiner Offenheit für den Mitmenschen verbindet; damit wird der Impuls der Nächstenliebe für den Begriff der Freiheit fruchtbar. Joas warnt zu Recht davor, daraus ein „vom Liebesethos durchtränktes Freiheitsverständnis" werden zu lassen. Er beruft sich für die – freilich nicht beziehungslose – Unterscheidung zwischen Liebe und Gerechtigkeit auf Paul Ricoeur, der auch für mich der entscheidende Kronzeuge für diese Unterscheidung ist.[24] Liebe kann nicht befohlen werden; aber aus der Liebe können Folgerungen gezogen werden, die bis in die Ausgestaltung einer Rechtsordnung hineinreichen. Dass das Tötungsverbot als Grenze des Rechts anerkannt wird, ist eine

22 Peter Bieri, Das Handwerk der Freiheit, Über die Entdeckung des eigenen Willens, München 2001; vgl. Wolfgang Huber, Von der Freiheit, München 2012, 98 ff.

23 Vgl. dazu auch Hans Joas, Glaube als Option, a. a. O., 121 ff.

24 Vgl. Wolfgang Huber, Gerechtigkeit und Recht. Grundlinien christlicher Rechtsethik, Gütersloh [3]2006, 255 ff.; vgl. auch Fred Dallmayr, In Search of the Good Life. A Pedagogy for Troubled Times, Lexington, Kentucky 2007, 220 ff.

solche Folgerung. Darin wird die Durchsetzung der Gerechtigkeit an die Achtung vor Leben und Würde jedes Menschen, auch des Rechtsbrechers, gebunden. Dass die Vorstellung von Gerechtigkeit nicht auf der Ebene der Talionsregel – „Auge um Auge, Zahn um Zahn" – stehen bleibt, hat damit zu tun, dass das Liebesethos die Vorstellungen von Gerechtigkeit zwar nicht „durchtränkt", aber sie transformiert – insbesondere dadurch, dass es ihnen Grenzen setzt.

Dass das Freiheitsverständnis nicht nur für Impulse des biblischen Liebesgebots geöffnet werden, sondern zugleich für die nüchterne Sprache des Gerechtigkeitsdenkens zugänglich bleiben muss, hat noch eine andere Seite, die Marianne Heimbach-Steins zu Recht betont. In politische Zusammenhänge lässt sich das Verständnis kommunikativer Freiheit nur insoweit einzeichnen, als diese Freiheit auch als Recht und Auftrag betrachtet wird. Ein gleiches Recht auf Beteiligung, unabhängig von den Differenzen an Begabung und bereits erreichter Befähigung, gehört zu den naheliegenden Folgerungen aus dem Gedanken kommunikativer Freiheit. Deshalb liegt das Programm der barrierefreien Inklusion, wie es von der Behindertenkonvention der Vereinten Nationen an den beiden Themen der Gesundheit und der Bildung besonders anschaulich konkretisiert wird, präzise in der Fluchtlinie des Gedankens kommunikativer Freiheit. Allerdings ist damit über die Art der Umsetzung eines solchen Programms noch nichts Abschließendes gesagt. Es kann nämlich – gerade in den beiden genannten Feldern der Gesundheit und der Bildung – sein, dass gleicher, barrierefreier Zugang angesichts unterschiedlicher Ausgangsbedingungen mehr Differenzierung erfordert, als Gesundheits- wie Bildungssystem derzeit ermöglichen. Inklusion bedeutet den Abschied von der Segregation, aber nicht den Verzicht auf Differenzierung.

2.3 Kommunikative Freiheit im ökumenischen Gespräch

Fred Dallmayr hat mit einem beeindruckend empathischen Blick von außen die starken Einflüsse herausgestellt, die sich aus dem Erbe der Bekennenden Kirche sowie aus der Theologie Karl Barths und Dietrich Bonhoeffers für Gestalt und Gehalt meiner Theologie ergeben. Er verbindet das mit einem Blick auf die ökumenische Diskussionslage, für die er zu meiner Freude das Modell einer „Einheit in Vielfalt" unterstützt. Leider war ihm das Konzept einer „Ökumene des Indikativs", in der ich dieses Plädoyer für eine Praxis versöhnter Verschiedenheit begründet habe, nicht zugänglich.[25] Umso mehr freue ich mich darüber, wie er meine Intentionen aufgenommen hat.

---

25 Eine ökumenische Vision für Europa, in: THOMAS FLÜGGE u. a. (Hg.), Wo Gottes Wort ist, Die gesellschaftliche Relevanz von Kirche in der pluralen Welt, Festgabe für Thomas Wipf, Zürich 2010, 239–248.

Aus dem Dialog zwischen Fred Dallmayr und Ulrike Link-Wieczorek ergeben sich vor allem zwei Anstöße, die mich noch weiter beschäftigen werden. Zum einen lenken sie die Aufmerksamkeit auf Bemerkungen zu einer evangelischen Tugendlehre, die ich bei Weitem nicht genau genug in der aktuellen ethischen Diskussionslage verankert habe.[26] In der Struktur wiederholt sich an dieser Stelle eine Schwäche, die Hans Joas im Blick auf das „Verdanktsein" der Freiheit diagnostiziert hat. Es muss noch besser gelingen, das menschliche Bemühen um die Gestaltung eines Lebens aus dem Geist christlicher Freiheit zu würdigen und von daher auch die Lebenshaltungen einer christlichen Existenz zur Geltung zu bringen, die in der Tradition als „Tugenden" bezeichnet werden. Dass sie auch in der Tradition der evangelischen Ethik ihren Ort haben können, zeigt Friedrich Schleiermacher exemplarisch in der Art und Weise, in der er in seiner Ethik Güter-, Pflichten- und Tugendlehre integriert.[27] Auf diesem Hintergrund kann eine durch die aristotelische Tradition informierte Tugendlehre auch in der evangelischen Theologie wieder eine verstärkte Bedeutung gewinnen. Dabei braucht sie sich keineswegs darauf zu konzentrieren, welche Bedeutung diesen Tugenden für die Gemeinschaft der Glaubenden als „Kontrastgesellschaft" zukommt, wie das bei John Howard Yoder oder Stanley Hauerwas als dominierendes Motiv hervortritt.[28] Vielmehr können Impulse der christlichen Tugendtradition auch für das Nachdenken über öffentliche Tugenden oder für Tugenden in bestimmten Professionen fruchtbar gemacht werden.[29] Die Einsicht, dass sittlich verantwortliches Handeln sich nicht nur auf ein Sollen richtet, sondern ein Können voraussetzt, das im Erlernen von Tugenden eine entscheidende Voraussetzung hat, sollte auch in der evangelischen Theologie stärker berücksichtigt werden. Der ökumenische Dialog kann dafür hilfreich sein.

Für diesen Dialog selbst schlägt Ulrike Link-Wieczorek einen Paradigmenwechsel zu einem „Dritten Weg" der Ökumene vor. Sie empfiehlt einen Übergang von der Dialog-Ökumene, die sich um Konvergenzen in der Lehre bemüht, und einer Gerechtigkeits-Ökumene, die sich gemeinsamen Aufgaben der Weltverantwortung zuwendet, zu einer Ökumene der Suche

---

26 Vgl. jetzt immerhin Wolfgang Huber, Ethik. Die Grundfragen unseres Lebens von der Geburt bis zum Tod, München 2013, 204 ff.

27 Friedrich D. E. Schleiermacher, Über die wissenschaftliche Behandlung des Tugendbegriffs (1819), in: Ders., Werke. Auswahl in vier Bänden, Bd. 1, Nachdruck Aalen 1967, 351–377; ders., Versuch über die wissenschaftliche Behandlung des Pflichtbegriffs, ebd. 378-395.

28 Vgl. zur kritischen Analyse insbesondere Birgit Rommel, Ekklesiologie und Ethik bei Stanley Hauerwas. Von der Bedeutung der Kirche für die Rede von Gott, Münster 2003.

29 Vgl. die Überlegungen zur Aufrichtigkeit in der Politik in Wolfgang Huber, Ethik, a. a. O., 200 ff., oder zur Wahrheitssuche und zur epistemischen Demut als Tugenden in der Wissenschaft, ebd. 176 ff.

nach der Gottesgewissheit. Ich finde diese Überlegung erhellend, zweifle allerdings daran, dass man zwischen diesen drei Arten der Ökumene wählen kann. Geht es nicht eher darum, sie in einer überzeugenden Weise miteinander zu verbinden? Ich selbst habe bei der Dritten Europäischen Konziliaren Versammlung in Hermannstadt/Sibiu im Jahr 2007 einen Dreischritt ökumenischer Kooperation in Europa vorgeschlagen, an dessen erster Stelle eine neue Vertiefung in das gemeinsame geistliche Erbe der christlichen Kirchen steht; dafür habe ich angeregt, einen Kanon geistlicher Schlüsseltexte aus der Geschichte christlichen Betens und Bekennens, Singens und Denkens zu entwickeln. Ich wollte damals einen Beitrag dazu leisten, dass die Aussage, die christlichen Kirchen verbinde mehr, als sie trennt, nicht in Formelhaftigkeit erstarrt, sondern mit Leben erfüllt wird.[30]

Doch neben solchen Formen, eine „Ökumene der Suche nach Gottesgewissheit" zu leben, werden die anderen Formen von Ökumene ihre Bedeutung behalten. Ich habe die zweite dieser Formen als einen Umgang mit bleibenden Verschiedenheiten bezeichnet, der vom Respekt für das Kirchesein der ökumenischen Partner geprägt ist. Statt des für manche Ohren allzu schroff klingenden Begriffs einer „Ökumene der Profile" wurden inzwischen Formulierungen wie „Ökumene der Freundschaft" oder „Ökumene der Gaben" vorgeschlagen. Aber in welcher Begrifflichkeit auch immer – dass ein ebenso konstruktiver wie respektvoller Umgang mit bleibenden Unterschieden ein unentbehrlicher Teil ökumenischer Aufrichtigkeit ist, kann nur schwer bezweifelt werden.

Schließlich wird auch in Zukunft eine Ökumene gemeinsamer Weltverantwortung unentbehrlich bleiben. In Deutschland lehrt die Erfahrung, dass die Stimme der Kirchen dann am ehesten gehört wird, wenn sie sich zu wichtigen Fragen in abgestimmter Weise äußern. Das müssen nicht in jedem Fall gemeinsame Stellungnahmen sein; aber auch wenn die Kirchen in bestimmten Fragen eigene Wege gehen oder unterschiedliche Akzente setzen, sollten sie darauf achten, dass sie sich dabei nicht wechselseitig blockieren, sondern nach Möglichkeit verstärken. Erst recht ist das Eintreten der Kirchen für Menschenrechte und Gerechtigkeit, für Nachhaltigkeit und Frieden in der Einen Welt unentbehrlich. Man wird nicht sagen können, dass wir angesichts der großen Herausforderungen der globalisierten Welt zu viel Ökumene hätten; wir haben davon vielmehr zu wenig. Die fehlende ökumenische Einbindung neuer indigener Kirchen, der unzureichende Dialog mit charismatischen und evangelikalen Bewegungen, die anhaltende Schwäche des Ökumenischen Rats der Kirchen und die strukturell unterentwickelte Kooperation zwischen den großen Kirchenfamilien unter Einschluss der römisch-katholischen Kirche gehören zu den vielfältigen Gründen dafür,

30 Vgl. dazu als persönlichen Beitrag: Wolfgang Huber, Darauf vertraue ich. Grundworte des christlichen Glaubens, Freiburg i. Br. 2011.

dass Beiträge und Vorstöße aus dem Geist des christlichen Glaubens global nur unzureichend wahrgenommen werden. An Person und Amt des Papstes richten sich deshalb zusätzliche Erwartungen, vermutlich weit über das Maß des Leistbaren hinaus.

2.4 Glaube und Öffentlichkeit

Zum letzten Thema leite ich durch eine kleine Abschweifung über. Im Lauf des Jahres 2013 erfüllten meine Frau und ich uns den lang gehegten Wunsch einer gemeinsamen Reise nach Griechenland. Gleich am ersten Tag dieser Reise saßen wir in Athen auf dem Areopag und lasen den Bericht der Apostelgeschichte über die Rede des Paulus an diesem Ort.[31] Paulus berichtet in dieser Rede davon, wie er in Athen umherging, die verschiedenen Kultstätten betrachtete und dabei auf einen Altar stieß, der dem „unbekannten Gott" geweiht war; das ist für ihn der Anknüpfungspunkt für seine Aussage, dass der von den Athenern als unbekannt Verehrte einen Namen hat und man sich zu ihm bekennen kann. Dieser Bericht belegt zweierlei zugleich: dass Religion sich bereits in der Antike im öffentlichen Raum, in diesem Fall in der Öffentlichkeit einer griechischen Polis, vollzog und dass auch die christliche Predigt von Anfang an die Öffentlichkeit suchte.

Volker Gerhardt hat deshalb ohne Zweifel Recht, wenn er auf die lang zurückreichende Geschichte der Öffentlichkeit verweist und zugleich darauf aufmerksam macht, dass Religion ihrem Wesen nach auf öffentliche Mitteilung drängt. Diese Öffentlichkeit nahm zu verschiedenen Zeiten unterschiedliche Gestalten an. Mit der Erfindung des Buchdrucks und damit exakt zur Zeit der Reformation erweiterte sich die Reichweite der einzelnen Äußerung wie die Geschwindigkeit, mit der sie verbreitet werden konnte. In der Zeit eines aufgeklärten Zutrauens zur Kraft des Arguments trat die Vorstellung eines räsonierenden Publikums von gleichberechtigten Diskursteilnehmern in den Vordergrund. In einer Zeit der digitalisierten Beschleunigung der Kommunikation vervielfacht sich die Menge der umlaufenden Bytes in einem vorher ungeahnten Maß. Doch zu all diesen Zeiten meint Öffentlichkeit oder Publizität mehr als nur den Vorgang der Mitteilung; zu diesem Begriff gehört vielmehr stets ein normatives Element: die Orientierung an dem, was alle angeht.

Volker Gerhardt knüpft in seinem Beitrag an meine Habilitationsschrift über „Kirche und Öffentlichkeit" an,[32] gibt dem Thema aber dadurch eine ebenso überraschende wie einleuchtende Wendung, dass er von „Glauben und Öffentlichkeit" spricht. Ebenso wie ich zur Begründung des Öffentlichkeitsauftrags der Kirche Jesu Gebot heranziehe, in alle Welt zu gehen,

---

31 Apg 17, 16–34.

32 Wolfgang Huber, Kirche und Öffentlichkeit, Stuttgart 1973, München 21991.

das Evangelium zu verkündigen, die Menschen zur Nachfolge Jesu einzuladen und zu taufen, so nimmt auch Gerhardt diese Worte zur Grundlage für die These vom Zusammenhang von Glauben und Öffentlichkeit. Dieser Abschnitt „Matthäi am Letzten“ trägt in Luthers Bibelübersetzung traditionell die Überschrift: „Der Missionsbefehl“. In „Kirche und Öffentlichkeit“ habe ich mich diesem Sprachgebrauch angeschlossen, was Volker Gerhardt zu Recht für problematisch hält. Denn die Weitergabe des Evangeliums lässt sich genauso wenig befehlen wie die Liebe. Gerhardt zieht es vor, von einem „Missionsgebot“ zu sprechen; ich habe in späteren Veröffentlichungen das Wort „Missionsauftrag“ gewählt.[33] Bei dieser Formulierung habe ich vor allem an die Kirche als Adressatin gedacht; doch Gerhardt nennt gute Gründe dafür, jeden einzelnen Christen als Adressaten des Gebots zur Weitergabe des Evangeliums zu verstehen. Wie anders sollte denn die Kirche die Adressatin sein als so, dass sie diese Aufgabe gemeinschaftlich wahrnimmt, indem jeder Glaubende daran partizipiert? Erst recht gilt dies für eine evangelische Kirche, die sich mit Martin Luther auf das allgemeine Priestertum aller Glaubenden beruft; denn damit verträgt sich die Vorstellung nicht, was allen aufgetragen ist werde einfach stellvertretend von einigen wenigen wahrgenommen.

Gerhardt entfaltet seinen Gedanken allerdings im weiteren Fortgang nicht theologisch, sondern philosophisch. Den Bezug des Glaubens auf die Öffentlichkeit erläutert er dadurch, dass er dessen Verweisungszusammenhang mit dem Wissen zum Thema macht. Dabei ist die zwischen Volker Gerhardt und Klaus von Stosch strittige Frage, ob Glauben und Wissen die gleiche epistemische Struktur haben, für meine Art, diese Anregung aufzunehmen, nicht entscheidend. Denn die zwei wichtigsten Weisen, in denen Glauben und Wissen aufeinander bezogen sind, können auch dann anerkannt werden, wenn man an der Gleichheit der epistemischen Struktur zweifelt. Die eine Weise besteht darin, dass Menschen sich auf den Glauben berufen, wenn sie mit ihrem Wissen an Grenzen stoßen; dass sie ihr Wissen zu erweitern versuchen, ändert nichts daran, dass sich immer wieder Geheimnisse und Fraglichkeiten auftun, deren das Wissen sich – noch – nicht bemächtigen kann. Die andere Weise besteht darin, dass das Wissen Glauben voraussetzt. Wer sein Wissen erweitern will, muss bestimmte Gegebenheiten als fraglos voraussetzen; der Anfang der Erkenntnis ist – anders als Descartes sich das vorstellte – nicht der Zweifel; vielmehr setzt der Zweifel bereits eine vorgängige Gewissheit voraus.

Wenn im Horizont des Christentums vom Glauben die Rede ist, tritt freilich mehr in den Blick als diese doppelte Bezogenheit auf das Wissen. Gemeint ist dann eine Daseinsgewissheit, die durch die Gnade Gottes und

33 Vgl. Wolfgang Huber, Der christliche Glaube. Eine evangelische Einführung, Gütersloh [5]2009, 164.

ein auf sie antwortendes Vertrauen geprägt ist. Aber auch die Einbettung der Korrelation von Glauben und Wissen in diesen weiteren Zusammenhang ändert nichts daran, dass Glauben – wie Wissen – auf Mitteilung angewiesen und angelegt ist. Der jeweils spezifische Wahrheitsanspruch verbietet es geradezu, dass die mit ihm verbundene Gewissheit im Bewusstsein des Einzelnen verschlossen wird. Die erkannte Wahrheit kann vielmehr nicht bei sich selbst bleiben.

Am Vergleich mit ästhetischen Erfahrungen arbeitet Gerhardt überzeugend heraus, dass die affektive Komponente einer solchen Gewissheit der Mitteilung an andere nicht im Wege steht; sie ist deshalb nicht einfach in einem selbstbezüglichen Sinn „subjektiv". Gerhardt nennt sie stattdessen „individuell". Ich selbst würde sie eher „persönlich" nennen, um hinzuzufügen, dass der Glaube stets ebenso öffentlich ist, wie er persönlich ist. Sein Thema ist das, was alle angeht, nämlich der Zusammenhalt des Ganzen in Gott; doch seine Antwort ist deshalb persönlich, weil sie für den Einzelnen nur im Modus der persönlichen Aneignung zu einer Daseinsgewissheit werden kann. Der Wunsch, diese Gewissheit mit anderen zu teilen, ist die Form, in welcher der Einzelne sich das Missionsgebot zu Eigen macht. Die Art und Weise, diese Gewissheit mit anderen zu teilen, ist der Dialog. Der Übergang vom Thema „Kirche und Öffentlichkeit" zu dem Thema „Glaube und Öffentlichkeit" klärt auf diese Weise auch, in welchem Sinn unter den Bedingungen unserer Gegenwart so von Mission gesprochen werden kann, dass dies mit dem Dialog der Religionen und Kulturen nicht im Widerspruch steht, sondern vereinbar bleibt. Mission nimmt den Charakter eines existentiellen Gesprächs an, in dem Menschen die Überzeugungen, die ihrem Dasein Gewissheit verleihen, miteinander teilen.

Dass ein Schlüsselbegriff, den ich vor 35 Jahren aufgegriffen habe, auch heute eine erschließende und weiterführende Kraft hat, freut mich. Dafür, wie die Autoren dieses Bandes diese Anregung aufgenommen und weitergeführt haben, bin ich von Herzen dankbar. Ihre Anstöße werden mich noch lange begleiten. Den Herausgebern und dem Verlag danke ich für die Mühe, diese Impulse einem weiteren Leserkreis zugänglich zu machen.

Predigt

Leben in der geschenkten Freiheit

Predigt zu Wolfgang Hubers 70. Geburtstag, Berlin 19.8.2012

von Heinrich Bedford-Strohm

Gal 2,16–21

Doch weil wir wissen, dass der Mensch durch Werke des Gesetzes nicht gerecht wird, sondern durch den Glauben an Jesus Christus, sind auch wir zum Glauben an Christus Jesus gekommen, damit wir gerecht werden durch den Glauben an Christus und nicht durch Werke des Gesetzes; denn durch Werke des Gesetzes wird kein Mensch gerecht. Sollten wir aber, die wir durch Christus gerecht zu werden suchen, auch selbst als Sünder befunden werden – ist dann Christus ein Diener der Sünde? Das sei ferne! Denn wenn ich das, was ich abgebrochen habe, wieder aufbaue, dann mache ich mich selbst zu einem Übertreter. Denn ich bin durchs Gesetz dem Gesetz gestorben, damit ich Gott lebe. Ich bin mit Christus gekreuzigt. Ich lebe, doch nun nicht ich, sondern Christus lebt in mir. Denn was ich jetzt lebe im Fleisch, das lebe ich im Glauben an den Sohn Gottes, der mich geliebt hat und sich selbst für mich dahingegeben. Ich werfe nicht weg die Gnade Gottes; denn wenn die Gerechtigkeit durch das Gesetz kommt, so ist Christus vergeblich gestorben.

Liebe Gemeinde,

es ist ein köstlich Ding, wenn uns die Perikopenordnung an einem solchen Tag einen solchen Predigttext beschert! Ein zentraler Text über die Rechtfertigungslehre wie dieser ist schon etwas Besonderes, wenn überall im Lande heute in unserer evangelischen Kirche Gottesdienst gefeiert wird. Wenn aber in einem dieser Gottesdienste auch noch einer gefeiert wird, der nicht nur ein evangelischer Landesbischof war, sondern dazu der Ratsvorsitzende der Evangelischen Kirche in Deutschland, dann darf man getrost die Frage stellen, was uns der Heilige Geist damit sagen will.

Eines will er uns gegenüber und uns voran dem Jubilar gegenüber ganz bestimmt nicht aussprechen: nämlich die Mahnung, dass wir uns in Zukunft noch mehr anstrengen sollen, die für unsere evangelische Tradition so wichtige Rechtfertigungslehre hochzuhalten. Der Jubilar jedenfalls muss mit seinen 70 Jahren nichts mehr beweisen und ein – womöglich noch konfessionalistisch verengtes – evangelisches Profil schon gar nicht. Das mag vielleicht das ganz Besondere an einem solchen 70. Geburtstag sein: Nach über 50 Jahren des Studierens und des Forschens, nach einer Zahl von Büchern und sonstigen Publikationen, die so groß ist, dass ich sie jedenfalls nicht mehr überblicken kann – und er selbst wohl auch nicht -, nach verschiedenen Professuren in unterschiedlichen Ländern der Welt, nach zwei Amtsperioden als Landesbischof und einer als Ratsvorsitzender, die so inhaltsreich war, dass sie auch in mehrere Amtsperioden gepasst hätte, und nach einem wunderbaren Übergang in den Ruhestand, der insofern tatsächlich ein Ruhestand wurde, als die nicht unbedingt weniger intensive Arbeit jetzt aus einer anderen inneren Ruhe getan werden kann, schließlich nach einer Kür zum möglichen Kandidaten für das Bundespräsidentenamt, die selbst von denen, die dann anders optierten, in ihrer grundsätzlichen Sinnhaftigkeit nie in Frage gestellt wurde, nach alledem, muss derjenige, um den es dabei geht, nun tatsächlich nichts, aber auch gar nichts mehr beweisen.

So setzt ein solcher 70. Geburtstag, an dem das alles so gesagt werden kann, tatsächlich einen Grundton, bei dem es der Heilige Geist nicht schwer hat, dem Jubilar, und uns allen jetzt einfach mit ihm, dieses wunderbare Gefühl der Freiheit eines Christenmenschen ins Herz zu pflanzen. Dieses Gefühl, dass ich Gott und den Menschen nichts beweisen muss, um zu zeigen, dass ich wer bin. Weil Christus es mir ein für alle Mal bewiesen hat, dass ich wer bin. Weil ich Gottes kostbares in Christus versöhntes Geschöpf bin, dessen Wert mit keinem Gold und mit keinem Silber und keiner Bronze bemessen werden kann, sondern dessen Wert von Gott zugesprochen ist und deswegen ohne unser Zutun in uns selbst liegt.

Ich darf aus dieser Freiheit leben, weil ich weiß, wer ich in Gottes Augen bin, und es sogar dann weiß, wenn ich mich vergesse und Fehler mache, und auch dann wenn andere mich herabsetzen. Ja, dann darf ich aus ganzem Herzen mit Paul Gerhardt singen: „Ist Gott für mich, so trete gleich alles wider mich; sooft ich ruf und bete, weicht alles hinter sich. Hab ich das Haupt zum Freunde und bin geliebt bei Gott, was kann mir tun der Feinde und Widersacher Rott?"

Und wenn es gut läuft, wenn ich staune über den Segen, den Gott in mein Leben gibt, dann darf ich laut raussingen: „Du meine Seele, singe, wohlauf und singe schön. Dem, welchem alle Dinge zu Dienst und Willen stehn. Ich will den Herren droben hier preisen auf der Erd; ich will ihn herzlich loben, solang ich leben werd."

So kann ich singen – 70, 80, 90 Jahre oder noch länger. So kann ich loben. So frei darf ich mich fühlen. Weil das gilt, was Paulus so auf den Punkt bringt: „Denn was ich jetzt lebe im Fleisch, das lebe ich im Glauben an den Sohn Gottes, der mich geliebt hat und sich selbst für mich dahingegeben."

Ja, es ist wirklich diese innige Verbindung mit Christus, die die Rechtfertigungslehre mehr sein lässt als eine Lehre, deren dogmatische Stimmigkeit in vielen einschlägigen Veröffentlichungen eindrucksvoll unter Beweis gestellt worden ist. Die Rechtfertigungslehre ist durchaus auch ein intellektuelles Juwel der Kirchen- und Theologiegeschichte. Denn *ich* kenne jedenfalls kein anderes Konzept, das die eigentlich unauflösbare Spannung zwischen Liebe und Gerechtigkeit aufzuheben vermag. Als *gerechter* Gott sagt Gott: Unrecht kann nicht ungesühnt bleiben. Und als *liebender* Gott sagt Gott in Christus: Unrecht braucht Sühne, aber ich nehme die Sühne selbst auf mich. In der Rechtfertigungslehre finden Gerechtigkeit und Liebe zueinander.

Das ist schon etwas *intellektuell* Faszinierendes. Aber persönlich ist es noch viel mehr: es ist das Tor in das Leben in Freiheit. Wenn das wirklich stimmt, wenn ich das wirklich glauben kann, wenn ich das in der Frömmigkeit, in der innigen Einheit mit Christus wirklich tief in der Seele spüren kann, dass ich ein für allemal freigesprochen bin, dass mich weder Tod noch Leben, weder Engel noch Mächte noch Gewalten, weder Gegenwärtiges noch Zukünftiges, weder Hohes noch Tiefes noch eine andere Kreatur – nichts von alledem! – scheiden kann von der Liebe Gottes, die in Christus Jesus ist, unserm Herrn, dann ist alle Knechtschaft vorbei.

Die intellektuelle Durchdringung der Christusbeziehung ist schon viel wert. Sie kann so etwas sein wie das Umdrehen des Schlüssels in der verschlossenen Tür. Erst in der Frömmigkeit aber, in der im Gemüt erfahrenen Christusbeziehung öffnet sich tatsächlich die Tür in die Freiheit.

Beispiele für die Relevanz eines Lebens aus Freiheit angesichts übermächtiger Ansprüche gibt es viele. An den Universitäten sind gerade wieder die Gelder im Rahmen der Exzellenzinitiative verteilt worden. Überall in Deutschland haben sich Universitäten daran beteiligt. Sich zum Teil jahrelang darauf vorbereitet. Viele Stunden Freizeit geopfert. Und ihr Bestes gegeben. Und einige wenige haben es jetzt geschafft. Sie werden gefeiert. Und sie feiern sich selbst. Und die Politiker sprechen von dem einzigartigen Ruck, der durch die deutsche Universitätslandschaft geht. Ich habe auch die andere, nach meiner Beobachtung mindestens genauso wirkkräftige Folge erlebt, wenn ich Menschen gegenübergesessen habe, die trotz ihres absolut hochkarätigen Profils nicht erfolgreich waren. Enttäuschung, Frustration und Demotivation. Jahrelange Arbeit für den Papierkorb und das Gefühl, sich sinnlos angestrengt zu haben.

Eine mögliche Reaktion ist die Empörung darüber, dass die eigene Exzellenz von den Gutachtern so eklatant verkannt worden ist. Und das mag in manchen Fällen auch so sein. Die persönlich viel tragfähigere Reaktion eröffnet sich aber durch gelebte Frömmigkeit. Durch die etwas modern abgewandelte tiefe Einsicht des Paulus, dass wir gerecht werden durch den Glauben an Christus und nicht durch die zuerkannte Exzellenz; denn durch zuerkannte Exzellenz wird kein Mensch gerecht.

Es spricht viel dafür, dass es auch den eigenen Leistungen und Erfolgen nicht schadet, dass es vielleicht sogar besonders nützt, wenn sie nicht aus dem Kampf um Anerkennung, sondern aus dem Bewusstsein der Freiheit erwachsen. Aus dem Bewusstsein der *geschenkten* Freiheit.

Dass die Freiheit eines Christenmenschen letztlich nämlich nicht das Ergebnis einer Anstrengung ist, so sehr Anstrengungen auf dem Weg in die Freiheit eine Rolle spielen können, sondern dass sie eine geschenkte Freiheit ist, das ist mehr als ein Nebenaspekt. Es ist der Schlüssel für das Leben in der Freiheit.

Leistung ist nichts Schlechtes, sondern kann viel Segen bewirken. Und auch Leistungsmessung ist nicht zu vermeiden, so problematisch sie sich immer wieder gestaltet. Aber Leistung aus Freiheit trägt mehr Verheißung in sich als Leistung als Konsequenz von Kontrolle und aus Angst vor Sanktion oder Anerkennungsverlust. Es gibt keine tragfähigere Grundlage für Gelingen als die Dankbarkeit für geschenkte Freiheit.

Aus dieser Perspektive heraus ist die aus bestimmten Unternehmensberatungskonzepten stammende gesellschaftliche Tendenz problematisch, nach der Erfolg vor allem oder gar allein auf Qualitätskontrolle fußt. Im Namen der Bekämpfung des Schlendrians tritt an die Stelle der Freiheit die Kontrolle. Nicht das Zutrauen in Kompetenz und Engagement der Mitarbeiter gibt den Ton an, sondern das Misstrauen. Der Nachweis über die Qualität der eigenen Arbeit stiehlt der echten Arbeit die Zeit. Der ständige Zwang zur Beweisführung über die Qualität der eigenen Arbeit wird zum Gift für die Arbeitsatmosphäre. Es tut den Unternehmen nicht gut, es tut den Universitäten nicht gut. Und es täte ganz bestimmt der Kirche nicht gut, wollten wir auf diesen Zug aufspringen.

Anstatt aus angestrengter Aktivität aus der Dankbarkeit zu leben und die damit verbundene Gelassenheit zu entwickeln, hat natürlich nichts zu tun mit der Glorifizierung des Mittelmaßes. Eine meiner Lieblingspassagen im EKD-Impulspapier „Kirche der Freiheit" ist ein Satz über die Freiheit. Da heißt es: „‚Gottes Kraft ist in den Schwachen mächtig' (2Kor 12,9), die Gegenwart seines Evangeliums ist nicht gebunden an leuchtende Kirchen oder wirkmächtige Predigten. Dies aber ist ein Satz über die Freiheit Gottes, nicht über die Entlastung von der Aufgabe, Kirche nach bestem Wissen und Gewissen einladend zu gestalten" (S. 34).

Lasst uns die Kirche verändern! Lasst uns ihre Ausstrahlungskraft erneuern! Lasst uns das Evangelium so weitersagen, dass die Welt es hört! Aber lasst es uns aus der Leidenschaft und Begeisterung heraus tun, die die Freiheit eines Christenmenschen mit sich bringt. Alle Instrumente der Motivation, alle Methoden der Mitgliedergewinnung und -bindung, alle Personalentwicklungsprogramme für unsere Pfarrerinnen und Pfarrer werden schal und sind am Ende kontraproduktiv, wenn sie zur Hauptsache werden und sich nicht mehr nähren aus der geschenkten Freiheit.

Paulus hat so recht, wenn er sagt: „Ich werfe nicht weg die Gnade Gottes; denn wenn die Gerechtigkeit durch das Gesetz kommt, so ist Christus vergeblich gestorben." Aus der Gnade Gottes leben, darum geht es. Und als Kirche es auszustrahlen, in der Botschaft wie in der Ordnung, in den Predigten wie in den Strukturen. In den Inhalten der Verkündigung wie in der Art, wie die Landes- und EKD-Kirchenämter und alle sonstigen Institutionen unserer Kirche funktionieren. Es braucht Zuständigkeiten, Dienstordnungen und – wo kein anderer Weg bleibt – auch Sanktionen. Aber das alles atmet in der Perspektive der Rechtfertigungslehre den Geist der Gnade.

Das dürfen wir uns von dem Perikopentext des heutigen Sonntags sagen lassen. Und wir dürfen heute mit diesem Text im Herzen auf den Jubilar schauen. Wer an die Leidenschaft und Beharrlichkeit denkt, mit der er sich seit so vielen Jahren für die Erneuerung unserer Kirche engagiert hat, dem wird – wenn er nach seinen hervorstechendsten Merkmalen gefragt wird – vielleicht nicht als allererstes das Wort „Gelassenheit" einfallen. Wer seinen Weg aber wie viele von uns über viele Jahre mitbegleiten durfte, der hat schon immer hinter aller Brillanz und Effektivität, die in der Öffentlichkeit im Zentrum standen, vor allem die Freiheit eines Christenmenschen gespürt. Und der 70-Jährige strahlt sie nun mehr denn je aus.

Der Segen, der auf seinem Leben liegt, der Segen, der auf unser aller Leben liegt, ist das Geschenk, von dem her wir leben. Nicht ich lebe, sondern Christus lebt in mir – sagt Paulus. Der Weg Jesu Christi führt in die Freiheit. Und wir dürfen ihn mitgehen. Welch wunderbare Aussicht für die Zukunft!

Und der Friede Gottes, der höher ist als alle unsere Vernunft, bewahre eure Herzen und Sinne in Christus Jesus.

Amen.

Autorenverzeichnis

Landesbischof Prof. Dr. *Heinrich Bedford-Strohm*, Jg. 1960, studierte zunächst Jura, dann ev. Theologie u.a. in Berkeley und Heidelberg und ist seit 2011 Landesbischof der Ev.-Luth. Landeskirche in Bayern.

Prof. Dr. *Fred R. Dallmayr*, Jg. 1928, studierte Jura und Politische Wissenschaften u.a. in München und an der Duke University in Durham und ist Professor der Philosophie und der Politikwissenschaft an der University of Notre Dame.

Dr. *Willem Fourie*, Jg. 1982, studierte ev. Theologie in Stellenbosch (Südafrika) und Tübingen und ist Senior Lecturer für Ethik und Dogmatik an der Universität in Pretoria (Südafrika) sowie Leiter eines afrikaweiten Forschungsprojekts.

Prof. Dr. *Volker Gerhardt*, Jg. 1944, studierte Philosophie, Psychologie, Rechtswissenschaft und Soziologie in Frankfurt und Münster und ist Professor für Praktische Philosophie an der Humboldt-Universität zu Berlin.

Prof. Dr. *Marianne Heimbach-Steins*, Jg. 1959, studierte kath. Theologie und Germanistik an den Universitäten Bonn, Würzburg und Freiburg und ist Professorin und Direktorin des Instituts für Christliche Sozialwissenschaften an der Westfälischen Wilhelms-Universität-Münster.

Bischof i. R. Prof. Dr. Dr. h. c. *Wolfgang Huber*, Jg. 1942, studierte ev. Theologie in Heidelberg, Göttingen und Tübingen und ist Honorarprofessor für Systematische Theologie und Ethik an der Humboldt Universität zu Berlin, der Universität Heidelberg sowie der Universität Stellenbosch (Südafrika).

Prof. Dr. Dr. h. c. *Hans Joas*, Jg. 1948, studierte Soziologie, Philosophie und Geschichtswissenschaft in München und Berlin und ist Fellow am Freiburg Institute for Advanced Study (FRIAS) sowie Professor für Soziologie an der University of Chicago.

Prof. Dr. *Ulrike Link-Wieczorek*, Jg. 1955, studierte ev. Theologie, Germanistik und Russisch in Mainz, Frankfurt und München und ist Professorin für ev. Theologie an der Universität Oldenburg.

Prof. Dr. *Michael Moxter*, Jg. 1956, studierte Philosophie und ev. Theologie in Frankfurt am Main, Tübingen und Heidelberg und ist Professor für ev. Theologie an der Universität Hamburg.

Prof. Dr. *Paul Nolte*, Jg. 1963, studierte Geschichtswissenschaft und Soziologie in Düsseldorf, Bielefeld und Baltimore und ist Professor für Neuere Geschichte an der Freien Universität Berlin sowie Präsident der Evangelischen Akademie zu Berlin.

Prof. Dr. *Bernd Oberdorfer*, Jg. 1961, studierte ev. Theologie in Tübingen und München und ist Professor für ev. Theologie an der Universität Augsburg.

Dr. *Rüdiger Sachau*, Jg. 1957, studierte ev. Theologie in Hermannsburg, Marburg und Hamburg und ist Direktor der Evangelischen Akademie zu Berlin.

Prof. Dr. *Klaus von Stosch*, Jg. 1971, studierte kath. Theologie und Philosophie in Bonn und Fribourg/Schweiz und ist Professor für kath. Theologie an der Universität Paderborn.